高等院校公共基础课系列教材

创新创业学
（第二版）

兰小毅 苏 兵 钱 晨 主编
吕 美 徐 阳 王育晓 副主编

清华大学出版社
北京

当一种新思想和非连续的技术活动经过一段时间后，发展到实际应用并在商业上获得成功就是技术创新。简单地讲，技术创新就是技术变为商品并在市场上通过销售来实现其价值从而获得经济效益的过程和行为。

很多人将技术创新单纯地理解为技术发明或创造，这两者的中文字面意思比较接近，但实际含义却有很大差别。创即开始，开始做，如首创。

理解技术创新的概念应注意以下三点。

第一，技术创新基于技术(技术是指人类制造某种产品、应用某种工艺、提供某种产品或提供某种服务的系统知识的活动)。不存在技术活动的创新属于非技术创新，如组织创新、制度创新等。

第二，技术创新所依据的技术变动允许有较大弹性。对技术创新的定义不强调技术的根本性变动，允许将技术的增量性变动包括在技术创新的概念之中。在概念的外延上，不仅包括新产品、新工艺，也可以包括对产品、工艺的改进；在实现方式上，可以是在研究开发获得新知识、新技术的基础上实现技术创新，也可以将已有的技术进行新的组合。

第三，技术创新是技术与经济结合的概念。从本质上说，技术创新是一种经济活动，是一种以技术为手段，实现经济目的的活动。因此，技术创新的关键在于商业化，检验技术创新成功与否的基本标准是其商业价值的大小(在有些情况下也包括社会价值的大小)。这一特点也是技术创新与技术发明的主要区别。

综合以上分析可以看出，虽然熊彼特最初提出的创新概念有广泛的含义，但他的注意力主要集中在技术创新上，因此人们总是习惯性地将创新狭义等同于技术创新。技术创新是指创造新技术并把它引入产品、工艺或商业系统，或者创造全新的工艺技术及对现有技术的改进。广义上理解的技术创新是指由技术变化所引起的一系列营销、管理、技术、市场和企业组织的变化，或者产业和经济系统的演化。这种认识事实上与熊彼特最初提出的创新概念是一致的，即广义的技术创新等同于熊彼特提出的创新概念。现在的研究者为了避免概念上的混乱，对创新进行了分类理解，从而产生了不同的创新研究学派，如经济学上通常将创新划分为技术创新和制度创新。本书则从管理学角度来理解创新概念，将其界定为企业为了获取更大价值，对各要素、各环节不断地进行新的构想、新的调整和新的组合的行为及过程。

2. 相关概念的比较

1) 科学与技术

科学是系统化和形式化的知识。技术是应用于产品或生产过程中的知识，是工业增长的引擎，是创新的基础。

2) 创新与发明

创新是由一系列子过程整合的总的过程，包括新思想的孕育、新方法的发明、新市场的开发。发明是将新思想转换为有形的产品或工艺的过程。

创新=理论概念+技术发明+商业使用。技术发明与创新之间通常存在滞后期，如表1-1所示。

表1-1 技术发明与创新之间的滞后期

技术与产品	发明年份	创新年份	滞后期/年
日光灯	1859	1938	79
采棉机	1889	1942	53
拉链	1891	1918	27
电视	1919	1941	22
喷气发动机	1929	1943	14
雷达	1922	1935	13
复印机	1937	1950	13
蒸汽机	1764	1775	11
尼龙	1928	1939	11
无线电报	1889	1897	8
三级真空管	1907	1914	7
圆珠笔	1938	1944	6

3) 创新与研发

研究与开发(research and development，R&D)是在系统研究的基础上进行的一项创造性工作，包括基础研究、应用研究和开发三部分内容，其产出是知识，其目的在于丰富有关人类、文化和社会的知识库，并利用这一知识进行新的发明。

目前，研发费用已经被普遍作为创新投入的测度指标，两者之间的关系是非线性的。

1.1.2 创新的特征

创新的特征主要体现在以下五方面。

(1) 创新的主体是企业。

(2) 创新是一种经济行为，其目的是获取潜在的利润，市场表现是检验创新成功与否的标准。

(3) 创新者不是发明家，而是能够发现潜在利润、敢于冒风险并具备组织能力的企业家。

(4) 创新联结了技术与经济，是将技术转化为生产力的过程。

(5) 创新是一个综合化的系统工程，需要企业中多个部门的参与和合作。

1.1.3 创新的类型

按照不同的分类标准，创新有不同的分类结果。综合现有研究成果，本书主要基于创新的性质、创新对象、创新的内容等进行划分，其分类结果如下。

1. 基于创新性质的分类

英国苏塞克斯大学的科学政策研究所(Science Policy Research Unit，SPRU)根据创新的重要性，将技术创新分为渐进性创新、根本性创新、技术系统的变革和技术—经济范式的变更。其中，渐进性创新是指渐进的、连续的小创新；根本性创新是指有重大技术突破的创新；技术系统的变革，这类创新将产生具有深远意义的变革，通常出现技术上有关联的创新群；技术—经济范式的变更，这类创新既包含很多根本性的创新群，又包含很多技术系统变更。

SPRU按照创新影响程度的不同，又将创新分为以下两类。

1) 渐进性创新

渐进性创新是指对现有技术的改进和完善引起的渐进性、连续的创新。在现实经济活动中，大量的创新属于渐进性创新。

渐进性创新几乎看不见，但它能对产品的成本和性能产生巨大的累积性效果。1908—1926年，汽车价格从1200美元降到290美元；在钢铁业，渐进性的工艺创新使成本降低50%以上。渐进性创新不仅强化了生产能力，还加固了企业、顾客和市场三者之间的相互联结。渐进性创新要求对技术、设计、管理等进行持续改进，其累积性效果对竞争的影响与初始创新一样引人注目。

2) 根本性创新

根本性创新指在技术上有重大突破的创新，计算机、电视、互联网、真空管、晶体管都属于此类创新，包括根本性产品创新和根本性工艺创新。根本性创新常常能摧毁一个旧产业或者创造一个新产业，从而彻底改变竞争的性质和基础，决定了以后的竞争格局和技术创新格局。根本性创新是引起产业结构变化的决定性力量和主导力量，它要求全新的技能、工艺，以及贯穿整个企业的新的系统组织方式。

2. 基于创新对象的分类

根据创新对象的不同，创新可分为产品创新和工艺创新。

1) 产品创新

产品创新是指在产品技术变化基础上进行的技术创新，包括在技术发生较大变化的基础上推出新产品，也包括对现在产品进行局部改进而推出新产品。广义的产品包括服务(无形产品)，因此，产品创新也包括服务创新、新产品开发和产品新应用。产品创新是技术上有变化的产品的商业化，是创新之王。英特尔芯片、IBM个人计算机、微软Windows操作系统、Nokia手机、HP激光打印机等都属于产品创新。

2) 工艺创新

工艺创新又称过程创新，是指生产(服务)过程中在技术变革基础上形成的技术创新。工艺创新包括在技术发生较大变化的基础上采用全新工艺的创新，也包括对原有工艺的改进所形成的创新，是指产品生产技术上的变革，包括新工艺、新设备和新的生产组织方式的采用，是技术创新中不可忽视的内容。集装箱、即时贴、DELL的供应链管理、星巴克的体验式营销等都属于工艺创新。

3. 基于创新内容的分类

根据创新内容的不同，创新可以分为技术创新和组织管理创新。

1) 技术创新

技术创新也有广义与狭义之分，广义的技术创新等同于创新，包括组织管理创新。

3. 专利申请的作用

专利申请的作用主要体现在如下方面。

(1) 专利作为一种无形资产，具有巨大的商业价值，是提升企业竞争力的重要手段。专利可以促进产品的更新换代、提高产品的技术含量、提高产品的质量、降低成本，使企业的产品在市场竞争中立于不败之地。

(2) 企业将科研成果申请专利，是企业实施专利战略的基础。

(3) 专利的质量与数量是企业创新能力和核心竞争能力的体现，是企业在该行业身份及地位的象征。一个企业若拥有多个专利是企业强大实力的体现，是一种无形资产和无形宣传(拥有自主知识产权的企业既是消费者喜欢的优秀企业，也是政府各项政策扶持的主要目标群体)。21世纪是知识经济的时代，世界未来的竞争就是知识产权的竞争。

(4) 企业通过应用专利制度可以获得长期的利益回报。专利技术可以作为商品出售(转让)，比单纯的技术转让更有法律和经济效益，可以实现经济价值。

(5) 企业拥有专利是申报高新技术企业、创新基金等各类科技计划、项目的必要前提条件，拥有一定数量的专利是企业上市和其他评审中的一项重要指标，有助于高新技术企业资格评审、科技项目的验收和评审等。专利还有助于实现科研成果市场化。

总之，专利既可作为"盾"，保护自己的技术和产品；也可作为"矛"，打击对手的侵权行为。充分利用专利的各项作用，可以极大地促进企业的生产经营。

4. 专利的种类与判定

一项发明创造必须由申请人向政府部门(在中国，目前负责受理专利申请的政府部门是国家知识产权局)提出专利申请，经政府部门依照法定程序审查批准后，才能取得专利权。在我国，发明创造目前包括三种类型，分别是发明、实用新型和外观设计。

1) 发明

发明是指对产品、方法或者其改进所提出的新的技术方案，又分为产品发明和技术方案的方法发明。产品发明是指一切以有形形式出现的发明，即用物品来表现其发明，如机器、设备、仪器、用品等。方法发明是指发明人提供的技术解决方案是针对某种物质，使其发生新的技术效果的一种发明。方法发明是通过操作方式、工艺过程的形式来表现其技术方案的。

针对产品、方法或者产品、方法的改进所提出的新的技术方案，可以申请发明专利。

2) 实用新型

实用新型是指针对产品的形状、构造或者两者的结合所提出的适于实用的新的技术方案。实用新型专利只保护具有一定形状的产品，没有固定形状的产品和方法，以及以单纯平面图案为特征的设计不在此保护之列。由于实用新型专利及申请具有无须进行实质审查、审批周期短、收费低的特点，因此该类型专利的申请量占总专利申请量的2/3。

针对产品的形状、构造或者两者的结合所提出的适于实用的新的技术方案，可以申请实用新型专利。

3) 外观设计

外观设计是指对产品的形状、图案或者两者的结合，以及色彩与形状、图案的结合所做出的富有美感且适于工业应用的新设计，即产品的样式。它也包括以单纯平面图案为特征的设计。

针对产品的形状、图案或者两者的结合，以及色彩与形状、图案的结合所做出的富有美感且适于工业应用的新设计，可以申请外观设计专利。

在申请阶段，以上专利申请分别称为发明专利申请、实用新型专利申请和外观设计专利申请。获得授权之后，分别称为发明专利、实用新型专利和外观设计专利，此时，申请人就是相应专利的专利权人。

5. 专利的授予条件

关于专利的授予条件，各国专利法的规定不同，中国和大多数国家都要求发明应具备新颖性、先进性和工业实用性。

新颖性指在提出专利申请之日或优先权日，该项发明是现有技术中所没有的，即未被公知公用的。凡以书面、磁带、唱片、照相、口头或使用等方式公开的，即丧失其新颖性。有些国家采用世界新颖性，有些国家采用国内新颖性，也有些国家公知以世界范围为标准，公用以本国范围为标准。

先进性也称创造性，指发明在申请专利时比现有技术先进，其程度对所属技术领域的普通专业人员不是显而易见的。

实用性指发明能够在产业上制造和使用。

6. 专利申请程序与申请时间

专利申请一般包括受理阶段、初步审查阶段、公布阶段、实质审查阶段、授权公告阶段、复审阶段、专利无效7个阶段。

不同类型的专利获得授权需要不同的时间。对于发明专利而言，除一些需要保密的发明专利外，一般的发明专利需要经过受理、初步审查、公布、实质审查和授权公告这些阶段。一般情况下，自受理日起18个月内会进行公布，然后进入实质审查阶段，3年左右才能有结果(获得授权或被驳回)，但不排除更长的时间。为了加快获得专利权，可以申请提前公开，这样在初步审查合格后即进行公布，然后进入实质审查阶段，这样可以加快审查进度。另外，在某些特殊情况下，还可以提出加快审查的请求，但手续比较复杂，费用也会较高。

对于实用新型和外观设计而言，需要经过受理、初步审查和授权公告阶段，由于不需要进行实质审查，因此实用新型和外观设计获得授权的时间较短，一般为6~10个月。

7. 专利保护期限

关于专利保护期限，各国专利法的规定不同。最短有5年以下的，如伊朗、委内瑞拉等。大部分国家规定为10~20年，如英国为16年，美国为授权后保护14年，德国为18年，法国为20年。还有的国家规定了几个期限，申请人可以自行选择，如阿根廷、智利等。关于专利保护期限开始的时间，有的国家规定从提出申请之日起算，有的国家规定从授予专利权之日起算。《中华人民共和国专利法》规定，发明专利权的期限为20年，实用新型和外观设计专利权的期限分别为10年和15年，均自申请日起计算。

3. 工艺创新是产品生产技术上的变革，它包括(　　)。
   A. 新工艺　　　　　　　　　B. 新设备
   C. 新的生产组织方式的采用　　D. 以上都是

4. 《中华人民共和国专利法》规定，发明专利权的期限为(　　)年。
   A. 20　　　B. 15　　　C. 10　　　D. 5

5. 首次提出创新概念的学者是(　　)。
   A. 泰罗　　　B. 缪尔塞　　　C. 熊彼特　　　D. 索洛

6. 创新的驱动因素有(　　)类。
   A. 1　　　B. 2　　　C. 3　　　D. 4

7. 创新的主要收益来源有(　　)个。
   A. 1　　　B. 2　　　C. 3　　　D. 4

8. 下列选项中，不属于我国专利法规定的专利类型的是(　　)。
   A. 实用新型专利　　B. 商标专利　　C. 发明专利　　D. 外观设计专利

9. 创新的作用是(　　)。
   A. 经济社会发展的不熄引擎
   B. 企业可持续发展的不竭动力
   C. 企业唯有不断创新，才能赢得持续竞争优势
   D. 以上都是

10. 《中华人民共和国专利法》规定，实用新型和外观设计专利权的期限为(　　)年。
    A. 5　　　B. 10　　　C. 15　　　D. 20

11. 创新收益的来源包括(　　)。
    A. 成本降低　　B. 价值增值　　C. 价值创造　　D. 以上都是

12. 下列选项中，不属于有创新创业思维的人的特点的是(　　)。
    A. 将问题看成机会　　　　B. 自己找出解决方案
    C. 凭借别人的经验去做　　D. 考虑未来，有战略眼光

13. 创新创业教育需要在一个开放的教育制度下进行，不鼓励学生(　　)。
    A. 自由思考　　　　　　　B. 质疑和向权威挑战
    C. 探索未知、未来的世界　D. 按部就班

14. 创新创业教育的根本目的是塑造全面发展的人，包括(　　)。
    A. 对人的塑造　　　　　　　B. 认知的塑造
    C. 人才全面性和专业性的改变　D. 以上都是

二、多选题

1. 五代技术创新过程模型的特征包括(　　)。
   A. 技术推动的创新过程模型是简单的线性序列过程
   B. 需求拉动的创新过程模型也是简单的线性序列过程
   C. 技术与市场需求交互作用的技术创新过程模型和一体化的技术创新过程模型为并行开发过程
   D. 系统集成网络模型是完全一体化的并行开发

2. 技术创新的定义表达了两方面的特殊含义，包括( )。
   A. 活动的非常规性　　　　　　B. 新颖性和非连续性
   C. 活动必须获得最后的成功实现　D. 以上都不是
3. 根据创新对象的不同划分，创新可分为( )。
   A. 产品创新　　B. 过程创新　　C. 技术创新　　D. 工艺创新
4. 创新就是要建立一种生产函数，实现生产要素的新组合。下列选项中，属于创新的是( )。
   A. 引进一种新的产品
   B. 引用新技术，采用一种新的生产方法
   C. 开辟一个新的市场
   D. 实现任何一种工业的新的组织
5. 按照创新的内容划分，创新可以分为( )。
   A. 技术创新　　B. 过程创新　　C. 组织管理创新　　D. 工艺创新
6. 苹果公司的一系列创新举措包括( )。
   A. 产品创新　　B. 过程创新　　C. 组织管理创新　　D. 市场创新
7. 创新的驱动因素主要包括( )。
   A. 科技推动　　B. 市场需求　　C. 生产需求　　D. 客户喜欢
8. 各国专利法的规定不同，中国和大多数国家都要求发明应具备( )。
   A. 新颖性　　B. 先进性　　C. 工业实用性　　D. 简单性
9. 按照创新影响程度的不同划分，创新可分为( )。
   A. 渐进性创新　　　　　　B. 根本性创新
   C. 技术系统的变革　　　　D. 技术—经济范式的变更
10. 技术创新的风险源于创新的不确定性，不确定性主要包括( )。
    A. 市场不确定性　　　　　B. 技术不确定性
    C. 顾客的不确定性　　　　D. 收入的不确定性
11. 专利的作用主要体现在( )。
    A. 专利作为一种无形资产，具有巨大的商业价值，是提升企业竞争力的重要手段
    B. 企业将科研成果申请专利，是企业实施专利战略的基础
    C. 专利的质量与数量是企业创新能力和核心竞争能力的体现，是企业在该行业身份及地位的象征
    D. 企业通过应用专利制度可以获得长期的利益回报
12. 我国专利法规定的专利类型有三种，包括( )。
    A. 发明专利　　B. 实用新型专利　　C. 外观设计专利　　D. 技术型专利
13. 专利申请的理由包括( )。
    A. 通过法定程序确定发明创造的权利归属关系
    B. 为了在市场竞争中争取主动，确保自身生产与销售的安全性
    C. 国家对专利申请有一定的扶持政策
    D. 为了赚更多的钱

2.2.2 创新思维方式

1. 逻辑式创新思维方式

逻辑式创新思维方式的主要形式有科学归纳推理、演绎推理、类比推理三种。

1) 科学归纳推理

科学归纳推理主要借助求同法、求异法、共变法和剩余法四种方法进行。

(1) 求同法是指被研究的对象在不同场合出现，都与某一共同的因素有关。这一共同的因素就是该现象的原因，寻找这个共同因素的方法就叫求同法。例如，"怪洞"之谜讲的就是这个道理，狗、猫、老鼠等头部离地面较近的小动物在山洞里更容易死亡；马、牛等头部距离地面较远的牲畜在山洞里不容易死亡；狗、猫、老鼠等小动物如果被人抱着带进洞里就不容易死亡。

(2) 求异法是指在事物之间的差异中寻找原因的方法。求异法的应用通常以实验为基础。

(3) 共变法是指在其他条件不变的情况下，如果一个现象发生了变化，另一个现象也随之发生相应的变化，那么，第一个现象就可能是另一个现象的原因。例如，《内经·针刺篇》中记载了这样的一个故事，一个患有头痛病的樵夫，为了生计不得不经常带病上山砍柴。一次，他带病砍柴时不小心碰破了脚趾，出了一点血，但他却感到头部不痛了。后来，他又在头痛病发作时，偶然碰破了上次碰破过的脚趾，结果头痛又奇迹般地好了。这一偶然的发现引起了他的注意，所以，以后凡是头痛时，他就有意去刺破该处，并且都能收到治疗头痛的效果。这个樵夫被碰破的部位，即现代中医学中人体穴位中的大敦穴。

与求同法和求异法相比，共变法有其独有的优点：首先，共变法不但能求得原因，而且能找出因果之间的数量关系；其次，共变法较求异法更为简单，只要发生共变，就可以推导出结论，不必像求异法那样从有到无，比较有、无两个方面。

(4) 剩余法是指某一复合现象由另一复合现象所引起，把其中已经确定的因果部分除去，所剩部分也有因果联系。例如，居里夫人已知纯铀发出的放射线的强度，并且已知一定量的沥青矿石所含纯铀的数量。但她观察到，一定量的沥青矿石所发出的放射线要比它所含纯铀发出的放射线强许多倍，因此，她推断沥青矿石中一定含有其他放射线极强的元素。经过艰苦的探索，她终于发现了镭。

2) 演绎推理

演绎推理是从一般原理出发推导出特殊事例的思维形式，是进行科学预见和帮助论证一些科学发现的手段。

3) 类比推理

类比推理是指两个或两类事物在许多属性上也可能具有相同性或相似性。类比推理包括功能类比、结构类比和关系类比。

逻辑推理的工具主要包括以下两种。

(1) 分析与综合。分析是将思维对象的各种要素和信息按照一定的目标进行分解的思维过程。综合是在分析的基础上，将分析的结果有机地结合起来，形成对事物的整体认识的思维过程。综合是与分析相反的思维过程，但它以分析为前提，离不开分析。

(2) 比较、抽象和概括。比较就是在分析和综合的基础上，认识和确定事物或现象之间的相同点和不同点的思维过程。比较是认识事物的基本方法之一。抽象和概括在创新思维中的作用表现在，它能把人类创新思维的成果进行科学的总结和概括，从而形成概念、原理和理论等，而这些又为人类的创新思维提供了重要条件。

例如，有一次，爱迪生把一只灯泡交给他的助手阿普顿，让他计算一下这只灯泡的容积是多少。阿普顿是普林顿大学数学系的高才生，又在德国深造了一年，数学素养相当不错。他拿着这只梨形的灯泡打量了好半天，又特地找来皮尺量了尺寸，画出了示意图，还列出了一道又一道的算式。一个小时过去了，爱迪生着急了，跑来问他算出来了没有。"正算到一半。"阿普顿慌忙回答。"才算到一半？"爱迪生十分诧异，走近一看，在阿普顿的面前，好几张白纸上写满了密密麻麻的算式。"何必这么复杂呢？"爱迪生微笑着说，"你把这只灯泡装满水，再把水倒在量杯里，量杯量出来的水的体积就是我们所需要的容积。"阿普顿恍然大悟，飞快地跑进实验室，不到1分钟，没有经过任何运算，就准确地得到了灯泡的容积。

2. 非逻辑式创新思维方式

非逻辑式创新思维方式主要表现为想象、直觉、灵感等形式。

1) 想象

想象力是创新思维的重要品质。想象分为组合式想象、填充式想象、纯化式想象、取代式想象与科学幻想。

想象在创新思维中的作用如下。

(1) 黏合作用。第一，形象黏合，即把几个形象组合在一起，成为一种新的形象；第二，功能黏合，即把具有不同作用的东西合成一个新的东西；第三，形质黏合，即用与原事物构成不同的材料做成原事物的样子，以获得其性能。

(2) 填充作用。"大胆假设，小心求证"，这是科学家们在发明创造时经常使用的一个思维模式。

(3) 超越作用。该作用强调了提出问题往往比解决问题更重要。

2) 直觉

直觉是直接领悟事物本质的思维方式，是一种无意识的思维方式。必须指出的是，并非任何直觉思维都能洞察事物的本质和规律。直觉思维在揭露事物的性质、联系和关系的深度上，有不同的水平和层次。直觉也有其自身的局限性，最常见的错误之一是忽视选取的范围，常常从有限的、数量明显不足的观察对象中提出假设、得出结论。直觉的另一种常见错误是忽视数学统计规律，其中包括对偶然性的不正确评价。

3) 灵感

灵感是"山穷水尽"时的"柳暗花明"，因此，灵感也被称为"顿悟"。从思维学的角度来看，灵感思维是人们借助直觉启示而对问题得到突如其来的顿悟或理解的一种思维方式。

灵感的产生以强烈的创新欲望为前提，没有强烈的创新欲望，思维就不可能完成由量变到质变的飞跃。灵感也是创新思维的产物，灵感产生于创新思维活动，是人类创新思维长期积累的结果。灵感的产生具有突发性和飞跃性。

灵感主要有以下三种功能。

(1) 突创功能。这是灵感思维最显著的功能。突创功能指在思维实践中，灵感直接使探索和研究的问题得以突破性和创新性地解决。

(2) 先导功能。灵感提供了重要线索，为所研究的问题打开了关键性思路。

(3) 连动功能。通过灵感产生一系列特点与之相似或相关的新设想，从而确定研究或探索的新课题。

3. 发散思维

发散思维是针对一个有待解决的问题，沿着不同的方向去思考，从多方面提出解决方案，寻求各种各样的解决办法，以得出最佳解决方案，又称开放性思维。

发散思维的特点如下。

(1) 流畅性，指短时间内做出迅速且多变的反应。

(2) 变通性，又称灵活性，即思维能摆脱心理定式的影响，从新的不同的角度考虑问题。变通性包括三种形式：一是对信息重新分类；二是对意义进行修正；三是改变熟悉物体的用途。

(3) 精致性，即对复杂的发明创新提供多方面的细节补充和润色，使思维更加科学，更加适应需要。

(4) 独特性，是指在发散思维中表现出不同寻常的、异于他人的、新奇的反应能力。思维的独特性标志着发散思维的水平。

发散思维的形式包括正向、逆向与侧向三种。

4. 聚合思维

聚合思维是指在已有的众多信息中寻找最佳的问题解决方法的思维过程，又称收敛思维和求同思维。

聚合思维的特点如下。

(1) 单维性。聚合思维是在已有的多种问题解决方法的基础上，直接寻找解决问题的最佳方法或方案，要求"一针见血"。

(2) 逻辑性。聚合思维属于逻辑推理的领域，它对已有信息进行加工，将已有的信息变成创新思维的成果。

(3) 唯一性。尽管问题存在多种多样的解决方法和方案，但人们总是根据需要，从各种不同的方法和方案中，选择一个解决问题的最佳方法和方案。

(4) 比较性。聚合思维常常在现有的几种途径、方案、措施中进行比较，寻找一个较适合的途径、方案和措施。

聚合思维的形式包括概念性收敛、功能性收敛、原理性收敛三种。

发散思维与聚合思维在创新思维中的关系是相辅相成的。一般来说，发散思维为聚合思维提供创新的原材料，聚合思维对发散思维提供的原材料进行加工，使之变为成品。正例如，CT检查现在已经成为大中型医院临床的常规检查手段，它能使人体各种内脏器官的横断图像在几秒钟内就显示在荧光屏上，一目了然，因而能准确地诊断许多病症，尤其是在脑、脊髓、眼、肝、胰、肾上腺等器官疾病诊断中，具有明显的优势。CT的英文全称是computer tomography，直译为计算机断层摄影术，但比较准确的翻译是射线电子计算机扫描术，因为CT是基于X射线的。CT的问世在医学放射界引起了轰动，被认为是继伦琴发现X射线后，工程界对放射学诊断的又一划时代贡献。鉴于CT的临床意义重大，该技术获得了1979年的诺贝尔生理学或医学奖，不过，CT的主要发明者英国人豪斯费尔德却是将两项非他独创的原理和技术组合在一起而完成这一伟大创新的。

1924年，科马克生于南非，1950—1956年在开普敦大学任讲师期间，他受聘到一家医院放射科工作，对放射治疗和诊断产生兴趣，萌发了改进放射治疗程序设计的念头。1956年迁居美国后，他继续进行这方面的人体模型实验和理论计算，1964年在《应用理论》杂志上发表了计算身体不同组织对X射线吸收量的数学公式，从而解决了计算机断层扫描技术的理论问题，为豪斯费尔德后面发明CT扫描技术奠定了基础。1919年，豪斯费尔德生于英国纽瓦克。"二战"后，豪斯费尔德进入伦敦法拉第·豪斯电气工程学院学习。1951年，他进入EMI(电器乐器工业有限公司)从事研究工作，并且不久后就开始从事电子计算机的设计工作。当时，电子计算机刚刚发明，豪斯费尔德以自己特有的创造力、动手能力和组织能力，研制出英国第一台晶体管电子计算机。经过多年努力，他又研制出了一种能识别印刷字体的计算机，这在当时也是一个了不起的成就。当时，豪斯费尔德任职的EMI生产各种电子仪器，除计算机外，还有探测器、扫描仪等。他的目标是要综合运用这些技术，生产出具有更大实用价值的新仪器。在这个过程中，他接触到了科马克的研究成果，这一成果给了他很大的启迪，并树立了其研制新仪器的信心。因为他对计算机原理及成像技术很熟悉，而科马克已经从理论上解决了X射线断层扫描的难题，这让豪斯费尔德觉得，只要把这两件事情有效地结合就可以了。于是，豪斯费尔德开始了攻关。

所有的创新中，想法最重要。终于在1969年，豪斯费尔德首次成功设计了一种可用于临床的断层摄影装置，并于1971年9月正式安装在伦敦的一家医院里。这一年他与神经放射学家阿姆勃劳斯合作，首次成功地为一名英国妇女诊断出脑部的肿瘤，获得了第一例脑肿瘤的照片。同年，他们在英国放射学会发表了第一篇论文，这篇论文受到了医学界的高度重视，被誉为放射诊断学史上又一个里程碑。从此，放射诊断学进入了CT时代。1979年的诺贝尔生理学或医学奖破例授予豪斯费尔德和科马克这两位没有专门医学经历的科学家。

有人对1900年以来的480项重大创新成果进行了分析，发现从1950年以后，原理突破型成果的比例开始明显降低，而组合型发明开始成为技术创新的主要方式。据统计，现代技术创新中组合型成果已经占到60%~70%，这也验证了晶体管发明者之一的肖克莱所说的"所谓创新，就是把以前独立的发明组合起来"。

我们日常生活中经常使用的很多东西都属于组合创新型发明。

(1) 牙膏+中药=药物牙膏。
(2) 电话+视频采集器+视频接收器=可视电话。
(3) 台秤+微型计算机=电子秤。
(4) 照相机+转换器+存储器=数码相机。

C. 理性思维和非理性思维

D. 想象思维和非想象思维

15. 非逻辑式创新思维方式的主要形式有(   )。

　　A. 想象　　　　B. 联想　　　　C. 直觉　　　　D. 灵感

16. 逻辑推理的工具包括(   )。

　　A. 分析　　　　B. 综合　　　　C. 比较　　　　D. 抽象和概括

17. 灵感功能主要表现为(   )。

　　A. 突创功能　　B. 先导功能　　C. 连动功能　　D. 综合功能

18. 发散思维的种类包括(   )。

　　A. 纵向发散性思维　　　　　　B. 横向发散性思维

　　C. 直线发散性思维　　　　　　D. 曲线发散性思维

19. 聚合思维的特征包括(   )。

　　A. 严谨性和论证性　　　　　　B. 单一性和归一性

　　C. 真理性和求实性　　　　　　D. 价值性和真理性

20. 聚合思维的方法包括(   )。

　　A. 求同思维法　B. 分析综合法　C. 目标确定法　D. 因果关系法

21. 下列选项中，属于创新方法的是(   )。

　　A. 模仿创新法　B. 创意列举法　C. 头脑风暴法　D. 组合创新法

22. 从模仿的创造性程度划分，模仿可分为(   )。

　　A. 机械式模仿　B. 启发式模仿　C. 突破式模仿　D. 组合式模仿

23. 在创新开发实践过程中，模仿一般应通过(   )途径入手。

　　A. 原理性模仿　B. 形态性模仿　C. 结构性模仿　D. 功能性模仿

24. 创意列举法主要分为(   )。

　　A. 属性列举法　B. 希望点列举法　C. 优点列举法　D. 缺点列举法

25. 头脑风暴法可分为(   )。

　　A. 直接头脑风暴法　　　　　　B. 质疑头脑风暴法

　　C. 间接头脑风暴法　　　　　　D. 简单头脑风暴法

26. 为了更好地运用头脑风暴法，使思维活动真正起到互激效应，必须严格遵守的基本原则包括(   )。

　　A. 延迟评价　　　　　　　　　B. 鼓励自由想象

　　C. 以数量求质量　　　　　　　D. 鼓励巧妙地利用并改善他人的设想

三、判断题

1. 创新思维等于理性思维。　　　　　　　　　　　　　　　　　　　　(   )

2. 思维定势往往会阻碍思维的开放性和灵活性。　　　　　　　　　　　(   )

3. 思维是人的一种心理活动，是人的大脑进行的一个复杂的过程或系统工程。(   )

4. 思维定势是由过去一系列的心理活动所形成的一种思维准备状态，是指人们按习惯的、比较固定的思路去考虑问题、分析问题，表现为在解决问题的过程中做特定方式的加

工和准备。（   ）

5. 聚合思维方式是指人们为了解决某一问题而调动已有的知识、经验和条件去寻找唯一的答案。（   ）

6. 创新方法是指创新活动中带有普遍规律性的方法和技巧。（   ）

7. 模仿创新法就是一种人们通过模仿旧事物而创造出与其类似的事物的创造方法。
（   ）

8. 优点列举法，逐一列出事物缺点，进而探求解决问题的方法和改善的对策。（   ）

9. 缺点列举法，列举和检讨缺点及不足之处，找出解决问题的方法和改善的对策。
（   ）

10. 头脑风暴法是通过小型会议的组织形式，让所有参与者在自由愉快、畅所欲言的气氛中自由交换想法或点子，并以此激发与会者的创意及灵感，使各种设想在相互碰撞中激起创造性"风暴"。（   ）

11. 创新思维又称创造性思维，是指产生新思想的思维活动，俗称"点子"，一个好点子往往可以救活一个单位或一家企业。（   ）

12. 直觉就是直接领悟事物本质的思维方式，是一种无意识的思维方式。必须指出的是，并非任何直觉思维都能洞察事物的本质和规律。（   ）

13. 发散思维是指在创新过程中，充分发挥想象力，突破原有的知识圈，从一点向四面八方扩散，通过知识、观念、信息的重新组合，找出更多更新的答案、设想或解决办法。
（   ）

第 3 章

创业、创业精神与创业者

知识目标

- 了解创业的意义与作用；
- 掌握创业的概念、要素和类型；
- 理解创业精神的本质与内容；
- 了解当代大学生创业的必要性；
- 熟悉大学生创业的必备条件和方向。

案例导入

闯出一条属于自己的路

面对越来越严峻的就业形势，消极的人潜意识里逃避，积极的人则依靠自己的努力，通过创业挖掘到了自己的"第一桶金"。

河南省安阳大学是一所大专层次的高校，名气也不大。在大学毕业生就业日趋困难的环境下，该校社科系保险专业2003届的4名毕业生——翟皓东、刘金洲、张笑毅、白占峰通过自主创业，注册了安大四兄弟企业策划工作室，正式入住国家级安阳创业服务中心，而且还吸收了10多名毕业生。

这4名同学有一个共同特点，就是不愿意依靠家里。成立策划工作室并不是一时兴起，而是他们入学3年来不断积累、不断从别人看不起的小事做起的必然结果。

2000年12月，为了更好地开展社会实践活动，他们成立了"保险之光"协会，后来成立了四兄弟工作室。2002年9月，参照现代企业的经营模式，他们以股权形式重新组合了工作室。2003年3月，他们接到了第一单生意——为安阳市一家眼镜公司做宣传策划，收入300元。之后公司逐步进入状态，开始正常运作。

"回想3年大学生活，我干了很多事，卖书、做市场调研等，很辛苦。有很多事是其他同学不愿意干的,但我愿意干,因为我没有选择的余地,所以不会斤斤计较。"翟皓东说,"大一时课比较少,我就琢磨着干点事。9月的一天,我在使用安阳市文峰日化厂的莎米洗发水时,感觉这个产品的质量不错,但为什么它的销路远远赶不上飘柔、海飞丝等品牌呢?我主动和这家企业取得联系,和刘金洲一起利用课余时间对该厂进行市场调查。"他们白天分头逐个超市、专卖店地了解经销商和顾客对莎米洗发水的意见与建议,晚上一起整理数据。经过两个月的努力,他们为这家企业提交了长达8页纸的调查报告,获得了厂领导的高度赞扬。

对于创业是否影响正常学习的问题,刘金洲讲道:"我们平时搞调研、搞活动并没有耽误学习。2002年,河南省首次举办国家保险经纪人资格考试,300人考试只有10人通过,我考了第2名。我的体会是,课堂上要努力学习,但也要在实践中应用理论,这样才能获得知识、能力的双提升。"

面对当前的就业形势,他们坦言:"自主创业是一个趋势,专科生就业压力大,这也激励着我们努力创造。没有路时,为什么不自己闯出一条路?我们要学会适应市场、适应环境,谁适应得早,谁就能在就业、发展上取得成功。我们现在的通病是实践能力太弱,虽然不是每个人都要自主创业,但每个人都应该加强实践,时时刻刻提高自己的能力。要想取得较好的职业发展,要靠我们自己。"

(资料来源:根据网络资料整理)

【思考与讨论】

1. 你了解当前的大学生就业形势吗?面对这种就业压力,你会如何规划你的未来职业发展方向?
2. 翟皓东4人的创业动机是什么?他们成功创业靠的是什么?
3. 结合案例,谈谈自主创业对于应对就业压力、实现人生目标的意义?
4. 你从本案例中得到了哪些收获?这对你当前的学习、实践和未来职业发展会产生哪些影响?

3.1 创业

3.1.1 创业的概念

关于创业的概念,在创业界有不同的意见,一些学者用"新颖的、创新的、灵活的、有活力的、有创造性的及能承担风险的"等术语对创业进行定义。有学者认为,"发现并把握机遇是创业的重要部分";有学者认为"创业是包括创造价值、创建并经营一家新的营利性企业的过程,是通过个人或一个群体投资组建公司,来提供新产品或服务,以及有意识地创造价值的过程";也有学者认为,"创业是创造价值的一种过程,这种价值的创造需要投入必要的时间和付出一定的努力,承担相应的金融、心理和社会风险,并能在金钱和个人成就感方面得到回报"。国际管理科学学会(Academy of Management)的教授协会创业是充满风险的，这也是将创业投资的资金称为风险资金的原因。有研究指出，企业经营者为追求成功就必须承担合理、计算过的风险，所追求的利润越高，风险则越大，更有甚者必须冒着失败的风险以追求预期利润。有学者认为，经营者成功的要素之一是要有创意地承担风险，即愿意承担合理的、估计过的风险。

赫尔·博斯利发现潜在的创业企业家比那些不想创业的人具有更高的风险倾向。陈·格林尼克里克在进行创业企业家自我效能量表调研时发现，风险倾向与创业企业家有正相关的关系。帕利希·佰吉提出创业企业家之所以具有更高的风险倾向的可能原因是，创业企业家对市场形势的判断更为积极和肯定，把它们看作"机会"，而不是"风险"，而非创业企业家则看不出"风险"中孕育的潜在"机会"。

3. 务实精神

务实精神是创业精神的归宿。务实精神是中华民族自古以来就普遍重视和提倡的一种精神，它包括多重含义，要求人们办实事、求实效、实事求是，以达到名与实相符。创业就是要创立一番事业，它是一种实头在在的实践活动，需要扎扎实实地付出艰苦的努力。要使创业的意识、创业的目标、知识、才能和品德有所体现，实现其价值，必须靠脚踏实地地进行创造性的劳动。没有这种务实的劳动，人就无法确定创业的精神与社会需要之间的价值关系，就无法使创业的理念变成现实，无法使创业的计划变成财富，也无法实现其创业的根本价值。

4. 自主精神

个人主动性这个概念最早是由国际应用心理学会主席弗里斯教授在20世纪90年代提出的，是指个体采取积极和自发的方式，通过克服各种障碍与挫折来完成工作目标和任务的行为方式。有研究表明，个人主动性水平高者能充分利用挑战和机会，甚至能在这些挑战和机会的基础上进行创造。个人主动性可以作为协调人类资源管理系统和组织绩效的一个因素，个人主动性水平高者更易投入新工作的创新。弗里斯认为，相对于非创业者来说，创业者在个人主动性上的得分更高并更能克服困难。库普等人还发现个人主动性与创业的成败有一定的关系。

自主精神是创业精神的基础。如果对创业实践进行具体分析，就会发现它除了具有实践活动的普遍特征，还具有高于一般实践活动的特征，在人的自觉能动性方面，它特别突出了人的自主精神，即自由创造、自主创业、自立自强的精神。创业精神的强弱取决于人们自主创业的意愿，这种意愿也就是人的创业需要、创业动机，以及由此升华而成的创业理想，它构成了人们的创业意识。创业意识从本质上来说是一种自强自立的精神，它是人们创业的内在动力，是创业精神的基础内容。需要越强烈，动机越纯正，理想越切合实际，信念越坚定，创业精神就越持久、越稳定，有了这种持续稳定的精神支持，创业活动才会持之以恒，创业者才会越挫越勇。

5. 社会责任感

一般认为企业社会责任就是企业要创造利润，企业在对股东利益负责的同时，还要承担对员工、对消费者、对社区和对环境的社会责任，包括遵守商业道德、保障生产安创业者来说，忍耐是必须具备的素质。

3. 眼界开阔

广博的见识和开阔的眼界可以很有效地拉近自己与成功的距离，使创业活动少走弯路。对于一名创业者来说，开阔的眼界不仅意味着在创业伊始可以有比别人更好的起步，有时甚至可以挽救企业的命运。眼界的作用不仅表现在创业者的创业之初，它会贯穿创业者整个创业过程的始终。"一个人的心胸有多广，他的世界就会有多大"，我们也可以说："一个创业者的眼界有多宽，他的事业就会有多大。"眼界开阔才能看见更多的机会，从而创造更多的财富。

4. 明势之举

作为一名创业者，明势的意思包括两层，一要明势，二要明事。

势，就是趋势，要想成功创业，关键是要先选择对的方向，这个方向就是势。势分大势、中势、小势。创业者一定要跟对形势，要研究政策，这是大势。很多创业者不太注意这方面的工作，认为政策研究没有意义，实则不然。对于一名创业者来说，在政策方面，国家鼓励发展什么，限制发展什么，和创业成败有莫大关系。选对了方向，顺着国家鼓励的层面努力，可能事半功倍；选反了方向，就可能会失败。比如，国家正准备从政策层面对某个行业、某类型企业进行限制、淘汰，选择这样的方向就可能会失败。中势指的是市场机会。市场上的潮流是什么，人们现在喜欢什么，不喜欢什么，这可能可以指明创业的方向。假如你准备创业，而你的资金不足，经验又不足，那么，你可以看看周围的人都在做什么，大家一起做的，你跟着做，虽然可能赚不到大钱，但赔本的风险也会相对减小，较适合那些风险承受能力较弱的创业者。能赚平均利润，对于小本经营的创业者来说就不错了，通过这样的锻炼，可以慢慢学习赚大钱的本领，慢慢积累赚大钱的资本。小势就是个人的能力、性格、特长。创业者在选择创业项目时，一定要找那些适合自己能力，契合自己兴趣，可以发挥自己特长的项目，这样才有利于自己进行持久性的、全身心的投入。创业是一项折磨人的活动，创业者要有吃苦的心理准备。

明势的另一层含义就是明事，创业者要懂得人情世故。创业是一个在夹缝中求生存的活动，创业者只有先顺应社会，才能避免在人事环节上出问题。创业者一定要明事，不但要明政事、商事，还要明世事、人事，这是一名创业者应该具备的基本素质。

5. 商机敏感

创业者的敏感是指对外界变化的敏感，尤其是对商业机会的快速反应。一些人的商机敏感来自耳朵，一些人的商机敏感来自眼睛，还有一些人的商机敏感来自自己的两条腿。有些人的商机敏感是天生的，更多人的商机敏感则依靠后天培养。商机敏感度高是创业者成功的最好保证。

6. 资源扩展

创业不是引无源之水，栽无本之木。每个人的创业都必然有其依据的条件，也就是其拥有的资源。一名创业者的素质如何，通过其建立和拓展资源的能力就可以了解。创业者的资源可分为外部资源和内部资源两种。内部资源主要是创业者个人的能力、所占有的生产资料及知识技能,也就是人们通常所说的有形资产及无形资产,只不过这种有形资产和无形资产属于个人。创业者的家族资源也可以看作创业者内部资源的一部分。拥有良好的内部资源,对创业者个人来说无疑是非常重要的。

创业者的外部资源中,最重要的是人脉资源。创业者如果不能建立自己最广泛的人际网络,那他的创业一定会非常艰难,即使其初期能够依靠领先技术或者自身素质,如吃苦耐劳或精打细算,获得某种程度上的成功,但是他的事业很难做大。

创业者的人脉资源,按其重要性来排序,第一是同学资源。实际上,同学之间因为接触比较密切,彼此比较了解,且彼此不存在利害冲突,所以友谊一般都较可靠,纯洁度更高。对于创业者来说,同学是值得珍惜的最重要外部资源之一。第二是职业资源。所谓职业资源,即创业者在创业之前,为他人工作时所收获的各种资源,主要包括项目资源和人际资源。充分利用职业资源,选择从职业资源入手进行创业,已经成为许多人创业成功的捷径和法宝。第三是朋友资源。朋友应该是一个总称。同学是朋友,战友也是朋友;老乡是朋友,同事一样是朋友。朋友犹如资本金,对创业者来说是多多益善。创业专家认为,人际交往能力应列在创业者素质的第一位。

7. 出奇谋略

创业是一项体力活动,更是一项心力活动。创业者的智慧将在很大程度上决定其创业成败。尤其是在目前产品日益同质化、市场有限、竞争激烈的情况下,创业者不仅要能够守正,而且要有能力出奇。创业者的谋略或者智慧应体现在创业者的每一项创业行动中。智慧,也可以说是一种思维方式,一种处理问题和解决问题的方法。对于创业者来说,智慧是不分等级的,它没有好坏、是否高明的区别,只有是否好用、是否适用的问题。创业者的智慧必须不拘一格、出奇制胜。

8. 有胆有识

创业本身就是一项冒险活动。创业需要胆量,需要冒险。冒险精神是创业家精神的一个重要组成部分,但创业毕竟不是赌博,创业家的冒险无异于冒进。有一个故事说,一个人问一个哲学家,什么叫冒险,什么叫冒进?哲学家说:"比如有一个山洞,山洞里有一桶金子,你进去把金子拿了出来。假如那山洞是一个狼洞,进去拿金子就是冒险;假如那山洞是一个老虎洞,进去拿金子就是冒进。"这个人表示懂了。哲学家又说:"假如那山洞里的只是一捆劈柴,那么,即使那是一个狗洞,进去就是冒进。"这个故事的意思是,有一种东西,你经过努力有可能得到,而且那东西值得你得到,此时你就是冒险,否则,你只是冒进。创业者一定要分清冒险与冒进的关系,区分什么是勇敢,什么是无知。无知的冒进只会使事情变得更糟,使行为变得毫无意义,并且惹人耻笑。

9. 懂得分享

作为创业者,一定要懂得与他人分享。一个不懂得与他人分享的创业者,不可能将事业做大。美国心理学家马斯洛的需要层次理论指出,人有五种需要,第一是生存需要,第二是安全需要，第三是社交需要，第四是尊重需要，第五是自我实现需要。这五种需要具体到企业环境里，具体到公司员工身上，就是要求老板与员工共同分享。当老板舍得付出，舍得与员工分享，员工的生存需要、安全需要、尊重需要就从老板这里得到了满足。员工出于感激，同时因为害怕失去眼前所获得的一切，就会产生自我实现的需要，并通过自我实现，为老板做更多的事，创造更多的财富，做更大的贡献，回报老板。这样就构成了一个企业的正向循环、良性循环。这应该是马斯洛理论在企业层面的恰当解释。分享不仅仅限于企业或团队内部，对创业者来说，对外部的分享有时候同样重要。对创业者来说，分享不是慷慨，而是明智。

10. 自我反省

反省其实是一种自我学习素养。创业既然是一个不断摸索的过程，创业者就难免在此过程中不断地犯错误。反省正是认识错误、改正错误的前提。对于创业者来说，反省的过程就是学习的过程。有没有自我反省的能力，具不具备自我反省的精神，决定了创业者能不能认识到自己所犯的错误，能不能改正所犯的错误，是否能够不断地学到新东西。

3.3.4 创业者应具备的基本能力

创业能力是一种特殊的能力，这种特殊能力往往影响创业活动的效率并决定创业能否成功。创业能力一般包括组织领导能力(包括战略管理能力、学习决策能力)和业务能力(包括经营管理能力、专业技术能力、交往协调能力和创新能力)。

1. 组织领导能力

1) 战略管理能力

战略是依据企业的长期目标、行动计划和资源配置优先原则设定企业目标的方法。因为战略是企业为获取可持续竞争优势，而对外部环境的机遇和威胁，以及内部环境的优势和劣势做出的反应，它是对企业竞争领域的确定，所以战略就是企业的生命线，也是企业腾飞的起跳板。一个及时、果敢、英明的战略决策是企业由蛹化蝶、由小到大、由平凡到伟大的最初推动之力，错误的战略会葬送一个企业。战略管理能力包括战略思维、战略规划和设计等，是一个创业者的核心领导能力。

2) 学习决策能力

正确决策是保证创业活动顺利进行的前提。尤其是有关创业机会的识别和选择、创业团队的组建、创业资金的融通、企业的战略发展和商业模式的设计等重大决策，将直接关系对创业全局的驾驭和创业的成败。要正确决策，要求创业者具有较强的信息获取和处理能力，能敏锐地洞察环境变动中所产生的商机和挑战，形成有价值的创意并付诸创业行动。特别是要随时了解同行业的经营状况及市场变化，了解竞争对手的情况，做到知己知彼，以便适时调整创业中的竞争策略，使所创之业拥有并保持竞争优势。同时，通过不断的创新思维和创新实践，进行反思和学习，总结创新经验，吸取失败教训，及时修正偏差和错误，进一步提高决策能力，促进企业健康成长。

1. 发现商业机会

2014年,骆鹏是自动化专业大二在读学生,一名遥控航模飞机(后称为无人机)"发烧友"。他发现市场上航模飞机销售价格较贵,于是产生了成为航模飞机经销商的想法。经过与航模飞机厂商多次商谈,他成为多家航模飞机的经销商,从此他由航模飞机需求者转变成供给者。

2015—2016年,航模飞机市场发生巨变,行业内企业开始从"航模飞机"向"消费级无人机"跨越,纷纷开始对当时市面上的多旋翼航模飞机进行技术整合。在经历了航模飞机的市场巨变之后,骆鹏成为一名航模飞机爱好者。他凭借多年行业实践经验对消费者的需求有了深刻认知,敏锐地发现无人直升机航模飞机领域的市场空白,且这空白市场的消费需求非常大。于是骆鹏快速将目光转向无人直升机航模飞机领域,开始带领团队研发无人直升机的飞控系统及无人直升机整机的制造,目标客户主要有国内外潮玩、酷玩、航模、智能产品爱好者,消费市场北美(主要是美国)主要占50%以上,其次是欧洲地区、日韩、中国。

2. 技术创新

骆鹏带领团队深入挖掘客户痛点,发现现存的航模直升机由于没有飞控系统装置,很难在远距离和大风天气下平稳飞行,尤其在恶劣的自然环境中,以及视野受阻和狂风天气下,用户目视操作难度极大,且由于没有飞控的电量检测,还会经常因为直升机电量耗尽而坠机。于是骆鹏开始带领团队进行飞控系统的自主研发,将其与无人机技术进行整合,期望填补无人直升机航模飞机的市场空白,为客户提供更加安全、稳定的飞行体验。

科技创新是一条艰辛之路,从来都不是一帆风顺的,需要团队不断艰辛地探索,需要有顽强的意志和坚忍不拔的毅力,坚持、再坚持。在技术攻关过程中,第一台实验样机的飞控系统选用的CPU是意法半导体的ST芯片,当时由于技术原因导致飞机突然宕机无法运行,最终坠落。飞机螺旋桨割伤了骆鹏的腿,给他留下了伴随一辈子的伤疤。为了攻克技术难题,骆鹏和团队技术工程师同吃、同住,办公室就是实验室,实验室就是卧室,他们时常通宵达旦地工作,找问题、解决问题成为这段生活中永远不变的主题。

经过了两年半的技术攻关,团队成功研发出具有自主知识产权的飞控系统,实现了具有自主知识产权的"飞控系统装置"和带有飞控装置的"无人直升机航模飞机"两大核心产品。

3. 创赛创业过程

2014年骆鹏开始航拍市场的创业，代理销售遥控航模飞机和组装集成无人机。同年，他开始第一次参加"互联网+"创新创业大赛，他当时不知道创赛要做什么、怎么做，没有专业的创赛指导，团队也来自不同的学校，一帮人纯粹出于对航拍航空的热爱。由于项目没有自主知识产权、没有技术壁垒，遥控航模飞机成为大众消费品，仅凭能组装航拍无人机的技术经验已经无法实现市场变现。2016—2017年，骆鹏开始第二次创业和创赛，主要做青少年赛事相关的教学服务，试图通过相关赛事建立全国性的航模教育品牌领导者，然而市场容量有限，项目未来发展受限无法做大、做强。于是骆鹏开始了他的第三次转型，即现在的飞翼航空。公司深研技术，建立技术壁垒，持续投入开发和建立销售渠道，推出了国内首款自主研发的民用全向定位飞控，打破了国外该领域的长期垄断，也在财务上实现了稳健和快速的增长。

骆鹏拥有六年创赛和八年创业的经历，他在每个阶段的创业创赛中，都不断突破自己，对商业的理解也越发清晰，对创业本质的理解也更加深刻。从参加第一届"互联网+"创新创业大赛开始，到第六届夺金的过程中，比赛带来帮助是循序渐进的，从创业概念懵懂的理解，到商业本质回归认知，都是需要逐步探索和积累的，然而在这过程中永不放弃的坚韧精神将是创业者永远的精神支柱。

(资料来源：根据网络资料整理)

【思考与讨论】

1. 你认为骆鹏创业的动机是什么？他创业成功最根本的因素是什么？
2. 骆鹏在创业过程中，经历过许多挫折，也有过多次摸索，但最终取得了成功，这点对你有哪些启发？
3. 创业者骆鹏经历几次创业创赛后有什么变化？他为什么会出现这样的变化？
4. 结合案例分析创业者应该具备什么样的素质和能力？

课后习题

一、单选题

1. 创始人或工作团队的任务是在千变万化的环境中达到(   )要素之间的匹配和平衡。
   A. 机遇　　　　B. 团队　　　　C. 资源　　　　D. 以上都是
2. 创业企业需要在(   )方面形成竞争优势。
   A. 品牌　　　　B. 知识　　　　C. 企业文化　　　　D. 以上都是

3. 创业者必须表明他们不仅相信自己，而且相信他们正在追求的事业，以此来感染和说服他人，取得信任和支持，这对于事业的成功十分重要。（　）

4. 自立就是凭自己的头脑和双手，凭借自己的智慧和才能，凭借自己的努力和奋斗，建立自己生活和事业的基础。（　）

5. 商业机会指没有被满足的市场需求，它是市场中现有企业留下的市场空缺。（　）

6. 创业就是具有创业精神的创业者、商业机会、组织与技术、资金、人力资本等资源相互作用、相互配置，以创造产品和服务的动态过程。（　）

7. 创业过程一般可以划分为创业动机的产生、创业机会的发现与识别、资源的整合、企业的创建、新创企业的成长和创业的收获六个阶段。（　）

8. 每个人都有自己的长处，关键在于能否挖掘、释放出来，只要大家扬长避短，完全可以将自己的长处变为创业的优势。（　）

9. 只有具有处变不惊的良好心理素质和愈挫愈强的顽强意志，才能在创业的道路上自强不息、竞争进取、顽强拼搏，才能从小到大、从无到有，闯出属于自己的一番事业。
（　）

10. 自强就是在自信的基础上，不贪图眼前的利益，不依恋平淡的生活，敢于实践，不断增长自己各方面的能力与才干，勇于使自己成为生活与事业的强者。（　）

11. 创新是创业精神的核心要素，创新意识和冒险精神是进行创业的内在要求。（　）

12. 创业就是创业者、商业机会、资金等资源相互作用、相互配置的动态过程。（　）

13. 创业一定要创造全新的生意。（　）

14. 智力教育领域非常适合大学生创业。（　）

15. 创业者常常要经历许多的挫折和失败，但始终需要保持乐观、积极的心态。
（　）

16. 创业者需要具有处变不惊的良好心理素质和愈挫愈强的顽强意志。（　）

17. 能否坚持到底常常决定创业的成败。（　）

18. 专业技术能力的形成具有很强的理论性。（　）

19. 创业企业战略目标是创业企业在一定时期内所要达到的预期成果。（　）

20. 创办企业需要树立企业"信用品牌"意识，以企业信用建立并开拓市场，这是企业在今后进一步开拓市场、融资、获取项目的重要条件。（　）

第4章

创业机会的识别、评价与选择

知识目标

- 掌握创业机会的意义；
- 熟悉创业机会的主要来源和识别方法；
- 理解创业机会评价的准则与方法；
- 了解创业项目的类型和选择方式。

案例导入

在海岛卖鞋

曾经有一家制鞋公司想开发国外市场，于是公司总裁派了一名推销员到非洲某个海岛上的国家，让他了解一下能否向该国卖鞋。这个推销员到非洲后给总部发回一封电报说："这里的人都习惯赤脚，不穿鞋，这里没有市场。"随即这名推销员就离开了那里。总裁随后又派去另一名推销员。第二个推销员到非洲后也给总部发回一封电报，电报中说："在这里的发现让我异常兴奋，因为这里的人都是赤脚，还没有一人穿鞋，这里市场巨大。"于是他开始在岛上卖鞋。

该公司觉得情况有些蹊跷，于是总裁派出了第三个推销员。他在非洲待了三个星期，发回一封电报："这里的人不穿鞋，但有脚疾，需要鞋。不过不需要我们生产的鞋，因为我们的鞋太窄，我们必须生产宽一些的鞋。这里的部落首领不让我们做买卖，我们只有向他进贡，才能获准在这里经营。我们需要投入大约1.5万美元，他才能开放市场。因此，我建议公司开辟这个小岛市场。"该公司董事会采纳了这位推销员的建议，并通过适宜的营销组合，最终成功地开拓了这个小岛市场。

【思考与讨论】
1. 在海岛卖鞋的故事说明了什么？
2. 要想发现常人所不能看到的商机，应具备什么素质？

案例4-1

云计算与创业机会

云计算等新技术会给各个产业带来巨大的提升机会,并将成为经济转型的重要爆发点,新一代创业者应当看到这种趋势,让自身的创业过程融入大数据的发展中。今天的创业者是幸运的,从一开始创业就开始享受大数据的福利,创业者使用云计算观察和利用行业的发展趋势,才能紧紧围绕客户价值,生产更受欢迎的产品或者服务。

(资料来源:节选自阿里云计算总裁胡晓明在2015年7月中国创业大会上的发言)

3) 问题分析

问题分析从一开始就要找出个人或组织的需求和他们面临的问题,这些需求和问题可能很明确,也可能很含蓄。创业者可能抓住它们,也可能忽略它们。问题分析可以首先问"什么才是最好的",一个有效并有回报的解决方法对创业者来说是识别机会的基础。这个分析需要全面了解顾客的需求,以及可能用来满足这些需求的手段。

创业聚焦

创业要找"社会痛点"

2015年"中国青年五四奖章"获得者创业明星郭鑫认为,创业最大的吸引力不在于创造了多少财富、多少金钱,而在于你每天都在做新的事情,更关键的是你每天活得都跟别人不一样。目前,郭鑫也在承担一些创业教育方面的工作,他建议大学生创业不要找社会热点,而要找"社会痛点"。他认为,所谓的"社会痛点",是指社会有问题存在,而且很难解决,要么是解决方法有瓶颈,要么是解决方法不够先进需要革命。他表示,有问题存在的地方才是有机会的地方。创业者要提高成功率的话就要找到瓶颈,判断瓶颈是由什么造成的,是技术不行、模式不行,还是产业不行。

(资料来源:节选自中国广播网报道)

4) 顾客建议

一个新的机会可能会由顾客识别出来。顾客的建议多种多样,最简单地,他们会提出诸如"如果那样的话不是会很棒吗"的非正式建议。还有,他们可以有选择地采取非常详尽和正式的短文形式将他们的需求"反向推销"给潜在供应商。无论使用什么样的手段,一个讲究实效的创业者总是渴望从顾客那里得到建议。

案例4-2

依靠科技改善顾客体验

当社交媒体成为人们生活的一部分时,就重新定义了人们联系在一起的方式。星巴克主要通过其网站链接了解顾客的喜好、消费行为,提供更好的体验服务,留住顾客。早在2008年,星巴克就推出专门网站收集用户意见,通过改善服务增强顾客的"正面"体验。创意可以分为三大类:第一类是和产品有关的,如新产品、咖啡味道等;第二类是和体验有关的，如店的环境、音乐、付款方式等；第三类是和社区有关的，如社会责任、社区互动等。星巴克当年的做法大胆创新，非常具有争议性，但如今有不少企业争相效仿。

5) 创造需求

这种方法在新技术行业中最为常见，它可能始于明确拟满足的市场需求，从而积极探索相应的新技术和新知识，也可能始于一项新技术发明，进而积极探索新技术的商业价值。通过创造获得机会比其他任何方式的难度都大，风险也更高。同时，如果能够成功，其回报也更大。这种情况下所产生的创新在人类具有重大影响的创新中，居于压倒性的主导地位。

案例4-3

顾客不知道自己想要什么

乔布斯有一句名言——顾客不知道自己想要什么。他在1998年说的原话是这样的："我们拥有庞大的客户群，且对固定的客户进行了大量的调查研究，同时密切关注产业发展趋势。但是这一切并没有那么简单，到最后，还是很难通过这些来设计产品。通常，人们并不了解自己需要什么，直到你把产品呈现在他们面前。"对富有创新性的产品而言，这句话或许是对的，因为顾客通常并不知道如何创新。在电灯、电话、火车、汽车、飞机、计算机等发明诞生之前，大多数人不会想要这些产品，因为这些产品还不存在。福特汽车创始人亨利·福特也曾经说过类似的话："如果我问顾客想要什么，他们可能会说自己想要一匹快马。"

4.2　创业机会的评价

所有的创业行为都来自绝佳的创业机会，但如何才能判断自己的创业机会是否具有发展前景呢？我们都知道，几乎九成以上的创业梦想最后都落空。事实上，新创企业获得高度成功的概率不到1%。成功与失败之间，除了不可控制的因素，显然一定有许多创业机会在开始的时候，就已经注定未来可能失败的命运。创业本身是一种高风险行为，而失败也可能是奠定下一次创业成功的基础。

不过对于这些先天基础不好、市场进入时机不对或者具有致命瑕疵的创业构想，如果创业者能提前以比较客观的方式进行评估，那么许多悲剧就不至于一再发生，创业成功的概率也可以因此大幅提升。

4.2.1　影响机会评价的因素

1. 机会评价总是受到人的价值观的制约

机会评价总是受到人的价值观的制约，因此，参与机会评价的人如能具备以下条件将更能准确地评估机会。

(1) 拥有创办新企业的经历。

(2) 国外专家研究表明，至少具有5年的企业经验才能识别出各种商业行为，并获得创造性的预见能力和捕捉商机的能力。

(3) 具有管理经验，尤其是担任过决策层管理职务者的经验。

创业机会的开发和识别至少要求新企业决策者与其他人的价值判断不同。如果资源所有者和新企业决策者对资源生产力的判断一致，那么资源所有者就可以通过提高资源的定价来分享利润，从而使创业者的利润趋向零。如果其他创业者也有同样的创业判断，就会产生竞争，直到利润消失。

2. 商业机会的开发和识别与时间有关

某些时候，看起来似乎不太有成功可能的商业机会，到下一时间段可能有完全不同的结果。通常人们所说的"时机"这两个字，代表市场机会的价值与时间密切关联，而时间的机会窗口也不是永远打开的。很多时候也需要判断一个机会窗口是否有足够的获利回收的时间长度。美国风险投资业内的一项研究调查发现，当机会窗口的时间短于3年时，新创企业的失败率高达80%以上；而如果机会窗口的时间超过7年，则几乎所有投资的新企业都能获得丰厚的回报。

3. 影响市场机会评估的因素，以及是否具备配套的资源和专业能力

好的机会必须在适当的环境和良好的执行下才能验证其获利能力。

4.2.2 创业机会的评估准则

如何评估创业机会？针对创业机会的市场与效益，中国台湾中山大学的刘常勇教授提出了一套评估准则，可以将其作为创业者评估创业机会及项目投入的决策参考。

1. 市场评估准则

1) 市场定位

一个好的创业机会必然具有特定市场定位，专注于满足顾客需求，同时能为顾客带来增值的效果。因此评估创业机会的时候，可通过市场定位是否明确、顾客需求分析是否清晰、顾客接触通道是否流畅、产品是否持续衍生等，来判断创业机会可能创造的市场价值。创业带给顾客的价值越高，创业成功的机会也就越大。

2) 市场结构

针对创业机会的市场结构可进行多项分析，包括进入障碍、供货商、顾客、经销商的谈判力量、替代性竞争产品的威胁，以及市场内部竞争的激烈程度。可以通过市场结构分析得知新企业未来在市场中的地位，以及可能遭遇竞争对手反击的程度。

3) 市场规模

市场规模大小与成长速度也是影响新企业成败的重要因素。一般而言，市场规模大者，进入障碍相对较低，市场竞争激烈程度也会略微下降。如果要进入的是一个十分成熟的市场，那么纵使市场规模很大，但由于其已不再成长，利润空间必然很小，因此不值得创业机会符合其中的7个或者7个以上的因素，那么这个创业机会将有很大的希望。Baty的选择因素法的主要内容如下。

(1) 这个创业机会在现阶段是否只被你一个人发现？
(2) 初始的产品生产成本是否可以承受？
(3) 初始的市场开发成本是否可以承受？
(4) 产品是否具有高利润回报的潜力？
(5) 是否可以预期产品投放市场和达到盈亏平衡点的时间？
(6) 潜在的市场是否巨大？
(7) 你的产品是否是一个高速成长的产品家族中的第一个成员？
(8) 你是否拥有一些现成的初始用户？
(9) 是否可以预期产品的开发成本和开发周期？
(10) 是否处于一个成长中的行业？
(11) 金融界是否能够理解你的产品和顾客对它的需求？

4.3 创业项目的选择

4.3.1 创业项目的类型

如何正确地选择创业项目是每个创业者都要思考的问题。拥有合适的创业项目是创业成功最重要的基础。每一位创业者都要对创业项目的选择抱以谨慎的态度，要按照自身技能、技术、经验、资金实力等实际情况，对各类项目加以甄选。

不同的项目面对不同的市场客户群体，需要不同的创业资源和不同的技能与经验。因此，项目分类对于自主创业具有更为现实的参考意义。这里初步归纳出以下几种创业项目的类型。

1. 资源类项目

资源类项目要求创业者拥有大多数人不具备的资源。这些资源可以是自然资源，如石油，也可以是人事关系资源。一般来说，作为自主创业的项目，拥有垄断性自然资源的可能性非常小，拥有人事关系资源的可能性比较大，但必须注意这种资源的非持久性，以及变更可能带来的巨大风险。

2. 制造类项目

适合自主创业的制造类项目大致可以分为三类。

(1) 配套制造。此类制造属于某个整机(整体)制造项目的一部分，无须考虑全局，也无须有很好的创新技术，只要把负责加工的零(部)件做到性价比最高。由于环节简单，此类项目不需要复杂的管理流程，但需要一个良好的外部整体产业环境。从事此类生产经营活动的企业常见于江浙一带，尤其是温州和台州。

1) 项目寻找步骤

(1) 将精力集中于你熟悉的产品或过程，努力想出能够强化或改善目前局面的办法。

(2) 想出可以使产品或服务更有效、更省力、更省钱的办法。

(3) 寻找人们正在询问但目前并不存在的产品或服务。

(4) 从各个方面检视目前的产品或服务，看看是否有某些单元可进行增加、删除、变化、组合，以产生改进。

(5) 阅读报纸专栏和杂志中关于消费者的主题，包括人们提及希望得到或发明的产品或服务。

(6) 对崭新的产品或服务进行创造性思考。

(7) 在开始发明之前，征求专业律师的专业咨询。

(8) 查询专利等知识产权方面的资料。

2) 要思考的问题

(1) 什么产品或服务有需求但不存在？

(2) 消费者的什么需求可以通过发明来满足？

(3) 你熟悉的业务过程可以通过什么发明或产品、服务、程序来加以改进？

(4) 你有什么主意可以发展成为发明吗？

(5) 你的发明有市场吗？

13. 改进现有产品或服务

一般情况下，现有的产品或服务可以通过如下方法进行改进。

(1) 加强质量。

(2) 降低生产成本。

(3) 降低价格。

(4) 改进耐用性。

(5) 增加功效。

(6) 将其做得更大或更小。

(7) 使其更易使用。

(8) 使其具有更多的功能。

(9) 更新过程、材料或生产技术。

依照上述方法进行的改进将提升产品或服务的价值，这不同于向产品或服务中添加价值。当你只是改进一个产品时，使用的虽是原先产品的创意，但这种改进却可以创造出新的东西。当你向产品或服务中添加价值时，新产品只是对原产品进行添加或改变。

1) 项目寻找步骤

(1) 选择感兴趣的现有产品或服务，分析目前提供这些产品或服务的公司的强项和弱项，确定可以加以改进的方面。

(2) 确认现有产品和服务中的缺陷，在所提供的类似产品和服务中，从多个方面考虑这些缺陷并加以消除。

(3) 确认市场，并思考改进产品的途径。

2) 要思考的问题

(1) 哪些产品或服务需要改进？
(2) 如何对其进行改进？改进后是否更有市场？
(3) 如何提供比现在市场上更好的产品或服务？
(4) 改进的产品或服务有市场吗？

14. 装配产品

产品包装市场正在增长，从而提供了许多新的商业机会。例如，过去某人想装配一个架子，就需要购买板子和两种尺寸的螺丝钉。虽然每种螺丝钉只需要6个，但是必须各购买一个整单元包装(如24个或更多)的螺丝钉，同时还要购买一些固定件。现在，许多厂家或商店在销售此类商品时会考虑到这些因素，使一个整体包装中的配件正好装配一个架子。为了方便，人们非常愿意购买包含所有所需零件的整体包装，然后将它们组合在一起形成最终产品。

1) 项目寻找步骤

(1) 寻找由若干零件组成的产品，并符合以下条件中的一个或多个：装配过程对个人来说不方便或昂贵，并且可能存在对集中装配服务的兴趣；产品装配需要来自不同地方的零件，而你拥有所有零件；在产品从你处运输到别处之前需要装配成型；整体产品运输太昂贵，散件运输可以便宜些，而且你可以将其装配成型；产品是未装配而销售给消费者的，但是一般人不愿或不能装配它；装配好的产品由于体积太大而不方便运输，而散件易于运输。
(2) 分析各种产品和装配操作，以发现通过装配操作可以节省时间、精力、金钱的可能。
(3) 与客户交谈，确认市场的存在。

2) 要思考的问题

(1) 装配什么产品能节省别人的时间、精力、金钱？
(2) 产品有市场吗？
(3) 潜在的消费者表示过他们想购买这种产品吗？

15. 现有产品的再循环

当你考虑准备再循环使用一个产品时，则意味着你将取得的是其使用价值即将耗尽的产品。你可以重建它，使它"像新的"，或者将其重新生产成其他的产品。

1) 项目寻找步骤

(1) 发现如下产品：①经过一段时间使用而磨损；②添加新零件或翻新旧零件可以达到原标准；③新零件很贵，而翻新旧零件可以节省消费者的金钱。
(2) 发现其零件可以用来制造其他产品的产品。可以通过以下几点确认一个产品的零件可以再循环：①经过一段时间使用而磨损；②不值得再造成"像新的"；③拥有一个或多个仍然具有使用价值的零件；④可以作为比购买一个新零件更廉价的零件或原材料。
(3) 明确这些使用过的产品或零件是否可以容易、实惠、可靠地获得。
(4) 开发出对部件解体、再造、重装的流程。
(5) 通过与潜在消费者交谈，确定这些翻新或再造的产品是否有市场。

2) 要思考的问题

(1) 哪些使用过的产品可以翻新或再造成新产品？

(2) 这些翻新或再造产品有市场吗？

(3) 再循环过程可以实际而有效地进行吗？

16. 向现成产品中添加价值

当购买现成的产品或服务，然后向里面添加材料、处理、服务等，创造出更有价值的最终产品时，你就为之添加了价值，并且可以转手再销售这些变化了的产品。

可以通过下述方法添加价值。

(1) 将产品进行附加处理。

(2) 将该产品与其他产品结合。

(3) 将该产品作为其他更大的打包服务的一部分进行销售。

(4) 去除一些东西以改变产品的用途。

(5) 提高服务水平。

1) 项目寻找步骤

(1) 找出现成的产品或服务，考虑可以加入的额外处理工序、材料或服务，创造出新产品。例如，一个产品或一项服务，如果加入包装或分销元素，可能更加成功。

(2) 确认可以提供的一项处理业务或服务，然后寻找符合要求的产品或服务作为工作基础。例如，如果能够提供包装服务，就去寻找那些加上包装后更有价值的产品。

(3) 找出添加或减去某些元素就可以变为不同或改良产品的初始产品。如果需要添加元素，就要确定其来源并开发出加入的方法。如果需要减去某些元素，也要制定出可执行的方案。

(4) 找出现有产品或服务无法满足其需求的客户群体，根据他们的需求去改变现有产品，以满足他们。

(5) 找出不好的产品并进行改进。

(6) 与潜在的客户交谈，确认所考虑的产品或服务的市场需求。

2) 要思考的问题

(1) 对于你所认识到的每种产品或服务，加入什么元素可以使其更好地销售？

(2) 能提供哪些添加过价值的产品或服务？

(3) 能想到哪些经过添加或减去某些元素就能够获得利益的产品或服务？

(4) 谁表示过想购买你提供的产品或服务？

17. 替换现有产品的材料

现有产品有时可以通过改变制造材料而加以改进，这样做可以轻易改变产品的特性，使它更轻、更灵活，造价更便宜，更环保，形成具有不同特性的产品和目标市场。

1) 项目寻找步骤

(1) 检验产品，看哪里能通过替换材料进行改进。

(2) 考虑能获得良好供应的所有材料，分析它的特性，确定哪些产品使用类似的材料可以进行材料替换。

(3) 找出由于目前所使用的材料而导致的效率不高的生产环节，找出通过替换不合适的材料而改进的方法。例如，材料可能由于太贵、太难处理、不安全、供应不足等而不合适，寻找更便宜、更易处理、更安全、供应充足的材料作为替换品。

(4) 与潜在客户交谈，确认他们将购买你提供的改进产品。

2) 要思考的问题

(1) 什么产品可以通过替换材料而加以改进？

(2) 有什么材料可以替换目前使用的材料？

(3) 哪些客户表示过他们会购买改进的产品？

18. 找寻废料的用途

只要你留意，有时可以找到废料(由个人或公司遗弃的副产品、边角料，以及其他来源的废料)的用途。这些材料经常可以免费获得或者购买价格极低。它们经过处理，可以生产出有用的物品。

1) 项目寻找步骤

(1) 为了找到可以再使用的废料需要：①从所熟悉的企业中拿到所有遗弃的存货产品；②确认产品过时，虽然不再使用，但仍然囤积在仓库中。

(2) 阅读贸易出版物，确认对制造厂造成问题的副产品。

(3) 阅读技术杂志，发现使用这些废料作为原料的新型处理技术。

(4) 分析废弃产品对其他生产的价值。

(5) 为这些材料开发新的用途，形成新的最终产品。

(6) 研究外地处理这些废料的经验，并用于当地。

(7) 与潜在客户交谈，确定他们是否会购买你的产品。

2) 要思考的问题

(1) 能获得什么废料？

(2) 哪些废料可以再利用，并生产出有用且可以销售的产品？

(3) 所考虑的产品有市场吗？客户表示过他们要购买吗？

19. 生意或产品组合

一般情况下，我们可以将两种或多种内容组合在一起，创造出新的形象。如果组合后的新生意、产品是独特的，比组合前更加利于销售，则效果最好。可以组合的内容包括产品、服务、人、生意、资产。

1) 项目寻找步骤

(1) 从感兴趣的产品或服务开始，思考把什么组合在一起可以创造出更加独特的产品或服务。

(2) 寻找客户群体，他们的需求可以通过将两个或多个产品或服务组合在一起而得到满足。

(3) 试验各种可能的组合，看它们在一起是否合适。使用生意类型列表，并设想所列出不同主题的组合的结果。

(4) 与潜在客户交谈，确定组合后的产品或服务是否有市场。

2. 对于初创企业来说，必须不断重复顾客开发流程中每个步骤的循环。（ ）

3. 顾客的需求和购买行为是不变的。（ ）

4. 实地测试是通过试销的方式去销售你的产品和服务。（ ）

5. 可以通过改变制造材料而加以改进，使产品更轻、更强、更灵活，造价更便宜，更加环保，形成具有不同特性的产品和目标市场。（ ）

6. 当客户群体从一类产品转移到另一类产品上时，将能够带来新的市场机会。也就是说，市场转换将创造对新产品和新服务的需求。（ ）

7. 市场细分是指营销者通过市场调研，依据消费者的需要和欲望、购买行为和购买习惯等方面的差异，把某一产品的市场整体划分为若干消费者群的市场分类过程。（ ）

8. 差别性市场策略是把整个市场细分为若干子市场，针对不同的子市场，设计不同的产品，制定不同的营销策略，满足不同的消费需求。（ ）

9. 顾客验证阶段要证明经顾客探索之后的业务是可行的商业模式，是可以有大量顾客的，可以建立具有盈利能力的企业。（ ）

10. 微观环境是指对企业服务其顾客的能力构成直接影响的各种力量，包括企业本身及其市场营销渠道企业、市场竞争者和各类公众。（ ）

11. 顾客验证过程要利用最小可行产品在顾客面前测试产品的主要特征。（ ）

12. 顾客生成建立在企业首次成功销售的基础上，是企业加速发展、花费重金扩张业务、创造终端用户需求和推动销售渠道的阶段。（ ）

13. 标准化定价趋向于为某类产品或服务制定相同的价格，而不考虑顾客、市场情况或环境变化(包括竞争者)的突发事件等因素。（ ）

表5-1 国内外学者关于商业模式的定义

时间	学者	定义
1998年	Timmers	商业模式是一种产品、服务和信息流的架构,可以阐明各种不同业务的参与者及其角色、参与者的潜在利益,以及企业的收入来源
2002年	Joan Magretta	商业模式是用以说明企业如何运营的概念。它回答管理者关心的如下问题:谁是用户,用户价值何在,如何获得收入,如何以合适的成本为用户提供价值
2003年	Morris	商业模式旨在说明企业如何对战略方向、运营结构和经济逻辑等方面具有关联性的变量进行定位和整合,以便在特定的市场上建立优势
2004年	Muller和Lechner	商业模式是指用户、产品、销售渠道和企业的收入结构,企业在其价值网络和业务关系性质上的定位,以及企业的根本经济逻辑
2004年	Seldon和Lewis	商业模式是对一组活动在各组织单位中的配置,这些单位通过在企业内部和外部的活动,在特定的产品市场上创造价值
2005年	Osterwalder	商业模式是一种建立在许多要素及其构成之上,用来说明特定企业商业逻辑的概念性工具
2007年	Zott和Amit	商业模式是关于如何连接企业与用户、合作伙伴和供应商进行交易的结构模板,即要素和产品市场如何连接的选择
2012年	魏炜、朱武祥	商业模式本质上就是利益相关者的交易结构

对于初创企业的创业者或者大学生而言,这些定义显得过于生硬和学术化,并不太容易理解,甚至会造成理解上的混乱。实际上,即使完全不知道上述定义,也完全可以设计出自己的商业模式。当要准备创业或正在创业时,只要能回答以下三个问题,并清晰地解释问题背后的商业逻辑,就能够定义一个好的商业模式,而并不需要拘泥于上述复杂难懂的定义。

问题1:彼得·德鲁克之问,谁是用户?用户需要什么?

问题2:管理者之问,如何通过商业活动获得经济收益?企业能够为用户提供价值的潜在逻辑是什么?

问题3:创业者之问,我们凭借什么创业,如何才能创业成功?

对上述三个问题的回答,实质上就是阐明通过相关活动为用户创造价值、传递价值和获得价值,进而使投资者和企业获取利润的商业运行逻辑。创业或企业经营活动本质上都是价值创造活动,在经营活动或创业过程中,只要能够清晰地解释这个价值创造的商业运行逻辑,就找到了好的商业模式。在发现价值、创造价值和传递价值的过程中,需要梳理和调整各种商业元素,以此来设计或创新商业模式。那么,商业模式有哪些构成要素呢?

5.1.2 商业模式的构成要素

由于学者们对商业模式定义的差异,以及不同企业所处发展行业和发展阶段不同,发展时代背景不一样,对商业模式构成要素的研究也存在很大差异。与商业模式的定义一样,基于不同的研究,商业模式的构成要素丰富多彩,对关键的构成要素并没有形成统一的意见。

2003年,迈克尔·莫里斯(Michael Morris)通过梳理相关文献,第一次较为系统地总结了商业模式的构成要素。他研究发现，不同的研究者认为商业模式的构成要素数量从3个到8个不等，共有25个项目是商业模式可能的构成要素。在这些研究中，被多次提到的要素有价值提供(12次)、经济模式(11次)、用户界面与关系(9次)、伙伴关系(7次)、内部基础设施/活动(7次)。此外，目标市场、资源与能力、产品和收入来源也被多次提到。因而，这些要素可以被认为是构成商业模式的关键要素。

亚历山大·奥斯特瓦德(Alexander Osterwalder)在综合了各种研究共同点的基础上，提出了一个商业模式参考模型，包含9个要素：价值主张、客户细分、渠道通路、客户关系、核心资源、关键业务、重要伙伴、成本结构和收入来源。他认为，通过这9个要素的组合就可以很好地描述并定义商业模式，清晰地解释企业收入的来源。他在此基础上发明了商业模式画布，使商业模式的设计和执行更易于操作。

商业模式画布的出现受到了全球创业者和企业家的欢迎。但是，慕尔雅(Ash Maurya)研究了商业模式画布以后，根据自己的创业经验认为，商业模式画布更适合既有企业和已经开始创业的企业，对于类似大学生这样的群体来说并不是特别合适。例如，对于还没有开始创业的大学生及处于创业初期阶段的创业者来讲，几乎没有任何外部合作伙伴，也没有多少外来资源，更没有实际的业务活动，尚未形成有效的客户关系。因此，他以精益创业理论为指导，在商业模式画布的基础上提出了"精益画布"的概念。他认为，创业者必须认识和理解的商业模式要素包括问题、解决方案、关键指标、独特卖点、门槛优势、渠道、客户群体分类、成本分析和收入分析这9项。这个模型根据大学生等创业者的特点，对商业模式画布中的构成要素做了较大调整，较适合在校大学生和拟创业的准备者用来分析和设计自己的商业模式。

国内学者魏炜和朱武祥在梳理大量国内外既有企业商业模式的基础上，于2009年提出了魏朱六要素模型，认为一个完整的商业模式包含6个要素，即定位、业务系统、关键资源能力、盈利模式、自由现金流结构和企业价值。

商业模式的构成要素虽然繁多，但并不是杂乱无章的。要素的构成有两种基本结构类型：一是横向列举式结构，即要素之间是横向列举关系，每个要素表示企业的某个独立方面，彼此重要性相当，必须共同发挥作用；二是网状式结构，即基本要素从纵向层次或另一视角综合考虑，要素之间密切联系，形成层级或网络，作为一个系统在企业中发挥作用。不管是哪种要素组合方式，要素之间都具有很强的逻辑关系，体现出商业模式的系统性和整体性。因此，一个成功的商业模式肯定是其每个构成要素协调一致发挥作用的结果，其要素之间存在合理、有效的逻辑关系。

5.2 商业模式的类型

5.2.1 多边平台式商业模式

多边平台式商业模式实际上是一种具有普遍性的商业模式，传统的农贸市场就是典型的多边平台式商业模式。某个机构提供一个固定场所，为到这个场所交易的多个购买者和销售者提供相应的服务，以此获得利润。这个平台至少有平台机构、销售者和购买者三方参与。在很长的时间里，这种模式并没有引起人们的过多关注，随着信息技术的发展，这种平台有了新的表现形式——基于互联网的交易平台，并得到了迅猛发展，多边平台式商业模式日益成为这个时代重要的商业模式。微软Windows操作系统、百度、微信、淘宝、京东商城、大众点评、亚马逊、当当网等都是利用现代信息技术发展成功的多边平台经典案例。

多边平台将两个或两个以上有明显区别但又相互依赖的客户群体集合在一起，通过促进各方客户群体共同互动来为参与方创造价值。多边平台是连接各方客户的中介，其必须能同时吸引和服务所有客户群体并以此来创造价值。例如，淘宝网连接了商家、消费者、广告商、金融机构等多方参与者，能够同时满足这些参与者交易的需要、资金安全的需要和信息分析的需要，因此获得了巨大的成功。多边平台需要不断吸引更多用户的参与使平台价值得到提升，从而吸引更多参与者加入，提升平台价值。

案例5-2

大众点评的多边平台式商业模式

大众点评的核心价值主张是为消费者提供客观、准确的本地化消费信息指南，包括餐饮、休闲、娱乐等生活服务方面的信息评论和分享。大众点评是消费者在该网站发布信息、自主管理和交易各类生活服务相关信息的网络平台，还搭建了商家、消费者、广告商、移动运营商等多方参与的交易和信息共享平台。

大众点评不断加强多方合作，陆续推出便捷用户的各种服务方式。依托庞大、翔实且即时更新的消费指南信息，大众点评不仅吸引了新华网、千龙、21CN等网站，以及光线传媒等电视媒体与其展开内容合作，还与中国移动、中国联通、中国电信、空中网、诺基亚、掌上通等合作，推出基于短信、WAP等无线技术平台的信息服务，为中国近5亿名手机用户提供可以随时随地查看的商户信息。在广泛的会员基础上，大众点评推出国内首家餐饮积分体系，并与中国国际航空公司、上海大众汽车俱乐部等开展合作，以贵宾卡的形式为会员提供消费、积分、礼品兑换和积分抵扣消费额等服务。此外，大众点评还在GPS领域与新科电子、MIO展开合作，所有汽车用户利用车载GPS导航系统或手机地图就可以精确定位美食目的地。

截至2015年第一季度，大众点评月活跃用户数超过2亿名，收录商户数量超过1400万家，覆盖全国2500多个城市及美国、日本、法国等近百个热门旅游国家和地区，并在全国160多座城市设立分支机构。依托良好的商业模式，大众点评多次被清科投资、China Venture评为中国最具投资价值的企业之一。

5.2.2 长尾式商业模式

传统的商业观念认为，企业只能面向大众用户大批量提供少数几种产品，通过规模在编写本书的过程中，编者参考了有关的教材、论著和期刊等，限于篇幅，恕不一一列举，特此说明并致谢。因各种条件所限，未能与有关编著者取得联系，引用与理解不当之处，敬请谅解！

受资料和编者水平所限，书中难免存在一些不足之处，恳请同行专家及读者批评指正。我们的联系邮箱是992116@qq.com，电话是010-62796045。

本书提供配套电子课件和习题答案，以及网上慕课资源和配套的线上线下混合教学方案与课件，下载网址是http://www.tupwk.com.cn/downpage，也可以扫描下方的二维码下载。本书配套的线上慕课"创新创业学"已在中国大学MOOC和智慧树在线教育两个平台上线。

编 者

2022年11月

第1章 创新概述

知识目标

- 理解创新的概念与特征；
- 熟悉创新的常见类型；
- 掌握技术创新过程及模型；
- 了解技术创新的风险与收益；
- 了解专利申请的原因与作用、专利的种类与相应的授予条件。

案例导入

中国高铁：技术追赶与超越

据国家统计局数据显示，2018年末，我国铁路营业里程达到13.1万千米，比1949年末增长5倍，其中高速铁路达到2.9万千米，占世界高铁总量65%以上，远超世界其他国家的总和。

从世界范围看，1964年始于日本的高速铁路，经过50多年的发展，形成了以日本、法国和德国为代表的列车技术系统。中国从2004年开始大规模引进发达国家的高铁技术，并基于长期积累形成完整的铁路技术体系、生产体系与高水平的铁路建筑技术，在政府组织的核心技术的联合攻关下，中国高铁实现了中国标准动车组"复兴号"整体设计，以及车体、转向架、牵引、制动、网络等关键技术的自主研发，高铁列车运行控制核心技术的自主化，并建立了中国列车运行控制技术标准(CTCS)，实现了列车运行控制核心技术和产品的国产化，基本摆脱了对国外技术的依赖，并且在高速铁路自动驾驶技术研发上走在了世界前列。

目前，中国高铁构建了较为完善的产业创新体系，在高速动车组技术水平上，中国在产品序列上非常完整，基本与法国、日本、德国三个高铁强国都有对应的产品。历经消化吸收、改进创新与原始创新三个阶段，中国高铁取得技术追赶甚至超越，有学者把中国高铁追赶过程理解为微观主体在特定的激励结构下持续开展高强度技术学习的过程。这样的激励结构，不仅促使创新主体开展高强度的技术学习，而且促成了高铁有别于中国多数产业的组织间合作关系，最终实现了全产业链的技术突破。作为典型的复杂产品系统，"干中学""用中学""试验中学"是中国高铁技术能力积累的核心机制，而在技术能力积累的过程中，消化吸收能力、正向设计能力和自主知识产权创新能力的形成和提升背后，也是高铁部门创新体系不断完善的过程。

（资料来源：黄群慧. 新中国管理学研究70年[M]. 北京：中国社会科学出版社，2020.）

【思考与讨论】

1. 中国高铁创新的动机是什么？
2. 中国高铁创新战略成功的原因是什么？
3. 你通过本案例得到了哪些收获？

1.1 创新的概念、特征与类型

1.1.1 创新的概念

1. 被广泛认可的几种创新的概念

人们对创新的理解最早主要是从技术与经济相结合的角度，探讨技术创新在经济发展过程中的作用开始。现代创新理论的提出者——美籍奥地利经济学家约瑟夫·熊彼特，于1912年在其著作《经济发展理论》中首次提出"创新"的概念，并指出，生产是把我们所能支配的原材料和力量组合起来，生产其他的东西，或者用不同的方法生产相同的东西，这意味着以不同的方式把这些原材料和力量重新组合。只要新组合最终可能通过小步骤的不断调整从旧组合中产生，那么就肯定有变化，可能有增长，也可能既不产生新现象，也不产生我们所预期的发展。当情况不是如此，而新组合是间断地出现的时候，那么具有发展特点的现象就出现了。当我们谈到生产手段的新组合时，我们指的只是后一种情况。因此，我们所说的发展可以定义为新的组合。自熊彼特之后，创新经历了20世纪50年代至60年代的开发性研究阶段、70年代至80年代的系统研究阶段和80年代至今的综合研究阶段。在这个过程中，学术界从各种角度对创新进行了研究，对创新的概念进行了反复讨论。目前被广泛认可的有以下几种定义。

1) 熊彼特对创新的定义

熊彼特在《经济发展理论》中指出，创新是指把一种从来没有过的、关于生产要素的"新组合"引入生产体系。

这种新的组合包括以下几方面。

(1) 引进一种新的产品，即消费者还不熟悉的产品，或产品的一种新特性。

(2) 引用新技术，采用一种新的生产方法，即尚未通过有关制造部门的经验检测的方法，其也可以存在于商业上处理一种产品的新的方式之中。

(3) 开辟一个新的市场，即有关国家的某一制造部门以前不曾进入的市场，不管这个市场以前是否存在过。

(4) 掠取或控制原材料或半制成品的一种新的供应来源，也不问这种来源是已经存在的，还是第一次创造出来的。

(5) 实现任何一种工业的新的组织。

后来人们将熊彼特的定义归纳为五个创新，分别为产品创新、技术创新、市场创新、资源配置创新和组织创新，这里的组织创新也可以看作部分的制度创新，当然仅仅是初期的、狭义的制度创新。

1951年，诺贝尔经济学奖获得者索罗对熊彼特的创新理论进行了较全面的研究，提出了技术创新成立的两个条件，即新思想来源和后阶段的发展，这种"两步论"被认为是技术创新研究上的一个里程碑。

2) 厄特巴克对创新的定义

厄特巴克在20世纪70年代的创新研究中独树一帜，他认为，与发明和技术样品相区别，创新是技术上的实际采用或首次应用。

3) 缪尔塞对创新的定义

缪尔塞对20世纪80年代中期关于技术创新的主要观点和表述做了比较系统的整理与分析，他认为技术创新是以构思新颖性和成功实现为特征的有意义的非连续性事件。

这一定义表达了两方面的特殊含义：第一，活动的非常规性，包括新颖性和非连续性；第二，活动必须获得最后的成功实现。

4) 经济合作与发展组织对创新的定义

经济合作与发展组织是由30多个市场经济国家组成的政府间国际经济组织，旨在共同应对全球化带来的经济、社会和政府治理等方面的挑战，把握全球化带来的机遇。该组织认为，技术创新包括新产品和新工艺，以及原有产品和工艺的显著技术变化。如果在市场上实现了创新，或者在生产工艺中应用了创新，那么创新就完成了。

5) 中国政府对技术创新的定义

技术创新是指企业应用创新的知识和新技术、新工艺，采用新的生产方式和经营管理模式，提高产品质量，开发生产新的产品，提供新的服务，占据市场并实现市场价值。

6) 我国专家学者对技术创新的定义

技术创新是企业家抓住市场的潜在盈利机会，以获取商业利益为目标，重新组织生产条件和要素，建立效能更强、效率更高和费用更低的生产经营系统，从而推出新的产品、发现新的生产(工艺)方法、开辟新的市场、获得新的原材料或半成品供给来源或者建立企业的新的组织，它是包括科技、组织、商业和金融等一系列活动的综合过程。

在以上关于技术创新的讨论中，焦点主要集中在以下三方面。

(1) 关于定义的范围：狭义的定义仅限于与产品直接相关的技术变动，广义的定义则包括产品和工艺(使各种原材料、半成品加工成为产品的方法和过程)。

(2) 关于技术变动的强度：技术的根本性变化与渐进性变化。

(3) 关于新颖程度：只限于"首次"还是创新的扩散性应用(在世界上不算"新"，但在某一国家或地区仍然是"新"的)。

【复习与思考】

1. 结合你所了解的创新实践,谈谈你对创新概念的理解。
2. 五种技术创新过程模型的差异主要体现在哪些方面?
3. 企业创新涵盖了哪些内容?结合企业创新实践,选择一至两项内容谈谈你的认识。
4. 运用本章理论和知识,分析苹果公司的创新。
5. 你是否有通过专利申请来保护自身创新权益的经历?如果有,谈谈你是如何保护自身创新收益的?

案例讨论

华为式创新为何能成功

没有创新,要在高科技行业中生存下去几乎是不可能的。在这个领域,没有喘息的机会,哪怕只落后一点点,就意味着逐渐死亡。

——任正非

华为是一家创新型企业吗?某通信制造商的高管曾总结:过去20多年,全球通信行业的最大事件是华为的意外崛起。华为以价格和技术的破坏性创新彻底颠覆了通信产业的传统格局,从而让世界上的绝大多数普通人都能享受到低价优质的信息服务。

那么,这一切的背后到底反映着华为什么样的企业哲学观?在哲学观基础上的创新战略和创新实践,华为又有哪些值得企业管理者借鉴的创新理念?

1. 华为的创新历程

华为的创新模式总体上可分为两个阶段,这两个阶段以与全球最后一个超级竞争对手爱立信的业绩对比为分界点。第一阶段为学习、追赶及差异化创新阶段;第二阶段为以客户为中心的开放式创新阶段。

1) 第一阶段:学习、追赶及差异化创新

这一阶段,华为的学习标杆和竞争对手是爱立信,华为曾形象地比喻:爱立信就是茫茫大海中的航标灯,灯关了,华为就不知道该去哪儿了。

(1) 学习与追赶阶段。为了追赶业界最佳企业,华为在各细分领域都确定了自己的学习标杆和主要对手,努力学习,不断超越不同阶段的对手,目标就是进入细分领域的全球前三,不只是做大,而且要做强。从早期简单的性价比竞争,到逐渐实现关键部件和技术的替代,努力提升核心竞争能力。例如,在光传输领域通过关键部件的技术突破与芯片化,实现光传输产品超越竞争对手的水平。

(2) 差异化创新阶段。除了华为,很多成功企业其实都是如此。腾讯赖以发家的QQ就是在当时现有ICQ的基础上,实现了跨终端登录、个性化头像、快速文件传送等差异化创新后,才赢得了市场。要形成差异化,就必须对客户需求有深刻理解。因此,华为成立了以客户需求管理和产品规划为主的营销体系,需求管理一直延伸到一线"铁三角"的各市场神经末梢,并建立了由IT技术支撑的三级需求管理流程和决策体系。快速响应客户需求,并将需求转变为具有差异化竞争优势的产品。这个阶段的创新模式极大地支撑了华为以集成产品开发为标志的第一次管理变革,并丰富了其内涵。

2) 第二阶段：以客户为中心的开放式创新

与世界领先的竞争对手平起平坐，特别是进入"无人区"之后，这时的华为更加强调以客户为中心的开放式创新。在这一点上，很多学者和企业家存在不同的看法。

"领先三步是先烈"，清楚定义创新的边界，掌握商业发展趋势和开发节奏，华为强调技术只需领先半步。任正非是一个技术情结很重的人。1978年，他作为军队的"科技标兵"代表参加了全国科技大会，并对马可尼、贝尔实验室的多项诺贝尔发明充满敬意，但当他看到通信行业很多曾经非常优秀的公司一个个倒下时，他充分体会到了一个商业机构的创新必须"保证公司的商业成功"。而进入"无人区"后，以客户为中心恰恰又是保证商业成功的基础。任正非强调，特别是在财力有限的情况下，即使资金充裕，华为也要聚焦主航道。

开放式创新就是要吸取"宇宙"精华，包括向竞争对手学习。华为学习蓝绿军团的线下店布局管理和如何保持高盈利能力，学习三星的关键器件研发和供应链运作，学习苹果的商业模式和生态链构建等。

2. 华为的创新实践

如果一个企业能够数十年如一日地持续发展，其中必有一种根本性的因素在发挥作用。在华为，这种根本性的因素就是自主创新，华为的巨大成功就是自主创新的巨大成功。正如管理大师彼得·德鲁克所指出的："创新的成功不取决于它的新颖度、科学内涵和灵巧性，而取决于它在市场上的成功。"华为以其在市场上的巨大成功，证明了其自主创新战略的成功。

1) 技术创新

华为在欧洲等发达国家市场的成功得益于两大颠覆性产品创新，分别是分布式基站和SingleRAN。其设计原理是在一个机柜内实现2G、3G、4G三种无线通信制式的融合功能，理论上可以为客户节约50%的建设成本，也很环保。SingleRAN解决方案采用统一平台架构和软件可定义的设计模式，提供了动态网络容量灵活调整和扩展的功能，实现了GSM、UMTS、LTE等不同制式网络间协同和集中调度，有效提升了网络资源效率，为用户提供了无处不在的宽带业务体验。

华为的竞争对手们也试图对此进行模仿创新，但至今未有实质性突破，因为这种多制式的技术融合背后有着复杂无比的数学运算，并非简单的积木拼装。

正是这样一个革命性、颠覆性的产品，在过去几年给华为带来了欧洲和全球市场的重大收获。一位国企的董事长见任正非时说了一句话："老任，你们靠低价战术怎么在全世界获得了这么大的成功？"任正非脱口而出："你错了，我们不是靠低价，是靠高价。在欧洲市场，价格最高的是爱立信，华为产品的平均价格低于爱立信5%，但高于阿尔卡特—朗讯、诺基亚西门子5%～8%。"

2) 以客户为中心的微创新

无论是在国内还是国外，运营商都在进行轰轰烈烈的宽带提速，而"光进铜退"是宽带提速的主要手段，但由于光与铜具有截然不同的物理特性，因此光与铜并不能简单替换。

统计数据显示，通常运营商超过30%的光纤由于标识混乱、无法辨识造成资源沉淀无法使用，只能重新投资铺设，造成大量资源浪费。除资源沉淀外，运营商还面临光纤网络业务开通和管理的难题。例如，运维部门接到订单，派出施工人员到远端进行施工，但到现场才发现光纤已经分配完了；对于局端是否需要扩容，运营商也只能采取定期巡查的模式，耗费大量人力与物力。

华为在帮助海外运营商实施FTTH网络部署的过程中注意到这一问题，于2007年立项研发，2009年发布了iODN解决方案样机，实现了对无源光网络的可视化管理。对于运营商来说，实施简单、价格可接受是华为iODN受青睐的重要原因。

3) 组织创新：华为"铁三角"组织创新

"铁三角"是华为探索出的创新管理模式，是由客户经理、解决方案专家和交付专家组成的面向客户的满足需求小组，分别负责前期与客户沟通、中期产品设计和后期交付。"铁三角"的精髓是为了目标，打破功能壁垒，形成以项目为中心的团队运作模式，这是华为在探索管理组织创新的道路上迈出的重要一步。

华为在管理上实行高度的中央集权，组织和运作机制由总部权威的强大"发动机"在"推"。而现在，华为在一线团队铸造了一个个的"铁三角"，并对其分配权力，逐步形成"拉"的机制，准确地说，是"推""拉"结合，以"拉"为主的机制。当每个"铁三角"拉动的时候，看到哪一根绳子不受力，就将它剪去，这根绳子上的部门及人员也一并"剪"去，这样组织效率就会有很大提高。管理模式的变革、权力的重新分配促使华为组织结构、运作机制和流程发生彻底转变，每根链条都能快速、灵活地运转，重点的交互节点都能够得到控制。

(资料来源：根据网络资料整理)

【思考与讨论】

1. 华为创新的动机是什么？华为创新成功的因素有哪些？
2. 结合本案例，请总结华为创新的原则有哪些？
3. 你从本案例中得到的最大收获是什么？

课后习题

一、单选题

1. 100多年的理论研究与实践发展表明，创新的作用包括(　　)。
   A. 创新是经济社会发展的不熄引擎，也是企业可持续发展的不竭动力
   B. 创新是经济社会发展的不熄引擎
   C. 创新是企业可持续发展的不竭动力
   D. 创新能促进发展

2. 理解技术创新概念时，应注意的是(　　)。
   A. 技术创新基于技术
   B. 技术创新所依据的技术变动允许有较大的弹性
   C. 技术创新是技术与经济结合的概念
   D. 以上都是

【思考与讨论】

在鲁班之前,肯定会有不少人碰到手被野草划破的经历,为什么单单只有鲁班从中受到启发发明了锯,你从中有什么启发?

2.1 思维与思维定势

2.1.1 思维的概念、特征与种类

1. 思维的概念

思维是人的一种心理活动,是人的大脑进行的一个复杂的过程或系统工程。创新思维又称创造性思维,是指产生新思想的思维活动。创新思维具备创新性、超越性、发散性和综合性等特征。

思维是人类值得骄傲的特征,是创新的前提,是人的本性所在。思维既是人们认识世界的能力之一,又是人们改造世界的能力之一。

2. 思维的特征

(1) 间接性。思维是人的大脑对客观事物的间接反映。
(2) 概括性。思维是人的大脑对客观事物的概括反映。
(3) 目标性。思维是对客观事物的目的和要求。
(4) 逻辑性。思维过程要做到有序、连贯、合情合理。
(5) 精确性和模糊性。思维能够准确和大致表达。

3. 思维的种类

人的思维方式多种多样。通常人们在思考问题时会涉及不同种类的思维方式,几种思维方式可以同时出现,任意一种思维方式也可以单独出现。人类的思维方式主要包括以下几种。

1) 固定思维

固定思维是指人们通过长期以往对某件事物一成不变的看法形成共同认知,无须思考研究,无须解释,而最终能得到大家共同认可的结果。按照固定的思维方式,大多数人都能得出相似的结论。

2) 逻辑思维

逻辑思维也可以称为抽象逻辑思维,是指人们根据经历和经验总结出来现有的观念,再想象各种可能发生或存在的事情和现象,然后通过想象的各种可能进行猜想、判断、推理、实验等总结出结果。人们在日常生活中大量使用抽象概念,由此判断对各项问题和事务的认知。

2. 类比创新法

类比创新法是富有创造性的创意方法，有利于人的自我突破，其核心是异中求同，或同中见异，从而产生新知，得到创造性成果。类比创新在人们认识世界和改造世界的活动中发挥着重要作用。历史上，许多重大的科学发现、技术发明和文学艺术创作，都是运用类比创新法的成果。例如，在科学领域，惠更斯提出的光的波动说，就是通过水的波动、声的波动而发现的；欧姆将其对电的研究和傅立叶关于热的研究加以类比，提出了欧姆定律。在其他领域也有类似的情况，如医生詹纳发现种牛痘可以预防天花，是受到挤牛奶女工感染牛痘而不患天花的启示。仿生学的迅猛发展，更加说明了类比创新的重大价值。

类比创新法是根据两个或两类对象之间在某些方面的相同或相似而推断出它们在其他方面也可能相同的一种思维形式和逻辑方法。这种方法的关键是通过已知事物与未知事物之间的比较，从已知事物的属性推测未知事物也具有某种类似属性。

例如，科学家认为，根据蚂蚁寻找食物的方式可以开发出新的计算机计算方法，以解决寻找最佳路线之类的复杂问题。科学家发现蚂蚁群寻找食物时会派出一些蚂蚁分头在四周游荡，如果一只蚂蚁找到食物，它就返回巢中通知同伴并沿途留下信息素作为蚁群前往食物所在地的标记。信息素会逐渐挥发，如果两只蚂蚁同时找到同一食物，但采取不同路线回到家中，那么比较绕弯的一条路上信息素的气味会比较淡，蚁群将倾向于沿另一条更近的路线前往食物所在地。

类比蚁群的这种特性，可为计算机开发出新的计算方法，以解决在许多城市之间寻找最佳路线之类的问题。专家在计算机程序中设计虚拟的蚂蚁，让它们摸索不同路线，并留下会随时间逐渐消失的虚拟信息素。根据信息素较浓的路线更近的原则，可找到最佳路线。这种计算方法被称为蚁群优化计算法，它的灵活性较高，对环境变化的适应力较强，已成为很重要的智能算法。

从广义的角度来说，世界上的所有事物之间都存在应用类比创新法的可能性，但一定要以一定的客观规律作为基础。

类比创新法在探求新的事物发展规律、建立事物间联系的过程中，发挥着极其特殊的作用。类比也可以说是一种不严格的推理，因为推理的不严格是它的特点之一，这个特点既是它的长处，也是它的短处。它的长处是诱发创造性思考，可以触类旁通、启发思路；它的短处是因为科学研究和生产实践活动中需要严格的推理。

我们赖以生存的世界是具有多样性统一和事物之间普遍存在联系的客观世界，建立在这种客观基础上的类比方法具有联系上的广泛性的特点，也正是因为类比在逻辑上的不严格性和联系上的广泛性，才决定了类比的创造性。正如康德所指出的那样，每当理智缺乏可靠论证思路时，类比这个方法往往能指引我们前进。

3. 六顶思考帽法

六顶思考帽法是爱德华·德·博诺博士开发的一种思维训练模式，或者说是一个全面思考问题的模型，它提供了平行思维的工具，避免将时间浪费在互相争执上。六顶思考帽法强调的是"能够成为什么"，而非"本身是什么"，是寻求一条向前发展的路，而不是争论谁对谁错。运用六项思考帽法，可以使混乱的思考变得更清晰，使团体中无意义的争论变成集思广益的创造，使每个人变得富有创造性。

六项思考帽法使用六种不同颜色的帽子代表六种不同的思维模式，任何人都有能力使用这六种思维模式，具体如表2-1所示。

表2-1 六项思考帽法

序号	帽子	具体描述	承担创新工作的任务
1	白色思考帽	代表中立与客观；戴上白色思考帽，人们只关心事实和数据	陈述问题事实
2	红色思考帽	代表感性与直觉，使用时不需要给出证明和依据；戴上红色思考帽，人们可以表现自己的情绪，还可以表达直觉、感受、预感等方面的看法	对方案进行直觉判断
3	黄色思考帽	代表价值与肯定；戴上黄色思考帽，人们从正面考虑问题，表达乐观的、满怀希望的、建设性的观点	评估该方案的优点
4	黑色思考帽	代表谨慎与消极；戴上黑色思考帽，人们可以持否定、怀疑、谨慎的看法，合乎逻辑地进行批判，尽情发表负面意见，找出逻辑上的错误，进行逻辑判断和评估	列举该方案的缺点
5	绿色思考帽	代表跳跃与创造，表示创造力和想象力，具有创造性思考、头脑风暴、求异思维等功能；戴上绿色思考帽，人们不需要以逻辑性为基础，可以帮助人们寻求新方案和备选方案，做出多种假设，并为创造力的尝试提供时间和空间	提出如何解决问题的建议
6	蓝色思考帽	代表冷静与逻辑，负责控制各思考帽的使用顺序，规划和管理整个思考过程，并负责得出结论；戴上蓝色思考帽，人们可以集中思考和再次集中思考，指出不合理的意见等	总结陈述，做出决策

作为一种简单实用的思维训练法和思维工具，六项思考帽法已被美国、日本、英国等50多个国家和地区在教育领域设为教学内容，同时还被世界许多著名商业组织所采用，作为创造组织合力和创造力的通用工具。这些商业组织包括西门子、诺基亚、波音公司、松下、杜邦和麦当劳等。

4. 组合创新法

组合创新法是指按照一定的技术原理，通过将两个或多个功能元素合并，形成一种具有新功能的新产品、新工艺、新材料的创新方法。例如，一堆砖堆放在一起只是一堆砖，若是按照一定的关系砌起来就可能组合成一座建筑物。

组合创新法具有以下特点。

(1) 将多个特征组合在一起。

(2) 组合在一起的特征相互支持、相互补充。

(3) 组合后要产生新方法或达到新效果，有一定的飞跃。

(4) 利用现成的技术成果，不需要建立高深的理论基础和开发专门的高级技术。

地认为只要是移植就一定有创新成果,要真正获得移植的成功,还必须依靠许多具体的工程技术。

移植创新法的实质是人类思维领域中的一种嫁接现象,生物领域的嫁接或杂交可以产生新的物种,科技领域的移植、嫁接则可以产生新的科技成果。有一位著名的发明家是这样评价移植创新法的——移植发明是科学研究最有效、最简单的方法,也是应用最多的方法之一,重要的科学研究成果有时也来自移植。

【复习与思考】

1. 结合自身经历,谈谈创新思维对创新的重要性。
2. 在日常生活中,你都经历过哪些思维定势?
3. 你在生活中有过哪些应用创新思维的做法?

案例讨论

如何在两小时内用10元赚到更多的钱

在某大学的课堂上,教授做了这样一个小测试:将班上同学分为14个小组,给了每个小组各5元作为启动基金。学生们有四天的时间思考如何完成任务,当他们打开信封,就代表任务启动。

每个队伍需要在2个小时之内,用这10元赚到尽量多的钱,然后在周日晚上将他们的成果整理成文档发给教授,并在周一早上用三分钟在全班同学面前展示。

虽然这些大学生个个顶尖聪明,但对于涉世未深的学生来说,这仍然是个不小的难题。为了完成这项任务,同学们必须最大化地利用他们所拥有的资源,也就是这10元。

如果是你,你会怎么完成这项挑战呢?当教授在课堂上第一次向同学们提出这个问题时,底下传来了这样的回答——拿这10元去买彩票,这样的答案无疑引来了全班同学的哄堂大笑。这样做并不是不可行的,但是他们必须承担极大的风险,也几乎是不可能完成任务的。

另外几个比较普通的答案是先用启动基金10元去买材料,然后帮别人洗车或者开个果汁摊。这些点子确实不错,赚点小钱是没问题的。不过有几组想到了打破常规的更好的办法,他们认真地对待这个挑战,考虑不同的可能性,创造尽可能多的价值。

他们是怎么做的呢?最宝贵的资源,并不是这10元,挣到最多钱的几个小组几乎都没有用上教授给的启动基金,他们意识到,把眼光局限于这10元会减少很多的可能性。10元基本上等于什么都没有,所以他们跳脱到这10元之外,考虑了各种白手起家的可能性。

他们努力观察身边有哪些还没有被满足的需求,通过发现这些需求并尝试去解决,前几名的小组在2个小时之内赚到了超过600元,10元的平均回报率竟然达到了4000%!好多小组甚至都没有用到他们的启动基金。

他们是怎么创造这些奇迹的呢?

有一个小组发现了大学城里的一个常见问题——周六晚上某些热门的餐馆总是大排长队。这个小组发现了一个商机,他们提前向餐馆预订座位,然后在周六临近的时候将每个座位以最高20元的价格出售给那些不想等待的顾客。在那一晚,他们观察到了一些有趣的现象：女同学比男同学卖出了更多的座位，可能是女性更具有亲和力的原因。所以他们调整了方案，男同学负责联系餐馆预订座位，女同学负责找客人卖出这些座位的使用权。他们还发现，当餐馆使用电子号码牌排队时，他们更容易卖出这家餐馆的座位，因为实物的交换让顾客花钱之后得到了有形的回报，让顾客感觉自己所花的钱物有所值。

另外一个小组用的方法更加简单。他们在学生会旁边支了一个小摊，帮助经过的同学测量他们的自行车轮胎气压。如果压力不足的话，可以花1元在他们的摊点充气。事实证明，这个点子虽然很简单但有可行性。不过，在摊子摆了一个小时之后，这个小组调整了他们的赚钱方式，他们不再对充气服务收费，而是在充气之后向同学们请求一些捐款。就这样，收入一下子骤升了。这个小组和前面那个出售预订座位的小组一样，都是在实施的过程中观察客户的反馈，然后优化他们的方案，取得了收入的大幅提升。这些小组的表现都很不错，班内的其他同学对他们的展示也印象深刻。

还有一个小组认为他们最宝贵的资源既不是10元，也不是2个小时的赚钱时间，而是他们周一课堂上的三分钟展示。某大学作为一所国际名校，不仅学生挤破了头想进，公司也挤破了头希望在里面招人。这个团队把课上的三分钟卖给了一个公司，让他们打招聘广告，就这样简简单单，三分钟赚了650元。

他们发现，他们手头最有价值的资源既不是自己的时间，也不是自己的面子，而是他们班上的同学——这些人才才是社会最需要的。

这种思维方式就是现在人人都在追求的创新思维。

(资料来源：根据网络资料整理)

【思考与讨论】
1. 几组学生所体现出来的最好的创新思维的做法是什么？
2. 你从本案例中得到的最大收获是什么？

课后习题

一、单选题

1. 创新思维的创新性特征是指思维的新颖性和( )。
   A. 独创性　　　B. 超越性　　　C. 发散性　　　D. 综合性
2. 思维定势包括( )类。
   A. 1　　　　　B. 2　　　　　C. 3　　　　　D. 4
3. 以下选项中，不属于创新思维方式的是( )。
   A. 逻辑式和非逻辑式思维方式　　B. 发散思维方式
   C. 聚合思维方式　　　　　　　　D. 经验思维方式
4. 头脑风暴法可以分为直接头脑风暴法和( )。
   A. 质疑头脑风暴法　　　　　　　B. 模仿创新法
   C. 创意列举法　　　　　　　　　D. 移植创新法

创业过程始于商业机会，而不是钱、战略、网络、团队或商业计划。开始创业时，商业机会比资金、团队的才干和能力及相应的资源更重要。

创意并不等于商业机会，商业机会的最重要特征在于有强劲的市场需求，通常，市场越不成熟、变化越大、越呈现模糊性和跳跃性、现有的服务和质量的差异性越大、产品技术领先和落后之间的差距越大、信息和知识之间的不对称性越大，市场所产生的机遇就越多。具体而言，需要具有产品或服务的大幅增值、巨大的市场规模、强劲的增长潜力(20%以上)和显著的规模经济效应等特征，特别需要具有丰厚的毛利(40%或者更多)和充沛的自由现金流量等特征。

创始人或工作团队的作用就是利用其自身的能力在模糊、不确定的环境中发现商机，并利用企业网络和社会资本等外界因素组织和整合资源，主导企业利用搜寻到的商业机会创造价值。在创业过程中，资源与商机间经历着一个"适应—差距—适应"的动态过程。商业计划为创业者、商机和资源要素的质量、相互间的匹配和平衡提供语言和规则。

(2) 创业过程是商业机会、创业者和资源三要素匹配和平衡的结果。创始人或工作团队要善于配置和平衡，借此推进创业过程。他们必须做的核心工作是对商机的理性分析和把握，对风险的认识和规避，对资源的最合理利用和配置，对工作团队适应性的分析和认识。

(3) 创业过程是一个连续不断地寻求平衡的行为组合。企业要保持发展，必须追求一种动态平衡。展望企业未来时，创业者需要思考：目前的团队是否能领导企业未来的成长；下一阶段要想获得成功面临的陷阱是什么等。这些问题在不同的阶段以不同的形式出现，涉及企业的可持续发展。

总之，创始人或工作团队的任务是在千变万化的环境中依靠机遇、团队和资源三要素之间的和谐和平衡，分析解决存在的种种困难及问题，努力协调创业中各种资源的配置，创造性地解决问题。

3.1.3 创业的类型

1. 依据创业动机的不同，可分为机会型创业和就业型创业

1) 机会型创业

机会型创业指创业的出发点并非谋生，而是为了抓住、利用市场机遇。机会型创业以市场机会为目标，能创造出新的需要或满足潜在的需求，因此会带动新的产业发展，而不是加剧市场竞争。世界各国的创业活动以机会型创业为主，但中国的机会型创业数量较少。

2) 就业型创业

就业型创业指为了谋生而自觉或被迫地走上创业之路。就业型创业是在现有的市场上寻找创业机会，并没有创造新需求，大多属于尾随型和模仿型，因此往往"小富即安"，极难做大做强。

虽然创业动机与主观选择相关，但创业者所处的环境及其所具备的能力对于创业动机类型的选择有决定性作用。因此，通过教育和培训来提高创业能力，即可增加机会型创业全、保护劳动者的合法权益、保护环境、支持慈善事业、捐助社会公益事业和保护弱势群体等。

3.2.3 创业精神的培育方法

1. 创业榜样示范创业精神

2009年4月5日,某主持人在采访德丰杰全球创业投资基金创始人汤姆·威尔斯时提问:"您认为创业者可以培养吗?"汤姆·威尔斯给予了肯定:"创业是可以学习的。"

每一个创业者在创业初期都应该对已经创业成功或者没有成功的人进行尽可能多的了解,但这种学习不要对自己的创业形成束缚。因为人们所学会的每一件事都是实践的结果,而每一个创业者在创业过程中都不可避免地犯过错误,任何一位企业家都会牢记自己和其他创业者经历了怎样的磨难,才取得了今天的成功,其中最典型的就是汽车大王亨利·福特曾经破产过四次。

创业实践证明,学习别人成功的经验,可以使人更快成功;吸取别人失败的教训,可以使人不复制失败。就像家长从小就告诫孩子不要用手去摸太热的东西一样,实际上如果没有家长的教诲,这个世界上不知要多出多少被烫伤的故事。

2. 创业环境培育创业精神

首先,创业者要经受竞争环境考验。不良的创业心理品质往往表现为自卑胆怯,它往往由成功经验的缺乏造成。当今社会充满竞争和挑战,需要大学生大胆展示自己,充分发展自己,努力把握各种创业机会。这就需要大学生有敢想、敢做、敢闯、敢冒险的心理品质,这些心理品质只能从行动中来、从竞争中来、从实践中来。因此,大学生应积极参与竞争,不要坐等机会的来临,只要有机会就大胆地去争取,多从事几种职业、多参与几次竞争是好事,通过竞争积累成功的经验,通过竞争取得自信的快乐,通过竞争战胜孤僻、害羞、怯懦等心理障碍。

其次,创业者要经受不利环境的磨砺。生活比别人苦点、工作比别人累点、环境比别人差点也是一种磨炼创业心理品质的方法。环境在给人施加压力的同时,还为人准备了"礼物",人们最大的成功往往是在承受巨大压力下取得的。

3. 创业实践磨炼创业精神

良好创业心理品质的形成重在实践训练,积极的实践能带来及时的反馈和成就感,也能带来成功的喜悦,切切实实地投入创业实践,定能磨炼出坚强的创业心理品质。

(1) 学校要构建创业实践基地,为大学生提供创业实践的便利,如创业见习基地和创业园等,实现产、学、研一体化。

(2) 社会要为学生提供更多的创业岗位供学生选择,如勤工俭学岗位、社区服务岗位等,使其经受创业实践熔炉的考验。

(3) 学生课余要主动参与创业实践,从小商品推销到饭店洗盘子,从为人打工到自己开店,熟悉各种职业的特点和自己的能力特点,积累创业经验,增强创业能力,减少将来创业的盲目性。

只有经受创业实践的锻炼，创业目标才会更加明晰，创业信念才会更加强烈，创业者才会形成良好的心理素质。

3.3 创业者

3.3.1 创业者的定义

"创业者"一词由法国经济学家坎蒂隆于1755年首次引入经济学。1800年，法国经济学家萨伊首次给出了创业者的定义，他将创业者描述为将经济资源从生产率较低的区域转移到生产率较高区域的人，并认为创业者是经济活动过程中的代理人。著名经济学家熊彼特则认为创业者应为创新者，在创业者概念中又加了一条，即具有发现和引入新的更好的能赚钱的产品、服务和过程的能力。在欧美学术界和企业界，创业者被定义为组织、管理一个生意或企业并承担其风险的人。创业者的英文单词是entrepreneur，有两层基本含义：一是指企业家，即在现有企业中负责经营和决策的领导人；二是指创始人，通常理解为即将创办新企业或者刚刚创办新企业的领导人。创业教育创始人之一的彼得•德鲁克指出，创业不是魔法，也不神秘，它与基因没有任何关系。创业是一种训练，就像任何一种训练一样，人们可以通过学习掌握它。另一位创业教育专家布罗克豪斯在《企业家精神与家族企业的比较研究》一文中也指出，如同教一个人成为艺术家一样，我们不能使创业者成为另一个梵高，但是我们可以教给他色彩、构图等成为艺术家必备的技能。同样，我们不能使创业者成为另一个布朗森，但是成为一个成功的创业者所必需的技能、创造力等能通过创业教育而得到提升。可见，个人通过适当学习和实践经验的积累，再具备了一些独特的创业技能和素质后，完全可能成功创业。

中国香港的香港创业学院就是一所世界一流的培养创业技术的非营利性创业教育机构，是创业领袖的摇篮。香港创业学院院长张世平将创业者定义为一种主导劳动方式的领导人，他们创造一种从无到有的现象，是一种具有使命、荣誉、责任感的人，是一种组织、运用服务、技术、器物作业的人，是一种能够思考、推理、判断的人，是一种能使人追随并在追随的过程中获得利益的人，是一种具有完全行为能力的人。

总之，创业者的内涵随着经济的发展而不断丰富，但有一点始终不变，即创业者可以通过创业教育培养和提高创业素质与能力。

3.3.2 创业者的类型

随着经济的发展，投身创业的人越来越多，我国《科学投资》杂志对国内上千例创业者案例的研究发现，国内创业者基本可以分成以下几种类型。

1. 生存型创业者

生存型创业者大多为下岗工人、失去土地或因为种种原因不愿困守乡村的农民，以及刚刚毕业找不到工作的大学生，这是中国数量最大的创业人群。相关调查报告指出，这一类型的创业者占中国创业者总数的90%，其中许多人是为了谋生。他们的创业范围一般局限于商业贸易，少量从事实业(多为小型的加工业)，当然也有因为机遇成长为大中型企业的，但数量极少。如今这个时代，用句俗话来说就是"狼多肉少"，想仅仅依靠机遇成就大业，早已是不切实际的幻想。

2. 主动型创业者

主动型创业者又可以分为两种：盲动型创业者和冷静型创业者。盲动型创业者大多极为自信，做事冲动，大多是博彩爱好者，喜欢买彩票，但不太喜欢检讨，成功概率较低。这样的创业者很容易失败，但一旦成功，往往就是一番大事业。冷静型创业者是创业者中的精华，其特点是谋定而后动，不打无准备之仗，或是掌握资源，或是拥有技术，一旦行动，成功概率通常很高。

3. 赚钱型创业者

赚钱型创业者除了赚钱，没有其他明确的目标。这类创业者就是喜欢创业，喜欢做老板的感觉，通常不计较自己能做什么，会做什么，可能今天在做这样一件事，明天又在做那样一件事，所做的事情之间可以完全不相干。甚至其中有一些人，连对赚钱都没有明显的兴趣，也从来不考虑自己创业的成败得失。奇怪的是，这一类创业者中赚钱的并不少，创业失败的概率也并不比那些兢兢业业、勤勤恳恳的创业者高。而且，这一类创业者大多过得很快乐。

3.3.3 创业者应具备的素质

创业专家通过对上千案例的研究发现，成功的创业者具有多种共同素质，其中最明显的素质如下。

1. 创业欲望

有一个成语"无欲则刚"，意思是说，一个人如果没有什么欲望的话，他就什么都不怕，什么都不必怕了。欲，实际就是一种生活目标，一种人生理想。创业者的欲望与普通人的欲望的不同之处在于，他们的欲望往往超出现实，往往需要打破他们现在的立足点，打破眼前的樊笼，才能够实现。所以，创业者的欲望往往需要行动力和牺牲精神来实现，这不是普通人能够做得到的。

创业者的欲望是不安分的，是高于现实的，需要踮起脚才能够得着，有时甚至需要跳起来才能够得着。一个人的梦想有多大，他的事业就会有多大。所谓梦想，不过是欲望的别名，你可以想象欲望对一个人的推动作用有多大。

2. 忍耐艰苦

"艰难困苦，玉汝于成"，这句话很贴切地说明了创业的不易。创业要忍受身体和精神上的双重折磨。如果有心创业，一定要先在心里问一问自己，面对从身体到精神的全面折磨，有没有那种宠辱不惊的"定力"与"精神"。如果没有，那么一定要谨慎行事。对于有些人来说，给别人打工是一个更合适的选择。对于一般人来说，忍耐是一种美德；对

3. 大学生创业可选择的方向包括高科技领域、连锁加盟、开店及(　　)。
   A. 智力服务领域　　B. 大型制造业　　C. 能源开发　　D. 房地产
4. 创业者通过寻找机会，投入技能知识和资源，创建新企业，进行价值创造的过程叫作(　　)。
   A. 就业　　B. 失业　　C. 创业　　D. 再就业
5. 下列各项中，不是蒂蒙斯创业过程模型中的创业要素的是(　　)。
   A. 机会　　B. 资金　　C. 资源　　D. 团队
6. 战略管理能力包括(　　)，是一个创业者的核心领导能力。
   A. 战略思维　　B. 战略规划　　C. 战略设计　　D. 以上都是
7. 成功的创业者发现创业机会的两个关键因素是获取关键信息和(　　)。
   A. 有高学历　　B. 很好地使用信息
   C. 有强烈的创业欲望　　D. 拥有社交能力
8. 创业者的能力包括业务能力和(　　)。
   A. 组织领导能力　　B. 战略管理能力
   C. 学习决策能力　　D. 专业技术能力
9. 在以下的创业动机中，(　　)的成功率相对较高。
   A. 主动型创业　　B. 被迫型创业　　C. 资源型创业　　D. 随意型创业

二、多选题

1. 创业的概念包括的含义有(　　)。
   A. 创业是一个创造的过程，即创业者要付出努力和代价
   B. 创业的本质在于机会的商业价值发掘与利用，即要创造或认识到事物的一个商业用途
   C. 创业的潜在价值需要通过市场来体现，即市场是实现财富的渠道
   D. 创业以追求回报为目的，包括个人价值的满足与实现、知识与财富的积累
2. 创业过程是(　　)匹配和平衡的结果。
   A. 商业机会　　B. 创业者　　C. 资源　　D. 资金
3. 大学生可创业的方向包括(　　)。
   A. 以所学专业为依托的科学技术领域
   B. 服务创新领域
   C. 投资较少的连锁加盟领域
   D. 利用学生人群资源开小店
4. 成功的创业者能发现别人所不能发现的机会，两个关键因素是(　　)。
   A. 能更好地获取关键信息　　B. 能更好地使用信息
   C. 能更好地吃苦　　D. 有坚持的决心
5. 创业者应具备的良好的人格素质包括(　　)。
   A. 使命责任　　B. 创新冒险　　C. 坚韧执着　　D. 正直诚信

6. 创业企业战略由( )构成。
   A. 市场营销战略、组织战略　　　B. 生产战略、财务战略
   C. 成长战略、竞争战略　　　　　D. 发展战略、市场战略

7. 创业要素包括( )。
   A. 创业者　　　　　　　　　　　B. 商业机会
   C. 技术、资金、人力资本　　　　D. 组织、产品服务等几个方面

8. 创业者在创业过程中起着关键的推动和领导作用,体现在( )等方面。
   A. 识别商业机会
   B. 创建企业组织、融资、开发新产品
   C. 获取和有效配置资源、开拓新市场
   D. 获得收益

9. 创业者的类型包括( )。
   A. 生存型创业者　　　　　　　　B. 主动型创业者
   C. 赚钱型创业者　　　　　　　　D. 发展型创业者

10. 主动型创业者又可以分为( )两种。
    A. 盲动型创业者　　　　　　　　B. 冷静型创业者
    C. 赚钱型创业者　　　　　　　　D. 发展型创业者

11. 一个人的创业动机直接受( )等方面因素的影响。
    A. 个人特质　　　　　　　　　　B. 创业机会
    C. 创业的机会成本　　　　　　　D. 赚钱欲望

12. 创业机会一般包括( )机会。
    A. 意外发现的　　　　　　　　　B. 经过深思熟虑才发现的
    C. 别人给的　　　　　　　　　　D. 书上学的

13. 创业者需要整合的资源包括( )。
    A. 基本信息(包括有关市场、环境和法律问题)
    B. 人力资源(包括合作者、最初的雇员)
    C. 财务资源
    D. 市场资源

14. 新创企业要在市场上取得成功,就需要在( )方面做得更好。
    A. 企业营销策略　　B. 组织调整　　C. 财务管理　　D. 资金管理

15. 成功的创业者通常具有的工作特征包括( )。
    A. 目的明确,积极主动　　　　　B. 乐观向上,充满信心
    C. 心胸开阔,勤学好问　　　　　D. 志存高远,勇于开拓

16. 良好的心理素质包括( )。
    A. 强烈的创业意识
    B. 良好的创业心理品质
    C. 自信、自强、自主、自立的创业精神
    D. 竞争意识

17. 创业知识是进行创业的基本要素，创业需要(   )。
    A. 专业技术知识   B. 经营管理知识   C. 综合性知识   D. 数学知识
18. 创业能力一般包括(   )。
    A. 组织领导能力(包括战略管理能力、学习决策能力)
    B. 业务能力(包括经营管理能力、专业技术能力与交往协调能力)
    C. 综合性能力
    D. 经营管理能力
19. 经营管理能力是一种较高层次的综合能力，属于运筹性能力，包括(   )。
    A. 团队组建与管理能力   B. 市场定位与开拓能力
    C. 企业文化设计与培育能力   D. 应付突发事件能力
20. 协调交往能力的培养可以从(   )等方面入手。
    A. 敢于与不熟悉的人和事打交道
    B. 敢于冒险和接受挑战，敢于承担责任和压力
    C. 养成观察与思考的习惯
    D. 处理好各种关系
21. 创新能力是创业能力素质的重要组成部分，它包括(   )。
    A. 创造性思维能力   B. 创造性想象
    C. 独立性思维和捕捉灵感的能力   D. 创新实践的能力
22. 一般创业者的创业动机可分为(   )等类型。
    A. 被迫型   B. 主动型   C. 资源型   D. 随即型
23. 在创办企业前，创业者还要对(   )等方面进行战略思考。
    A. 产业优惠政策
    B. 周边环境条件
    C. 创业资金的来源、筹集渠道和筹集方法
    D. 外部可利用的其他资源条件
24. 创业目标大致可分为四类，具体包括(   )。
    A. 想要实现个人梦想，要相信创业是致富的唯一途径
    B. 能在市场上发现机会，并相信自己的经营模式比别人更有效率
    C. 希望利用拥有的专长创建新企业
    D. 已完成新产品开发，而且相信这项新产品能在市场上找到利润空间
25. 创新能力是一种综合能力，与人们的(   )有着密切的关系。
    A. 知识   B. 技能   C. 经验   D. 心态

三、判断题

1. 创业是指承担风险的创业者，通过寻找和把握商业机会，投入已有的技能知识，配置相关资源，创建新企业，为消费者提供产品和服务，为个人和社会创造价值和财富的过程。   (   )
2. 创意并不等于商业机会，商业机会的最重要特征在于有强劲的市场需求。   (   )

4.1.2 创业机会的六个来源

创业要从商业机会中产生,究竟哪些情况代表机会呢?机会无时不在,无处不在,通常可以关注以下六个方面。

1. 问题

创业的根本目的是满足顾客需求,而顾客需求在没有满足前就是问题,寻找创业机会的一个重要途径是善于发现和体会自己和他人在需求方面的问题或生活中的难处。比如,上海有一位大学毕业生发现远在郊区的本校师生往返市区交通十分不便,便创办了一家客运公司;针对双职工家庭没有时间照顾小孩,于是有了家庭托儿所;针对上班族没有时间买菜,于是产生了送菜公司等,这些都是把问题转化为创业机会的成功案例。

2. 变化

创业的机会大都产生于不断变化的市场环境,环境变化了,市场需求、市场结构必然发生变化。著名管理大师彼得·德鲁克将创业者定义为那些能"寻找变化,并积极反应,把它当作机会充分利用起来的人"。这种变化包括产业结构的变动、消费结构升级、城市化加速、人口结构变化、价值观与生活形态的变化、政府政策的变化、人口结构的变化、居民收入水平提高、全球化趋势等诸方面。例如,居民收入水平提高,私人轿车的拥有量将不断增加,这就会派生出汽车销售、修理、配件、清洁、装潢、二手车交易、陪驾等诸多创业机会;人口结构变化可以产生为老年人提供健康保障用品,为独生子女提供服务,为年轻女性和上班女性提供化妆用品,为家庭提供文化娱乐用品等机会。

3. 发明创造

发明创造提供了新产品、新服务,能更好地满足顾客需求,还带来了创业机会。例如,随着电脑的诞生,电脑维修、软件开发、电脑操作的培训、图文制作、信息服务、网上开店等创业机会随之而来,即使不发明新的东西,也能成为销售和推广新产品的人,从而获得商机。

4. 新知识、新技术的产生

随着科技的发展,开发高科技是时下热门的课题,例如,美国近年来设立的风险性公司中,计算机行业占25%,医疗和遗传基因行业占16%,半导体、电子零件行业占13%,通信行业占9%。新知识、新技术的产生也带来了许多市场机会。例如,当人类基因图谱获得完全破译,预计可以在生物科技与医疗服务等领域带来极多的新机会;又如,健康知识的普及和技术的进步带来了许多创业机会,上海就有不少创业者通过加盟"都市清泉"走上创业之路。

5. 竞争对手的缺陷

机会并不只属于高科技领域,在运输、金融、保健、饮食、流通等传统领域也有机会,关键在于如何开发。如果你能弥补竞争对手的缺陷和不足,这也将成为你的创业机业的毛利率通常很高，所以只要能找到足够的业务量，从事软件创业在财务上遭受严重损失的风险就相对比较低。

6) 策略性价值

能否创造新企业在市场上的策略性价值也是一项重要的效益评价指标。一般而言，策略性价值与产业网络规模、利益机制、竞争程度密切相关，而创业机会对于产业价值链所能创造的增值效果也与它所采取的经营策略与经营模式密切相关。

7) 资本市场活力

当新企业处于一个具有高度活力的资本市场时，它的获利回收机会相对也比较高。不过资本市场的变化幅度极大，在市场高点时投入，资金成本较低，筹资相对容易，但在资本市场低点时，好的创业机会也相对较少。不过，对于投资者而言，市场低点的成本较低，有时反而会提高投资回报率。一般而言，新创企业活跃的资本市场比较容易创造增值效果，因此资本市场活力也是一项用来评价创业机会的外部环境指标。

8) 退出机制与策略

所有投资的目的都在于回收，因此退出机制与策略就成为一项评估创业机会的重要指标。企业的价值一般要由具有客观鉴定能力的交易市场来决定，而这种交易机制的完善程度也会影响新企业退出机制的弹性。由于退出的难度普遍要高于进入的难度，因此一个具有吸引力的创业机会应该要为所有投资者考虑退出机制，并做出退出的策略规划。

4.2.3 创业机会评价的定量方法

1. 标准打分矩阵

该方法时指通过选择对创业机会成功有重要影响的因素，并由专家小组对每一个因素进行极好(3分)、好(2分)、一般(1分)三个等级的打分，最后求出每个因素在各个创业机会下的加权平均分，从而对不同的创业机会进行比较。表4-1列出了其中10项主要的评价标准，在实际使用时可以根据具体情况选择其中的全部或者部分标准进行评估。

表4-1 标准打分矩阵

标准	专家评分			
	极好(3分)	好(2分)	一般(1分)	加权平均分
易操作性	8	2	0	2.8
质量和易维护性	6	2	2	2.4
市场接受度	7	2	1	2.6
增加资本的能力	5	1	4	2.1
投资回报	6	3	1	2.5
专利权状况	9	1	0	2.9
市场的大小	8	1	1	2.7
制造的简单性	7	2	1	2.6
广告潜力	6	2	2	2.4
成长的潜力	9	1	0	2.9

2. 平准化法

平准化法又称西屋法(westing house system)，实际上是计算和比较各个机会的优先级，公式为

$$机会优先级＝技术成功概率×商业成功概率×平均年销售数×(价格-成本)× 投资生命周期/总成本$$

在该公式中，技术和商业成功的概率为0～100%；平均年销售数以销售的产品数量计算；成本以单位产品成本计算；投资生命周期是指可以预期的年均销售数保持不变的年限；总成本是指预期的所有投入，包括研究、设计、制造和营销费用。对于不同的创业机会，将具体数值代入公式进行计算，特定机会的优先级越高，该机会越有可能成功。

例如，假设一个创业机会的技术成功概率为80%，市场上的商业成功概率为60%。在9年的投资生命周期中，年均销售数量预计为20 000个，净销售价格为120元，每个产品的全部成本为87元，研发费用为500 000元，设计费用为140 000元，制造费用为230 000元，营销费用为50 000元，把这些数值代入公式之中，可以计算得出机会优先级约等于6。

$$0.8×0.6×20\ 000×(120-87)×9/(50\ 000＋140\ 000＋230\ 000+50\ 000)≈6$$

3. Hanan Potention meter法

Hanan Potention meter法是指设计一份选项式问卷，针对不同因素的不同情况预先设定权值，由创业者填写，从而快捷地得到特定创业机会的成功潜力指标。对于每个因素来说，不同选项的得分可以为-2～2分，通过对所有因素的得分加总得到最后的总分，总分越高说明特定创业机会成功的潜力越大，只有那些最后得分高于15分的创业机会才值得创业者进行下一步的策划，低于15分的创业机会都应被淘汰。Hanan Potention meter法的评分规则如表4-2所示。

表4-2　Hanan Potention meter法的评分规则

因素	得分
对税前投资回报率的贡献	
预期的年销售额	
生命周期中预期的成长阶段	
从创业到销售额高速增长的预期时间	
投资回收期	
占有领先者地位的潜力	
商业周期的影响	
为产品制定高价的潜力	
进入市场的容易程度	
市场试验的时间范围	
销售人员的要求	

4. Baty的选择因素法

在Baty的选择因素法中，通过11个选择因素的设定来对创业机会进行判断。如果某个创业机会只符合其中的6个或更少的因素，这个创业机会就很可能不可取；相反，如果某个

(3) 检查流行产品或服务的递送时间及可获得性。

(4) 请公司企业确认他们需要却难以获得的服务，注意聆听人们对无法得到某种产品的抱怨或他们提起过的希望得到的服务。

(5) 搜寻由公司退出业务、变换产品方向、暂时歇业等原因可能造成的供应短缺。

2) 要思考的问题

(1) 是否清楚认识市场间隙？

(2) 是否清楚认识什么是供应短缺？

(3) 如何发现其他市场间隙或短缺？

(4) 是否及如何能够通过提供产品或服务弥补这些市场间隙或短缺？

(5) 能确认为此供应的产品或服务有市场吗？

6. 利用社会事件或形势选择项目

消费产品或服务可以配合某一事件而进行，这些事件包括社会事件、经济变化、业务或产业发展、新法规的颁布等。

1) 项目寻找步骤

(1) 树立任何一次经历和局势都可能为某些人带来某种生意机会的观念。

(2) 为了认清可能带来生意机会的局势或形势，需要做到：①大量观察报纸、电台、电视台的报道；②分析杂志上的消息；③对本地事件了如指掌；④寻找社会上不曾预料和突发的，使许多人处于一种不熟悉形势下的变化，如经济、法律、政治、环境、业务等。

(3) 创造产品或服务，使之可能：①在危机中帮助人们(如群体治疗、有用的供应)；②帮助人们庆祝或记住事件(如纪念品、博物馆)；③提供与事件相关的经历(如旅行、电影)；④帮助人们忘却事件(如痛苦)，转移他们的注意力(如通过娱乐活动)。

2) 要思考的问题

(1) 目前什么局势可能提供生意机会？

(2) 针对目前局势可以提供什么产品或服务？你能提供吗？

7. 利用被遗弃的市场选择项目

利用被遗弃的市场意味着进入被其他公司舍弃的领域，通常这些公司处于以下状态。

(1) 已经变得非常庞大，以至于不能或不愿意去处理这些小订单。

(2) 处在技术竞争的前沿，决定不用老技术去服务市场。

(3) 正在扩张到不同的市场，扩张速度之快使他们没有能力对所有市场都提供合适的服务。

1) 项目寻找步骤

(1) 确认许多公司正在离开的技术领域，分析其离开后的结果和市场。

(2) 定位并瞄准那些变换其产品或服务的公司，然后确定是否仍然有一些客户需要原先的产品或服务。

(3) 确认开始迅速变得过时但在相当长的时期内仍然有使用价值的产品，寻找被舍弃或被忽视的服务机会。

(4) 寻找选择了新的方向而显得先进的产业，然后分析其离开原先运营方式所创造的机会。

(5) 与潜在客户交谈，确认你所考虑的产品或服务确实有市场。

2) 要思考的问题

(1) 什么产业或公司最近由于新技术、新产品、新业务方式的出现而有重大的变化？
(2) 哪些变化将导致原先的市场被遗弃或过时？
(3) 还知道哪些被遗弃的市场？
(4) 多少潜在客户表示仍然对原先的产品或服务有需求？

8. 瞄准大市场下的小市场选择项目

怀着服务于其中仅仅一小块市场的想法，有时可能进入大市场。要注意只有这种情况才能成功——市场如此之大，以至于其中一小块市场就能够使人获利。

1) 项目寻找步骤

(1) 通过研读经济报告、贸易协会数据及市场研究，确认大市场。
(2) 选择你感觉可以抓住其中一小部分占有率的市场。
(3) 做出可以使你有效竞争的计划。寻求通过地理位置、设施种类、声誉、服务水平、货物选择、价格、生意理念、广告等获得竞争优势。
(4) 避免进入那些巨头们为了一个百分点就会激烈竞争的高度竞争市场。
(5) 与潜在客户交谈，明白他们是否需要你准备提供的产品或服务。

2) 要思考的问题

(1) 存在什么大市场？
(2) 哪些大市场最适合小运营商进入？
(3) 提供什么产品或服务可在一个大市场中获得小的占有率？
(4) 哪类潜在客户表达过他们会购买你想提供的产品或服务的想法？

9. 扩大市场区域选择项目

当区域性生产的产品或生意获得成功时，经常会存在扩大市场地理范围的机会。有时会导致在其他地方开设新的生意。

1) 项目寻找步骤

(1) 对于公司在自己的区域内提供的产品或服务，考虑是否可以将市场推广工作扩大到新区域。
(2) 发现别人生产的、在本地很成功但还没有推广到外地的产品或服务。例如，与采购代理交谈，在报纸上做广告，分析本地广告并与当地生意人交谈，在商店里寻找本地产品，寻找业务杂志或报纸中关于本地产品的报道，与你所在地区的外地旅游者及当地旅游产业人士交谈，发现吸引生意的特别产品或服务，并考虑哪些可以模仿、特许经营或在其他地区推广。
(3) 与潜在消费者交谈，以发现这些产品或服务在新区域是否有市场。

2) 要思考的问题

(1) 本地什么产品或服务可以扩大到其他地区的新市场？
(2) 本地什么成功的产品还没有向其他地区分销？
(3) 本地什么生意可以在其他地区获得成功？
(4) 所考虑的产品或服务在新区域内是否有需求？

地独特的地质构造，它成为天然的沙滤池，无须大排大换，就能够有效地控制治病微生物的爆发。但实际上，实现青蟹陆养所要解决的技术难关像一座座大山，挡住了团队成员的道路。在真正实验的时候，团队发现难度超乎想象。

办法总比困难多，团队付出4年心血，终于逐一攻克三大难关。

第一关是适应盐碱环境的分子机制研究。团队从生理生化、基因水平、代谢水平三方面进行分析，证实碳酸酐酶、Na+/K+-ATP酶、牛磺酸转运体基因及牛磺酸发挥关键作用。首次系统揭示了青蟹适应低盐盐碱地的分子机制，掌握了让青蟹移植盐碱地的"金钥匙"，并以此为基础进行了大量的苗种适应内陆低盐研究实验，分析获得了青蟹适应盐碱的关键核心机制。

第二关是盐碱地蟹苗高效淡化技术的开发。团队对苗种驯化的发育史进行探索，深入探索苗种驯化的最佳理化条件，首次开发出盐控驯化梯度流程，确定水质调节指标及关键诱导剂成分配比，育成具备耐低盐盐碱水环境的优质蟹苗。目前，团队可以在54小时内，将蟹苗直接淡化到千分之一，并有效提高驯化成活率至98.31%，这是现今全球海蟹驯化领域的最好成绩。该技术的建立，解决了苗种的供应问题。

第三关是离子调控和水质调节技术的开发。盐碱地水土调节是一个"老大难"问题，团队选取具代表性的河南兰考盐碱地作为突破口，确定盐碱地青蟹正常生长的关键离子比例和需求量，最终制定出性价比最高的水土改良方案，发明阶段性底质改良剂，精准调控Ca^{2+}、Mg^{2+}、K^+等关键蜕壳影响离子，促使青蟹养成率获得大幅度提升，与沿海地区持平。团队以低成本实现盐碱地的高效改良，使原本无人问津的盐碱荒地改造成为高价值的蟹塘。

除了三大核心技术，项目还有3个创新点。第一是首次揭示了拟穴青蟹对内陆盐碱地的适应机制，为海产品移植内陆打开了一条理论通道。第二是率先构建了青蟹在盐碱地的淡化技术体系，为稳定批量在盐碱地生产投放的苗种提供技术支撑。第三是发明了低成本广适性盐碱地水利用与改良方案，为盐碱地乡村振兴提供新的发展思路。

截至2020年11月，团队发表SCI论文9篇，在审4篇。团队共获得了5项专利，其中一项专利已授权，4项专利已受理。

3. 青蟹养殖 乡村振兴

技术生产成功后，农户的积极性被充分调动，吸引了各地养殖企业和散户加入。三分养，七分售。在生产落地后，团队转战销售。市场给出了疑问：品质怎样？供给如何？在品质上，盐碱地青蟹安全、口感好，营养丰富，受到业内专家与消费者一致好评。

更关键的是，低成本的盐碱地带来巨大的生产盈利空间，青蟹耐运输的特性带来南北市场贯通可能，团队逐步打通南北两地产销市场，一条南蟹北养、北蟹南售的青蟹扶贫产业链蔚然成型，实现科技扶贫初心。

现在，团队可以很自信地说，只要有盐碱的地方，团队就能养活青蟹。目前团队的青蟹养殖已经推广至宁夏、内蒙古、山东等地区的盐碱地上。在未来，黄河沿岸的盐碱地都有望在团队这样的新型农业项目中得到开发治理。

海蟹内养是一件前所未有的创举，团队获得了社会各界人士的广泛关注和认可。河南省农业农村厅、兰考县、延津县等都对团队的助农行动予以高度肯定。

第 5 章

商业模式设计

知识目标

- 了解商业模式的意义与作用；
- 掌握商业模式的概念与构成要素；
- 熟悉商业模式的类型；
- 掌握商业模式的设计方法。

案例导入

Uber的商业模式

Uber是一家按需交通服务企业，它在全世界范围内掀起了一场革命，彻底改变了出租车行业。该公司独特的商业模式让每个用户只需要点击一下手机就能找到一辆出租车，车辆会在最短的时间内到达用户的所在地点，并且将用户送至他们想去的地方。

1. 传统出租汽车公司存在的问题

最早的时候，人们要想打车就必须站在街上，而且还要做到眼快、手快、腿快，发现空车马上招手，然后尽快上车，免得被其他人"捷足先登"。这种打车方式造成了很多不方便，例如，等待时间过长，而且部分出租车还存在收费过高的问题，这些问题困扰着每个有打车需求的人。造成这些问题的根本原因是出租车数量过少，且出租车公司定价过高。

出租车的定价缺少监管和控制，但是人们又没有其他选择。除此之外，还有另一个问题更加让人难以忍受，那就是在一些高峰时段，如上下班时段，在马路上找到空车基本是一件不可能的事情。

2. Uber的成立

Uber看到了这个"打车难"的问题，并且希望用技术手段来解决这个问题，于是他们开发了一个移动端应用，它可以让人们在手机上就能完成整个打车操作。这个应用迅速在用户中得到了普及，继而在出租车行业掀起了一场革命。Uber的应用于2010年正式上线，既很好地解决了人们所面临的问题，也在极短的时间内完成了传播使用Uber应用打车的四个步骤。

第一步(叫车)：Uber商业模式中的第一个步骤，本质就是创造需求。人们在智能手机中安装其应用，这个应用可以让用户实现即刻叫车操作，也可以让用户提交其他时间的用车需求。

第二步(配对)：当用车请求创建成功之后，用户的个人信息和用车信息会以通知的形式发送给离用户最近的司机，司机有权接受或者拒绝订单。如果司机拒绝接单，那么这个通知则会发送给处于同一区域的另一位司机，直到有人接单为止。

第三步(乘车)：当有司机接单之后，用户可以查看司机信息和司机的行驶路径，除此之外，还可以查看司机的预计抵达时间。用户上车之后，应用中的计价器就会自动开始工作，在用户端的应用中，用户可以查看车辆的全程行驶路径，而在用户乘车的过程中，司机的职责是对乘车人保持友好的态度，并且为乘车人提供舒适的乘车体验。

第四步(支付与评分)：在将乘车人送达目的地之后，乘车人除了需要支付车费，还可以对司机的服务进行评分。这个评分系统是Uber商业模式中非常重要的一环，因为它可以让用户在打车之前对司机的服务有所了解。

毫无疑问，Uber不仅在出租车行业掀起了一场革命，还建立了一种全新的商业模式，这个模式可以让企业接触到更多的本地消费者。很多后来的初创企业都在复制Uber的商业模式，而且它们中很多企业还对这种商业模式进行了发展。凭借这种商业模式，无数创业者已经在许多垂直领域中建立起成功的初创企业。

Uber通过其商业模式创新，使出租车行业产生了巨大的变化。按照精益创业的观点，创业企业是一个暂时性的组织，必须找到可重复、可升级的商业模式才能开始蜕变，从而逐渐化身为一个生生不息的伟大事业体。创业者意图开发的创新产品或服务能否为顾客、合作伙伴、企业创造价值，取决于对商业模式的选择，而不仅仅取决于产品或服务本身的内在特征。许多创业企业的成功并不是因为产品创新性有多强，而是因为开发出了一套切实可行的商业模式。商业模式不仅能使初始创业资源得到最好的利用并让机会背后的价值得到最好的开发，还能使潜在的投资者读懂初创企业的商业逻辑并对是否投资做出快速决策。因此，认真设计并深入了解自己商业模式中的每个环节，并且不断去分析、精进，必然是一个创业者最基本的功课。

(资料来源：根据网络资料整理)

【思考与讨论】

1. Uber的创立解决了用户的什么问题？
2. Uber建立了一种什么样的商业模式？
3. 结合案例，谈谈自己对商业模式的理解？
4. 你从本案例得到了哪些收获？这将对你当前的学习、实践和未来职业发展产生哪些影响？

5.1 商业模式的概念与构成要素

5.1.1 商业模式的概念

商业模式日益受到企业家、创业者和理论界的重视。它不仅可以为创业活动提供指导，还可以为既有企业的经营提供指导；它不仅是创业者创业活动的蓝图和工具，还是既有企业创新发展的重要指导工具。今天，数不清的商业模式创新正在涌现，采用全新商业模式的新型产业正在成为传统产业的"掘墓人"。新贵正在挑战着守旧派，而有些守旧派正在慌乱中重塑自己。也有人认为，在技术面前，商业模式并没有多大意义，技术派的创业者往往容易忽略商业模式的价值。但是，大量的企业案例都验证了商业模式对于创业和企业经营的重要性。从早期的施乐复印机的发展、BETA制式和VHS制式的录像机之争，到后来的等离子电视与液晶电视之争等，大量案例证明，如果忽略了商业模式，再先进的技术也会没有意义。在没有考虑清楚商业模式之前就去创业，风险会成倍增加。通过学习本章内容的创业工具箱里多一件创业指导工具，创业者能有效降低创业风险，从而对创业有更清醒的认识。

案例5-1

四川航空的"免费车"

四川航空股份有限公司(以下简称川航)是一家传统企业，但它推出的一种商业模式让其他几大航空公司都望尘莫及——搭乘川航的乘客可以免费乘车进入市区。但川航在这个过程中一分钱都没花，甚至还赚了钱。原因就是它做了一件事——众筹，利用互联网的聚集优势"以小博大"，通过搭建平台、整合资源，实现资源利用的最大化。

互联网思维是如何改变这个传统行业的？"免费车"的市场售价是14.8万元，川航一次性订购150辆，并且承诺每个驾驶员会给该品牌的汽车做宣传，最终以9万元/辆的价格拿到手。紧接着川航把这些车以17万元/辆的价格卖给出租车驾驶员，虽然贵了两万多元，但承诺出租车驾驶员每天固定跑一条路线，每载一个乘客川航付给他25元。由于客源、收入稳定，汽车的所有权还属于自己，驾驶员们都很乐意出这笔钱。

商业模式这个概念最早出现在1957年，之后并没有引起多大的关注。直到20世纪90年代，随着互联网时代的到来和电子商务的蓬勃发展，商业模式才逐渐引起了学者的关注，成为当代管理学研究和讨论的热点之一，同时这一概念也逐渐被企业家、创业者和风险投资者津津乐道，但是对商业模式的概念并没有形成一个公认或统一的认识。在理论研究中，学者们往往根据自己的研究目的给出相应的定义，迄今为止，商业模式至少有三四十个定义。实业界对商业模式的理解也比较混乱，很多企业家和创业者完全根据自己的感觉理解商业模式，把商业模式与管理模式混为一谈，把网络模式等同于商业模式，把商业模式等同于盈利模式，甚至错把新型商业业态当作商业模式(例如，把O2O、B2C等电子商务新业态当作商业模式等)。为了更好地理解商业模式，本书通过梳理这些商业模式的定义，列举了一些比较有代表性的观点供读者参考，如表5-1所示。

目 录

第1章 创新概述 ··········· 1
1.1 创新的概念、特征与类型 ········ 2
- 1.1.1 创新的概念 ·············· 2
- 1.1.2 创新的特征 ·············· 5
- 1.1.3 创新的类型 ·············· 5

1.2 技术创新过程及模型 ········ 8
- 1.2.1 技术创新过程的含义 ······ 8
- 1.2.2 常见的技术创新过程模型 ··· 8
- 1.2.3 五代技术创新过程模型的特征 ··· 10

1.3 技术创新的风险与收益 ······ 10
- 1.3.1 技术创新的风险 ·········· 10
- 1.3.2 技术创新的收益 ·········· 12

1.4 专利申请 ················· 12

第2章 创新思维与方法 ······ 21
2.1 思维与思维定势 ············ 22
- 2.1.1 思维的概念、特征与种类 ··· 22
- 2.1.2 思维定势的含义与常见类型 ··· 23

2.2 创新思维及其方式 ·········· 24
- 2.2.1 创新思维的概念与特征 ···· 24
- 2.2.2 创新思维方式 ············ 26

2.3 创新方法 ·················· 29
- 2.3.1 相关概念 ················ 29
- 2.3.2 常见的创新方法 ·········· 29

第3章 创业、创业精神与创业者 ··· 41
3.1 创业 ····················· 42
- 3.1.1 创业的概念 ·············· 42
- 3.1.2 创业的要素 ·············· 43
- 3.1.3 创业的类型 ·············· 45

3.2 创业精神 ·················· 47
- 3.2.1 创业精神的本质 ·········· 47
- 3.2.2 创业精神的内容 ·········· 48
- 3.2.3 创业精神的培育方法 ······ 50

3.3 创业者 ···················· 51
- 3.3.1 创业者的定义 ············ 51
- 3.3.2 创业者的类型 ············ 51
- 3.3.3 创业者应具备的素质 ······ 52
- 3.3.4 创业者应具备的基本能力 ··· 55

3.4 大学生创业 ················ 57
- 3.4.1 大学生创业的必备条件 ···· 57
- 3.4.2 大学生创业的方向 ········ 58
- 3.4.3 大学生创业的主要困难 ···· 59
- 3.4.4 大学生创业的优惠政策 ···· 60

第4章 创业机会的识别、评价与选择 ··· 68
4.1 创业机会的识别 ············ 69
- 4.1.1 创业的核心是创业机会 ···· 69
- 4.1.2 创业机会的六个来源 ······ 71
- 4.1.3 创业机会识别的过程 ······ 72

4.2 创业机会的评价 ············ 76
- 4.2.1 影响机会评价的因素 ······ 76
- 4.2.2 创业机会的评估准则 ······ 77
- 4.2.3 创业机会评价的定量方法 ··· 79

4.3 创业项目的选择 ············ 81
- 4.3.1 创业项目的类型 ·········· 81
- 4.3.2 创业项目的选择方式 ······ 82

第5章 商业模式设计 ········ 99
5.1 商业模式的概念与构成要素 ··· 101
- 5.1.1 商业模式的概念 ·········· 101
- 5.1.2 商业模式的构成要素 ······ 102

5.2 商业模式的类型 ······ 103
5.2.1 多边平台式商业模式 ······ 103
5.2.2 长尾式商业模式 ······ 104
5.2.3 免费式商业模式 ······ 106
5.2.4 非绑定式商业模式 ······ 108
5.3 商业模式设计方法与框架 ······ 109
5.3.1 商业模式设计方法 ······ 109
5.3.2 商业模式设计框架 ······ 112

第6章 创业团队的组建、管理与股权分配 ······ 117
6.1 创业团队 ······ 119
6.1.1 创业团队概述 ······ 119
6.1.2 创业团队的特性 ······ 121
6.1.3 创业团队的组成要素 ······ 122
6.1.4 创业团队的类型 ······ 123
6.1.5 创业团队的维持和发展 ······ 124
6.2 创业团队的组建 ······ 127
6.2.1 创业团队组建的基本原则 ······ 127
6.2.2 创业团队组建的基本条件 ······ 128
6.2.3 创业团队组建的影响因素 ······ 131
6.2.4 创业团队组建的模式 ······ 131
6.2.5 创业团队组建的步骤 ······ 132
6.2.6 创业团队组建的风险成因 ······ 133
6.2.7 创业团队组建的风险控制 ······ 134
6.3 创业团队的管理 ······ 135
6.3.1 创业团队的管理方法 ······ 136
6.3.2 创业团队的管理技巧和策略 ······ 137
6.4 创业团队的股权分配 ······ 139
6.4.1 创业团队股权分配概述 ······ 139
6.4.2 创业团队股权分配的原则和方法 ······ 140

第7章 编制创业计划书 ······ 147
7.1 创业计划书的作用和基本格式 ······ 148
7.1.1 创业计划书的作用 ······ 148
7.1.2 创业计划书的基本格式 ······ 149
7.2 创业计划书的写作 ······ 150
7.2.1 创业计划书的写作原则 ······ 150
7.2.2 创业计划书的写作程序 ······ 150
7.2.3 创业计划书的写作方法和写作技巧 ······ 151
7.2.4 创业计划书的完善 ······ 152
7.2.5 创业计划书写作的注意事项 ······ 153
7.3 创业计划书的内容与要点 ······ 154
7.3.1 摘要 ······ 154
7.3.2 企业介绍 ······ 154
7.3.3 管理团队介绍 ······ 155
7.3.4 技术产品(服务)介绍 ······ 155
7.3.5 行业和市场分析预测 ······ 156
7.3.6 市场营销策略 ······ 157
7.3.7 生产计划 ······ 157
7.3.8 财务分析与预测 ······ 157
7.3.9 融资计划 ······ 158
7.3.10 风险分析 ······ 159
7.3.11 附件和备查资料 ······ 159

第8章 创业融资 ······ 176
8.1 创业融资概述 ······ 177
8.2 创业融资渠道 ······ 177
8.2.1 债权融资与股权融资 ······ 177
8.2.2 内部融资与外部融资 ······ 178
8.2.3 直接融资与间接融资 ······ 178
8.3 创业融资成本 ······ 179
8.3.1 融资成本的表现形式及估算 ······ 179
8.3.2 融资成本的比较 ······ 180
8.3.3 融资成本的控制 ······ 181
8.4 创业融资决策 ······ 181
8.4.1 融资决策的基本原则 ······ 181
8.4.2 融资决策应考虑的因素 ······ 182
8.5 创业融资案例 ······ 186

第9章 创业企业的设立与注册 ······ 197
9.1 企业组织形式的选择 ······ 198
9.1.1 有限责任公司 ······ 198
9.1.2 合伙企业 ······ 203
9.1.3 个人独资企业 ······ 207
9.1.4 个体工商户 ······ 208
9.1.5 股份有限公司 ······ 209
9.1.6 选择企业类型时需要考虑的因素 ······ 212
9.2 创业企业的命名、经营范围与组织结构设计 ······ 213

9.2.1 企业的命名 ………………… 213
9.2.2 企业的经营范围 …………… 215
9.2.3 创业企业组织结构设计 …… 215

9.3 创业企业注册流程及相关事项 …… 219
9.3.1 创业企业注册 ……………… 219
9.3.2 入资 ………………………… 220
9.3.3 验资 ………………………… 220
9.3.4 办理工商注册登记 ………… 221
9.3.5 税务登记 …………………… 221

9.4 新企业相关的法律问题 ………… 222

第 10 章 精益创业 …………… 229

10.1 从传统创业思维到精益创业思维 · 231
10.1.1 传统的新产品导入模式 ………… 231
10.1.2 精益创业思维 …………………… 233

10.2 精益创业的基本框架 …………… 233
10.2.1 精益创业的理念 ……………… 233
10.2.2 精益创业的基本原则 ………… 235
10.2.3 精益创业的适用范围 ………… 235

10.3 最小可行产品 …………………… 236
10.3.1 最小可行产品的定义 ………… 236
10.3.2 如何验证最小可行产品 ……… 239

10.4 精益创业画布 …………………… 246
10.4.1 精益创业画布的基本框架 …… 246
10.4.2 精益创业画布的制作步骤 …… 247

参考文献 …………………………… 253

但是广义的技术创新并不符合人们一般的思考习惯，在实际中没有得到广泛应用。狭义的技术创新是指与新产品制造、新工艺过程或设备的首次商业应用有关的包括技术、设计、生产及商业方面的活动。技术创新一般涉及"硬技术"的变化，强调产品和生产过程的改变。技术创新并非只是一个技术问题，而是一个涉及技术、生产、管理、财务和市场等一系列环节的综合化过程。

2) 组织管理创新

组织管理创新是指在企业中引入新的管理方式或方法，实现企业资源更有效的配置。在我国的研究中，组织创新与管理创新基本相通，都侧重于企业中"软技术"的变化。组织管理创新与技术创新关系密切，特别是重大的技术创新，常常与组织管理创新同时进行。

4. 其他分类标准

1) 知识创新

知识创新是随着知识经济的讨论兴起而出现的新概念，最初由爱米顿(Debra M. Amidon)于1993年提出，他对知识创新定义的是，通过创造、演进、交流和应用，将新的思想转化为可销售的产品和服务，以取得企业经营成功、国家经济振兴和社会全面繁荣。

我国学者认为，知识创新是通过科学研究获得新的基础科学和技术科学知识的过程。知识创新的目的是追求新发现、探索新规律、创立新学说、创造新方法和积累新知识。知识创新是技术创新的基础，是新技术和新发明的源泉，是促进科技进步和经济增长的革命性力量。知识创新是技术创新的起点和基础，技术创新是知识创新的延伸和落脚点。

2) 科技创新

"科技创新"一词主要在国内使用。一般来讲，科技创新是指科技系统的革新或变革，而从这一概念的使用上看，它包含两方面的内容：一是科学技术的发明创造，二是科技体制、科技体系的改革。

3) 市场创新

市场创新是指在市场经济条件下作为市场主体的企业创新者，通过引入各种新市场要素并实现其商品化和市场化，以开辟新的市场，促进企业生存与发展的新市场研究、开发、组织与管理等活动。市场创新通常伴随技术创新和组织管理创新进行，一般不将市场创新单独划分为创新的一种类型。

4) 制度创新

制度创新是指引入一项新的制度来代替原来的制度，以适应制度对象的新情况、新特性，并推动制度对象的发展。企业层面的制度创新可以包括在组织管理创新之中，但企业层面的制度创新仅是制度创新的一小部分内容。

5) 服务创新

服务创新是随着对服务性企业创新和服务活动创新研究的兴起而出现的，它是技术创新的一种。

市场不确定性涉及创新满足什么需求、未来的需求将如何变化、市场是否采用行业标准、创新扩散的速度有多快、潜在市场有多大等问题。由于存在上述市场方面的不确定性问题，因此，对市场进行预测常常是不可能的。技术不确定性包括对以下几个问题的回答：新技术是否像承诺的一样起作用？有副作用吗？是否可以按期完成？卖方能否提供高质量的服务？新技术的生命周期是怎样的？竞争不确定性是指竞争环境的变化，如谁会在未来成为新的竞争对手？竞争对手将使用什么竞争策略？

当这三个不确定变量发生交互作用时，会使一项创新的不确定性程度提高，并更加复杂。

研究表明：大约40%的研发项目在技术上未能最终完成；在技术上成功的研发项目，其中，约45%无法成功商业化，主要原因是其市场收益无法保证；在进行商业化的研发项目中，约有60%在经济上是无法获利的。图1-5表明一种新药的产生需要3000个原始设想，再次印证了创新充满了极大的风险。

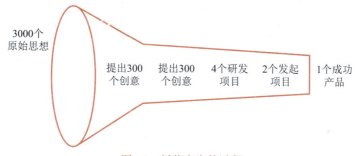

图1-5　新药产生的过程

众所周知的铱星公司就因为一个伟大创新而遭遇悲惨结局。

2000年3月17日，掌握当时最先进通信技术的美国铱星公司宣告破产。铱星公司从诞生到开始运营，从股价狂涨至70美元到进入破产保护程序，直到最终破产，给人们带来的思考是深远而又长久的。

1987年，摩托罗拉的3位科学家提出用66颗卫星，在7个近地轨道上运行，把整个地球覆盖起来，让世界上的任何人在任何地方、任何时间都能与任何人沟通。然而用57亿美元建造的66颗近地轨道卫星组成的铱星系统，开通运营不到10个月，就因为无法偿还于1999年8月11日到期的债务而宣告破产保护，铱星公司股票也于3个月后被纳斯达克交易所"停牌"。美国破产法院当时已经同意一项议案，授权以20万美元的价格把铱星在华盛顿公司总部的家具、设备等进行出售。曾经风光一时、世人瞩目的铱星公司已走到山穷水尽的境地。

自从1897年莫尔斯发明电报，人类便走进了邮电通信时代，而1898年马可尼的第一次无线电通话才真正开创了通信事业的新纪元。在此后的100多年间，通信事业才真正得以突飞猛进。铱星公司的创新开启了人们的思路，把人们对通信的理解又提升到更高境界。然而，市场是一个无情的"杀手"，即使像铱星公司这样的高科技产业，其创新也要经历市场的考验。最好的未必是最合适的，合适的才是最好的。

1.3.2 技术创新的收益

技术创新一旦获得成功,能给创新者带来巨大的经济收益(或潜在的经济收益)。一般来讲,创新收益主要来源于成本降低、价值增值与价值创造三个方面。但有时创新者并不能充分享有创新带来的收益,甚至在某些极端情况下,创新者几乎不能享受到创新收益,即所谓的创新收益溢出效应。技术创新的收益主要受以下几个方面的影响。

(1) 独占性机制。独占性机制是指除企业和市场结构外的一些环境因素,它们决定了创新者获取创新收益的能力。其中最为重要的因素是创新自身的技术特性和产权法律保护机制的有效性。

(2) 辅助性资产。辅助性资产包括市场营销、分销渠道、生产制造、售后服务、辅助性技术等因素,这些因素使技术创新商业化成为可能,进而使创新者能尽可能地享有其创新收益。

(3) 主导性设计。在市场上赢得客户认可,并且是竞争者与后续创新者都所采用的设计范式。

为了最大限度地保护创新者的收益,各个国家通过立法等措施从制度上予以保证,专利法就是其中之一,下面将介绍专利申请的有关内容。

1.4 专利申请

1. 专利的含义

专利(patent)一词来源于拉丁语Litterae patentes,意为公开的信件或公共文献,是中世纪的君主用来颁布某种特权的证明,后来指英国国王亲自签署的独占权利证书。专利是世界上最大的技术信息源,据实证统计分析,专利包含了世界科技信息的90%~95%。

专利申请是获得专利权的必须程序。专利权的获得要由申请人向国家专利机关提出申请,经国家专利机关批准并颁发证书。申请专利并获得专利权后,既可以保护自己的发明成果,防止科研成果流失,又可以获取利润来弥补研发投入,同时还有利于科技进步和经济发展。申请人可以通过申请专利的方式占据新技术及其产品的市场空间,获得相应的经济利益。

2. 专利申请的原因

一般来讲,个人或组织申请专利一般出于以下三个原因。

(1) 通过法定程序确定发明创造的权利归属关系,从而有效保护发明创造成果,独占市场,以此换取最大的利益。

(2) 为了在市场竞争中获得主动权,确保自身生产与销售的安全性,防止对手提前申请专利状告自己侵权(遭受高额经济赔偿、迫使自己停止生产与销售)。

(3) 国家对专利申请有一定的扶持政策(如政府颁布的专利奖励政策和高新技术企业政策等),会给予专利申请者部分政策、经济方面的帮助。

14. 有创新创业思维的人的特点包括(　　)。
    A. 将问题看成机会   B. 自己找出解决方案
    C. 凭借别人的经验去做   D. 考虑未来,有战略眼光

15. 面对严峻的就业形势,大学生需要(　　)。
    A. 刻苦学习,掌握从业的专门知识和技能
    B. 不断提高综合素质,提高职业竞争能力
    C. 积极转变就业观念,树立自主创业意识
    D. 掌握创业的基本知识和能力,做好创业准备

16. 创业环境不断优化主要体现在(　　)。
    A. 创业门槛不断降低
    B. 资本市场日趋健全和活跃
    C. 创业载体和创业服务机构发展加快
    D. 创业扶持政策不断增加

17. 为了更好地创业,我们需要做到(　　)。
    A. 拥有工具箱
    B. 学会用工具箱
    C. 在大学阶段积累经验
    D. 变得自信

三、判断题

1. 知识创新是技术创新的基础,是新技术和新发明的源泉,是促进科技进步和经济增长的革命性力量。知识创新是技术创新的起点和基础,技术创新是知识创新的延伸和落脚点。(　　)

2. 服务创新是随着对服务性企业创新和服务活动创新研究的兴起而出现的,它是技术创新的一种。(　　)

3. 创新活动由需求和技术共同决定,需求决定创新的报酬,技术决定创新成功的可能性及成本。(　　)

第 2 章

创新思维与方法

知识目标

- 熟悉思维的概念、特征与种类；
- 了解各种情况下的思维定势与打破思维定势的方法；
- 理解创新思维的含义及常见的创新思维方式；
- 了解常见的创新方法。

案例导入

锯的发明

相传有一年，鲁班接受了一项建筑一座巨大宫殿的任务。这座宫殿需要很多木料，他和徒弟们只好上山用斧头砍木，当时还没有锯子，效率非常低。一次上山的时候，由于他不小心，无意中抓了一把山上长的一种野草，一下子将手划破了。鲁班很奇怪，一根小草为什么这样锋利？于是他摘下一片叶子来仔细观察，他发现叶子两边长着许多小细齿，用手轻轻一摸，这些小细齿非常锋利。他明白了，他的手就是被这些小细齿划破的。后来，鲁班又看到一条大蝗虫在一株草上啃叶子，两颗大板牙非常锋利，一开一合，很快就吃下一大片。这同样引起了鲁班的好奇心，他抓住一只蝗虫，仔细观察蝗虫牙齿的结构，发现蝗虫的两颗大板牙上同样排列着许多小细齿，蝗虫正是靠这些小细齿来咬断草叶的。这两件事给了鲁班很大的启发。于是他就用大毛竹做成一条带有许多小锯齿的竹片，然后到小树上去做试验，结果果然不出所料，几下子就把树干划出一道深沟，鲁班非常高兴。但是由于竹片比较软，强度比较差，不能长久使用，拉了一会儿，小锯齿就有的断了，有的变钝了，需要更换竹片。于是鲁班想到了铁片，并请铁匠帮助制作带有小锯齿的铁片。鲁班和徒弟各拉一端，在一棵树上拉了起来，只见他俩一来一往，不一会儿就把树锯断了，又快又省力，锯就这样被发明出来了。

（资料来源：根据网络资料整理）

可能出现的事件，预测未来发展的趋势，从而预见自然、社会生活中尚未发生的事实或问题，超越时间的限制与未来"对话""谈判"。

(3) 对空间的超越。即思维可以通过对客观事物的本质、运动规律的把握，突破人的器官和工具的空间限制，将认识对象扩展到人的眼、鼻、耳、口及现有运输、通信工具无法涉及的地方。

(4) 对具体事物、具体现象、具体物品的超越。即通过思维的处理，这些具体的对象在人脑中演变为抽象的存在，并且这些抽象的东西能够更准确、更逼真地反映出那些具体存在的事物、现象的本质。

(5) 对"有"与"无"的超越。即思维具有"无中生有"(构造出原来并不存在的东西)的本领。

(6) 对传统的超越。传统是历史积淀的产物，渗透于人，置于政治、经济、文化关系及日常的社会生活之中。

总之，创新必须有所超越，实现超越才能实现创新。

4) 发散性

发散性是指对一个问题从多角度、多侧面、多方向进行思考，从侧面提出多种假设方案的思维过程，表现在以下3个方面。

(1) 多向观察。即从不同的角度看同一事物，尽量提出多种不同的设想或方案，扩大选择的余地，从而找出解决问题的多种方法。

(2) 多维策略。即通过各种不同的思维途径，机智地寻求发现问题或解决问题的新方法。

(3) 横向比较。即善于从各种事物之间的相互作用与关系中揭示事物发展的规律，并通过联想、换元、替代等思维途径发现规律的普遍意义，从而创新性地解决问题。

5) 综合性

综合性表现在以下4个方面。

(1) 创新思维是对已有成果的综合或是在已有成果的基础上产生的，任何创新性思维都是以前人已有的认识和实践的成果为基础或前提的。

(2) 创新思维是多种思维方法的综合运用。从本质上来说，创新思维是一种辩证思维，非辩证思维很少具有创新性，并且也不单纯地限于逻辑思维，还要依靠非逻辑思维。

(3) 创新思维是多种思维形态的综合运用。在创新思维中，既要用到抽象逻辑思维，也要用到具体形象思维，是抽象思维与形象思维的综合运用，两者具有互补性。在多种思维形态的综合运用中，抽象思维与形象思维的综合运用是基本内容。

(4) 创新思维是多种思维方式的综合运用。创新思维是求同思维与求异思维两者的辩证综合。创新思维不等于理性思维，理性思维就是常规思维，即依据预先确定的知识和范畴推测一个明确的答案。理性思维要证明现实的合理性，而创新思维主要寻找突破常规和超越现实的可能性。例如，有人说下雨天就可以不用洗车，但洗车行的老板却不这么认为，他说："由于现在的工业污染严重，所以下的雨可能是酸雨，而酸雨容易对车造成腐蚀，所以更需要洗车。"这种思维方式可以引导客户理解个人思路，满足其场合性的需求。

(5) 自行车+蓄电池+电机=电动自行车。

(6) 机械技术+电子技术=数控机床。

组合创新法的应用几乎覆盖了我们日常生活的各个领域。

5. 逆向转换法

逆向转换法是指对事物或方法进行方向、过程、功能、原因、结果、优缺点、破立矛盾等方面的逆转,从而产生新事物或新方法,以及解决新问题的创新方法。

例如,食品饮料无疑是过度竞争性行业,本土饮料品牌有两种主流商业模式:一是娃哈哈、农夫山泉、达利园等极少数企业走的大食品路线,横跨多个品类获得成功;二是更多的企业鉴于谋略或者资源,以单一品类切入市场,建立竞争壁垒,形成单品冠军或隐形冠军。其中,养元公司凭借六个核桃核桃乳(以下简称"六个核桃")于2011年跻身"10亿元俱乐部"。它有什么样的独门秘籍呢?

植物蛋白饮料属于大饮料概念的一个重要分支,在植物蛋白饮料这个范畴内又细分了多个二级分类,在六个核桃成为单品销售冠军之前,该品类中的椰树椰汁、露露杏仁露、银鹭花生牛奶三者都是各自细分品类的销售冠军。可以说,在植物蛋白饮料这个范畴里,本土品牌占据最有利的位置。

出品六个核桃的河北养元公司是一家中小型饮料企业,在找到核桃饮品专业定位之前,与国内99%的企业一样,采取跟随策略,品种多,产品线宽泛,什么都做,但什么都没做好。事实证明,作为处于补充地位的蚂蚁规模型企业,创新品类可能是最佳突围捷径,喜之郎果冻布丁、香飘飘奶茶等莫不如此。

品类名称要求通俗、容易理解、具有通用性,"核桃乳"被其确定为品类名。为什么不叫"核桃露"?"露"容易让人联想到"露水",显得水分更多一些;"乳"容易让人联想到"乳汁",就像牛奶一样嫩白浓郁,似乎更有营养。消费者从字面上的联想可能会是核桃乳营养高,干货多,下料足,相反核桃露则显得稀、薄。

常用的逆向转换法有以下几种。

(1) 原理逆向,指从事物原理的相反方向进行思考。意大利物理学家伽利略曾应医生的请求设计温度计,但屡遭失败。有一次他在给学生上实验课时,注意到水的温度变化引起了水的体积变化,这使他突然意识到,由水的体积变化不也能看出水的温度变化吗?循着这一思路,他终于设计出了当时的温度计。其他的例子还有制冷与制热、电动机与发电机、压缩机与鼓风机等。

(2) 功能逆向,指按事物或产品现有的功能进行相反的思考。例如,扑救火灾时消防队员使用的灭火器中有风力灭火器,原理是风吹过去,温度降低,空气稀薄,火被吹灭了。一般情况下,风是助火势的,特别是当火比较大的时候,但在一定情况下,风可以使小的火熄灭而且相当有效。另外,保暖瓶可以保温,也可以保冷。

(3) 过程逆向,指对事物进行过程进行逆向思考。例如,小孩掉进水缸里,一般的过程就是把人从水中救起,使人脱离水,而司马光的救人过程却相反,他采用的是打破水缸的方法。

(4) 因果逆向，指原因结果互相反转，即由果到因。例如，数学运算中从结果倒推回来以检查运算过程和已知条件。

(5) 结构或位置逆向，指从已有事物的结构和位置出发所进行的反向思考。例如，结构位置的颠倒、置换等。

(6) 观念逆向。一般情况下，观念不同，行为不同，收获就可能不同。例如，我国工业生产部门从大而全的观念转变到专门化生产，大大提高了生产效率和产品质量，将产品的以产定销变为以销定产，可以减少库存、提高资金利用率。

6. 移植创新法

中国有句古话叫"他山之石，可以攻玉"，这句话说的就是移植创新法。在科学领域，许多重大的发明就是借用了其他领域的有关知识，才解决了本领域中长期未能解决的重大问题。例如，把计算机、激光技术移植到印刷领域，带来了印刷出版行业的一次革新；把植物根系在土壤中的结构与原理移植到土木工程中，发明了钢筋混凝土结构；把数控技术移植到普通机床上，加以改造融合后发明了数控机床；把液压技术移植到机械工程领域，极好地解决了远距离传动、简化结构及操作方便等问题。随着科学技术的进步，虽然各行各业的分工越来越细化，但各行业之间新技术、新思想的转移也不断加快。人们在某一领域取得的科学理论和技术成果，包括该成果诞生的环境、过程、思路、方法和手段，都可能在其他领域具有同等重要或更加重要的创新意义。

移植创新法是指将某一领域中已有的原理、技术、方法、结构、功能等，移植应用到另一领域而产生新事物、新观念、新创意的构思方法。例如，中国四大发明之一的造纸术，即把丝加工技术移植到造纸中，不改变技术本身，只是改变了加工对象，由加工丝改成了加工植物纤维。

1) 移植创新法应用的必要条件

(1) 用常规方法难以找到理想的设计方案或解题设想，或者利用本专业领域的技术知识无法找到出路。

(2) 其他领域存在解决相似或相近问题的方式或方法。

(3) 对移植结果能否保证系统整体的新颖性、先进性和实用性有一个估计或肯定性的判断。

2) 移植创新法的几种类型

(1) 原理性移植，是指把某一领域的原理移植到另一个不同的领域，从而产生新设想的方法。例如，现在很多地方都设置一台触摸屏的介绍机，只需简单地触摸，就可以看到感兴趣的介绍，如在医院的介绍机上可以看到医院的科室介绍、著名专家等资料。这种最早起源于1971年的触摸技术很快就被移植到了多个领域，如手机、计算机等。

目前，触摸屏需求的驱动力主要来自消费电子产业，尤其是移动电话、便携游戏机、个人数字助理、便携导航设备仪等方面。据心理学的研究，用手指亲自触摸和采用鼠标键盘操作带给人的愉悦感是完全不同的。就连宝马汽车公司也采用了触摸式技术，成为第一个采用触摸式计算机的汽车生产商。

(2) 方法性移植，是指把某一领域的技术方法有意识地移植到另一领域而形成创新的方法。例如，20世纪60年代中期，美国一位数学家把经典数学、统计理论的研究方法移植到对模糊现象的研究中，创立了一门新的数学分支——模糊数学。

2008年12月8日，由CCTV和YBC(支持青年创业的组织)共同举办的"创业英雄会"隆重召开，会上一位叫王伟的人给大家留下了深刻印象，因为他是中餐透明化、标准化的第一人。他经营的百姓厨房当时已达到3亿元的营业额，有14家分店。

透明化是指厨房透明，可以让客人参观。餐饮行业有个行规，即厨房是烹调饭菜的地方，也是食客止步之处。在很多富丽堂皇的酒店，厨房地面污水横流、原料随地放置、切菜砧板生熟不分的现象不少，但吃饭的人并不知道。王伟说："百姓厨房就是要叫百姓放心。"于是，从2006年开始，百姓厨房在西安首推透明厨房，顾客可以走进厨房，目睹自己所食用的菜品是如何通过洗、切、配、烹等工序，在怎样的卫生条件下制作的。许多顾客在参观后都感慨地说："真的很不错，比咱自家厨房还干净。"

另外，王伟还做出另一个推动中国餐饮业发展的举措，那就是中餐标准化。如何把西餐标准操作的思想和方法引入中餐，一直是人们期待的事情。中餐菜谱中的"少许""适量"等描述让厨师们只能跟着感觉走，于是经常出现换了厨师口味就变了的情况，甚至同一个厨师、不同的时间做同一个菜，口味也可能有变化，这会直接造成菜肴质量的波动。

如何解决这个问题呢？经过多次试验，王伟通过对做菜时用的原料勺进行标准化，来间接实现中餐标准化，取得了很好的效果。

(3) 功能性移植，是指把某一种技术所具有的独特技术功能应用到其他领域，导致功能扩展的方法。例如，拉链过去用在衣服和鞋上，近年来有人把拉链用在自行车外胎上甚至用在外科手术伤口的缝合上。再如，将超导技术移植到计算机领域，研制出无功耗的超导计算机，移植到交通领域研制出磁悬浮列车，移植到航海领域研制出超导轮船，移植到医疗领域研制出高性能的核磁共振扫描仪等。

(4) 结构性移植，是指把某一领域的独特结构移植到另一领域而形成具有新结构的事物的方法。例如，蜂窝是一种强度相当高且材料耗用很少的结构，把这一结构移植到飞机制造工艺上，可以减轻飞机的重量，从而提高其强度。同样，将蜂窝结构移植到房屋建筑上，可制造出形状如同蜂窝的砖，使用这样的建材可以减轻墙体重量，同时还具有隔音、保暖的优点。

(5) 材料性移植，指通过材料的替换达到改变性能、节约材料、降低成本的目的，从而带来新的功能和使用价值的方法。例如，玻璃是一种常见材料，通常可用于制作门窗、各种工艺品等，但你想过用玻璃建造桥梁吗？保加利亚就用玻璃建造了一座宽8米、长12.5米、重18吨的桥梁。你能想到用玻璃制造小提琴吗？捷克斯洛伐克有人就用玻璃制成了透明的小提琴，高雅豪华，音质也非常好。

移植创新法之所以对创意构思特别有用，是因为这种方法不受逻辑思维的束缚。当把一种技术或原理从一个领域移植到另一个领域时，并不需要在原理上有多么清楚的理解，往往是直接应用，这就为新事物、新创意的形成提供了多种途径，甚至为许多外行搞发明创造提供了可能。但是，单靠移植创新法并不能解决发明创造和创意构思的全部问题，它只是提供一个思维的突破口，通过这个突破口进而获得创新的思路。所以，不要简简单单的数量，不断增加新的市场，减少低水平竞争。

2. 依据创业起点的不同，可分为创建新企业和企业内创业

1) 创建新企业

创建新企业指创业者个人或团队从无到有地创建全新的企业组织。创建新企业充满挑战和刺激，个人的想象力、创造力可得到最大限度的发挥，但风险和难度也很大，创业者往往缺乏足够的资源、经验和支持。

2) 企业内创业

企业内创业指一个已经存在的公司，由于产品、市场营销及企业组织管理体系等方面的原因，需要进行重新创建。企业流程再造本质上也是一种创业行为。企业内创业是动态的，正是通过二次创业、三次创业乃至连续不断的创业，企业的生命周期才能不断地在循环中延伸。

3. 依据创业项目性质的不同，可分为传统技能型创业、高新技术型创业和知识服务型创业

1) 传统技能型创业

传统技能型创业指使用传统技术、工艺的创业项目，它具有永恒的生命力。尤其是在酿酒、饮料、中药、工艺美术品、服装、食品加工和修理等与人们日常生活紧密相关的行业中，独特的传统技能项目表现出了经久不衰的竞争力，许多现代技术都无法与之竞争，国内外均是如此。

2) 高新技术型创业

高新技术型创业指知识密集度高，带有前沿性、研究开发性质的新技术、新产品项目。

3) 知识服务型创业

知识服务型创业指为人们提供知识、信息的创业项目。当今社会，信息量越来越大，知识更新越来越快，各类知识型咨询服务的机构将会不断细化和增加，如律师事务所、会计事务所、管理咨询公司、广告公司等，这类项目投资少、见效快。例如，北京有人创办剪报公司，把每天主流媒体上与该企业有关的信息全部收集、复印、装订起来，有的公司年收入达100万元，且市场十分稳定。

4. 依据创业方向或风险的不同，可分为依附型创业、尾随型创业、独创型创业和对抗型创业

1) 依附型创业

依附型创业可分为两种情况：一种是依附于大企业或产业链而生存，为大企业提供配套服务，如专门为某个或某类企业生产零配件，或生产、印刷包装材料；另一种是特许经营权的使用，如利用麦当劳、肯德基等的品牌效应和成熟的经营管理模式，减少经营风险。

2) 尾随型创业

尾随型创业即模仿他人创业,其特点包括:①短期内只求能维持下去,随着业务的成熟,再逐步进入强者行列;②在市场上拾遗补阙,不求独家承揽全部业务,只求在市场上分得一杯羹。

3) 独创型创业

独创型创业指提供的产品或服务能够填补市场空白,大到商品独创性,小到商品中某种技术的独创性。但独创型创业也有一定的风险性,因为消费者对新事物有一个接受的过程。独创型创业也可以是旧内容新形式,如产品销售送货上门,经营的商品并无变化,但服务范围扩大了,从而更具竞争力。

4) 对抗型创业

对抗型创业指进入其他企业已形成垄断的某个市场,与之对抗较量。对抗型创业风险最高,必须在知己知彼、科学决策的前提下,抓住市场机遇,乘势而上,把自己的优势发挥到淋漓尽致。例如,针对20世纪90年代初外国饲料厂商在中国市场大量倾销合成饲料的现象,希望集团通过创建对抗型创业,建立了西南最大的饲料研究所,定位于与外国饲料争市场,并取得成功。

3.2 创业精神

3.2.1 创业精神的本质

创业精神是创业的核心与灵魂。创业精神最初来自新建企业,但不限于新建企业,百年企业青春常在的秘诀是发扬创业精神。

人们常用不同的词语描绘创业精神,如创新精神、合作精神、冒险精神、敬业精神、自强不息、百折不挠等。在新时代,又加入了时代精神、社会责任感、奉献、事业荣誉感、二次(三次)创业的勇气、艰苦奋斗的作风、至诚至信、开放的心态、宽容的胸怀等词语。

实际上,创业精神在心理层面是一种思维方式,其基础是创新;在行为层面是发现和把握机会,并且创造价值的过程。

创业精神的载体是人,最具创业精神的是创业者,即企业家,企业家与创业精神密不可分。从学者们对企业家的研究可以看出,企业家所承担的角色,从投机、套利、冒风险到创新,是一个不断发展和丰富的过程。因此,创业精神不单是投机与冒风险,更重要的是把握机会和不断创新,通过企业家的创业和创新活动,推动社会和经济不断发展。

从本质上来说,创业精神就是发现和把握商业机会,无论受资源何种制约,都努力通过创新,从无到有地创造和建立某些事物以满足社会需求、创造价值的活动过程。

3.2.2 创业精神的内容

哈佛大学商学院对创业精神的定义是，创业精神就是一个人不以当前有限的资源为基础而追求商机的精神。从这个角度来看，创业精神代表一种突破资源限制，通过创新来把握机会、创造价值的行为，而不是简单地体现在创造新企业上。因此，创业精神可以简单地概括为，没有资源创造资源，没有条件创造条件，用有限的资源去创造更大的资源。

创业的道路是坎坷的，选择了创业就是选择了面对更多困难、迎接更多挑战，而创业精神就体现在战胜困难与挑战的过程中。虽然创业常常以开创新公司的方式出现，但创业精神不一定只存在于新企业中。一些成熟的组织，包括政府、事业单位等机构，只要有比较旺盛的创新活动和风气，就同样具备创业精神。

创业精神类似一种能够持续创新成长的生命力，一般可区分为个体的创业精神及组织的创业精神。个体的创业精神是指在个人意愿引导下从事创新活动，进而创造一个新事业；而组织的创业精神则是在一个组织内部，以群体力量追求共同意愿，从事组织创新活动，进而开创组织的新面貌。

企业家创业精神的外在表现可以从创新精神、冒险精神、务实精神、自主精神、社会责任感等方面来描述。

1. 创新精神

创新精神是创业精神的核心。创新精神之所以成为创业精神的核心，归根结底是由创业活动的开拓性所决定的。由于创业是一种创造性的活动，本身就是对现实的超越，就是一种创新，因此，创业离不开创新，创新是创业的源泉。美国著名管理学大师彼得·德鲁克认为，创业就是要标新立异，打破已有的秩序，按照新的要求重新组织。因为理论、价值及所有人类的思维和双手创造出来的东西都会老化、僵死，我们需要的是一个创新的社会，在这个社会中，创新和创业精神是正常的、稳定的和持续的。正如管理已成为所有现代机构的特有机制，成为组织社会的主体职能一样，创新和创业精神也必须成为维持我们组织、经济和社会的生存所不可或缺的要素。具体到精神领域，创业则意味着要树立将变革视为正常的、有益的现象的精神，树立一种寻找变革、适应变革，并将变革当作开创事业的机会的精神。创业的本质是创新，创新就意味着突破，这样的突破可能是产品创新，如苹果手机；也可能是技术创新，如英特尔的芯片；还可能是商业模式创新，如亚马逊的网络图书销售。如果忽视创业背后所蕴藏的创新精神、社会责任感等创业精神的本质要义，将金钱作为创业的全部，那么这种企业肯定是无法发展壮大的。

2. 冒险精神

冒险精神指个人在不确定的情况下把握机会。创业者是喜欢冒险的人，在任何时候都准备寻找并管理杂乱无章的情境，正因为他们能够避免风险，所以他们常常为接受风险做好准备。任何一项创业活动都不可能自始至终保持一帆风顺，特别是在知识经济时代的今天，创业者必须具有较强的风险意识，对于具备扎实的知识基础但缺乏经营经验的大学生来说，面对机会是否愿意冒险并果断做出决策是决定他们走上创业的关键一步。

2. 业务能力

1) 经营管理能力

经营管理能力是指对人员、资金及企业内部运营的管理能力。它涉及人员的选择、使用、组合和优化，以及资金聚集、核算、分配、使用、流动。经营管理能力是一种较高层次的综合能力，属于运筹性能力，包括团队组建与管理能力、市场定位与开拓能力、企业文化设计与培养能力、应对突发事件能力等。其中团队组建能力十分重要，一个企业需要细致的"内管家"、活跃的"外交家"、战略的"设计师"、执行的"工程师"、发散思维的"开拓者"、内敛倾向的"保守派"；需要技术研发、市场开拓和财务管理等方面的人才，不同的工作岗位需要不同个性的人。创业者既要把不同专长、不同个性的人聚集在一起，又要让他们在一起融洽、愉快地工作，组成优势互补的创业团队，形成协同优势。可以说，经营管理能力是解决企业生存问题的第一要素。

2) 专业技术能力

专业技术能力是创业者掌握和运用专业知识进行专业生产的能力。专业技术能力的形成具有很强的实践性，许多专业知识和专业技巧要在实践中摸索，逐步提高、发展、完善。创业者要重视创业过程中专业技术方面的经验和职业技能的训练，对于书本上介绍过的知识和经验，要在加深理解的基础上予以提高、拓宽；对于书本上没有介绍过的知识和经验，要积极探索，在探索的过程中详细记录、认真分析，进行总结、归纳，上升为理论，形成自己的经验与特色，并积累起来。只有这样，专业技术能力才会不断提高。

3) 交往协调能力

交往协调能力是指妥善处理与公众(政府部门、新闻媒体、客户等)之间的关系，以及协调下属各部门成员之间关系的能力。创业者应该做到妥当地处理与外界的关系，尤其要争取政府部门、工商及税务部门的支持与理解，同时要善于团结一切可以团结的人，团结一切可以团结的力量，做到不失原则、灵活有度，善于巧妙地将原则性和灵活性结合起来。总之，创业者搞好内外团结，处理好人际关系，才能建立一个有利于自己创业的和谐环境，为成功创业打好基础。

交往协调能力在书本上是学不到的，它实际上是一种社会实践能力，需要在实践活动中学习，不断积累总结经验。这种能力的形成基于以下几点。一是要敢于与不熟悉的人和事打交道，敢于冒险和接受挑战，敢于承担责任和压力，对自己的决定和想法要充满信心、充满希望。二是要养成观察与思考的习惯。社会上存在许多复杂的人和事，在复杂的人和事面前要多观察、多思考，观察的过程实质上是调查的过程，是获取信息的过程，是掌握第一手材料的过程，观察得越仔细，掌握的信息就越准确。观察是为思考做准备，观察之后必须进行思考，做到三思而后行。三是处理好各种关系。可以说，社会活动是靠各种关系来维持的，处理好关系要善于应酬。心理学家认为，应酬的最高境界是在毫无强迫的气氛里，把诚意传达给别人，使别人得到感应，并产生共识，自愿接受自己的观点。搞好应酬要做到宽以待人、严于律己，尽量做到既了解对方的立场又让对方了解自己的立场。交往协调能力并不是天生的，也不会在学校里自然而然地形成，而是在走向社会后通过慢慢积累社会经验，逐步学习社会知识形成的。

(1) 筹钱心切。有些创业者常会为一点小钱出让大股份，或是贱卖技术或创意，从而失去主动权。

(2) 随意违约。有些创业者对投资协议稍有不满就肆意毁约，结果上了资本市场的"黑名单"。

(3) 过于执着。即使投资人不能提供增值性服务，有些创业者仍与其捆绑在一起，不懂得及时止损。

(4) 不负责任。有些创业者烧别人的钱圆自己的梦，结果两败俱伤。大学生在创业引资时，一定要选那些真正有实力、能提供增值性服务、创业理念统一的投资者，哪怕这意味着要暂时放弃一些眼前利益。

7. 不重视团队

在风险投资商看来，再出色的创业计划也具有可复制性，而团队的整体实力是难以复制的。因此，他们在投资时往往更看重有合作能力的创业团队，而非那些异想天开的单干者。

8. 盲目创业

盲目创业是大学生创业的通病。在许多大学生看来，创业是一场比尔·盖茨式的"运动"，有了创意就能开公司，开了公司就会财源滚滚。他们对行业缺乏深度审视，对市场缺乏深刻了解。其实，创业需要理智而不是冲动，需要冷静而不是狂热。大学生创业除了要有好的技术，更要有好的心态，千万不能视野狭窄、过于自负，而应虚心接受别人的意见，并敢于直面挫折和失败。

3.4.4 大学生创业的优惠政策

为支持大学生创业，国家和各级政府出台了许多优惠政策，涉及融资、开业、税收、创业培训、创业指导等诸多方面。对打算创业的大学生来说，了解这些政策，才能走好创业的第一步。

1. 注册优惠

大学毕业生在毕业后两年内自主创业，到创业实体所在地的工商部门办理营业执照，注册资金(本)在50万元以下的，允许分期到位，首期到位资金不低于注册资本的10%(出资额不低于3万元)，一年内实缴注册资本追加到50%以上，余款可在三年内分期到位。

2. 税收优惠

大学毕业生新办咨询业、信息业、技术服务业的企业或经营单位，经税务部门批准，免征企业所得税两年；新办从事交通运输、邮电通信的企业或经营单位，经税务部门批准，第一年免征企业所得税，第二年减半征收企业所得税；新办从事公用事业、商业、物资业、对外贸易业、旅游业、物流业、仓储业、居民服务业、饮食业、教育文化事业、卫生事业的企业或经营单位，经税务部门批准，免征企业所得税一年。

3. 贷款优惠

我国有商业银行、股份制银行、城市商业银行和农村商业银行为自主创业的毕业生提供小额贷款，并简化程序，提供开户和结算便利，贷款额度在两万元左右。贷款期限最长为两年，到期确定需延长的，可申请延期一次。贷款利息按照中国人民银行公布的贷款利率确定，担保最高限额为担保基金的5倍，期限与贷款期限相同。

4. 人事政策优惠

政府人事行政部门所属的人才中介服务机构，免费为自主创业毕业生保管人事档案(包括代办社保、职称、档案工资等有关手续)两年，提供免费查询人才、劳动力供求信息，免费发布招聘广告等服务，适当减免参加人才集市或人才劳务交流活动收费。

【复习与思考】

1. 谈谈创业革命对美国经济、社会、科技保持国际领先地位所起的作用。
2. 根据自己的经历，谈谈创业创新如何改变了我们生活的这个世界。
3. 创业对个人有哪些意义和影响？
4. 为什么说创业教育是学习者的"第三本护照"？
5. 谈谈大学生就业难的原因及自主创业的必要性。
6. 为什么说社会经济、科技的发展对创业精神提出了更高要求？
7. 请分析一下我国当前的创业环境，并说明有哪些有利于及不利于创业的因素？
8. 你的创业意愿和动机如何？妨碍你创业的最大阻碍在哪里？
9. 简述创业的概念、要素及创业精神的本质，你认为创业精神可以培养吗？
10. 成功创业者有哪些共同的心理与行为特征？你认为最重要的特征是哪些？自己缺乏哪些特征？
11. 简述创业的类型，如果你自己创业，你会选择哪种类型？
12. 简述创业的大致过程及影响创业成功的重要因素。
13. 要想提高创业成功概率，创业者需要做什么准备？

案例讨论

飞翼航空——无人直升机飞控设备的领跑者

——第六届中国国际"互联网+"创新创业大赛国赛金奖项目

我是一个"热爱"型的创业者，大二开始创业，有六年创赛和八年创业的经历。在飞翼航空由最初的经销商向科技创新的制造商转变的过程中，企业价值观的转变导致团队成员发生了巨大的变化，大部分成员离开了团队，而我凭着对航空科技的热爱、坚定的意志力坚持着那份执着，最终成功将企业发展成为技术创新的科技型企业。那时我深感一个企业的使命和发展，本质上就是企业家个人意志力和使命的延展。

——骆鹏

4.1 创业机会的识别

4.1.1 创业的核心是创业机会

1. 创业机会的界定

创业机会就是一个可以在市场环境中行得通的创意。这个创意要提供的产品或服务不但能给某些人带来实际的好处和用处,而且他们付的价钱可以使你得到利润。没人要的东西肯定不是创业机会,有人要不给钱或给的钱不能令你有利润也不是创业机会。

当下,"大众创新、万众创业"是政府提出的推动经济发展的重要驱动力手段,中国将开启一个创业的新时代,互联网、物联网、大数据和云计算等引领的技术变革正在衍生出数以万计的创业机会。

创业的根本目的是满足顾客需求。顾客的需求没有获得满足就是问题,问题在哪里,机会就在哪里。寻找创业机会的一个重要途径是善于去发现和体会自己和他人在需求方面的问题或生活中的难处。例如,阿里巴巴公司发现现有的银行信用卡支付十分不便,这种不便隐含着商业机会,阿里巴巴公司看到了这个机会,因此创办了支付宝。由于支付宝相较传统的银行支付有很多优点,于是阿里巴巴就把原来的问题转化为创业机会,成为成功的经典案例。一般来说,创业机会是指创业者可以利用的商业与社会发展机会。

苹果手机、优步打车软件、余额宝等事物的出现不仅使创业者发现了市场空缺或竞争环境下的消费者需求的商机,也使乔布斯等创业者们创造出一系列连消费者自身都没有意识到的他们所需要的提供某种功能或服务的产品。创业机会存在于外生的客观环境中,等待有特质、有创业警觉性或者认知差异的个体去发掘,这是创业机会的主流。

通常,新企业产生的过程为:商业创意→商业机会→新创企业。在这个过程中,商业创意是发掘商业机会的前提。

2. 从创意到创业的过程

所谓商业创意,是指商业行为中的创新主意,也就是应用于商业中的一些点子。大多数情况下,市场机会来自某一商业创意。

在创业实践中,创业者往往有很多创意和新想法,但每个创意与新想法并不一定会产生具体的创业项目。也就是说,全世界每天都有成千上万的创意产生,但最终变成事业的却屈指可数,其中的许多创意都夭折在了"最初一英里"阶段。美国畅销书作家斯科特·安索尼曾经在2015年专门写过一本书,名字就叫《最初一英里》。该书告诉创业者和创业团队如何把创意变为赚钱的商业模式,如何进行创意管理让过程成本更低、效率更高。当下一些人往往认为商业机会就是创业机会,实际并不尽然,创业机会仅仅是适用于创业的商业机会。创意是实现某种目的的可行的突破口、切入点、环境、条件等;商业机会则是实现某种商业盈利目的的可行的突破口、切入点、环境、条件等。商业机会分为两类:一类昙花一现,这是一般性商机;另一类会持续一段时间,且不需要较多初始投入,这才是适于创业的商业机会,即创业机会。创业机会有三个重要特点:一是可持续一段时间；二是市场会成长；三是创业者有条件利用。毫无疑问，成功创业是建立在对机会的发现、构建与把握的基础之上的。从创业实践来看，创业者的很多创意不会都产生创业或商业机会，并最终促成一项事业或生意的成功。机会的产生往往与很多创意、新想法有关，它们之间不是一对一的对应关系。创业机会与商业或事业的成功也不是一对一的对应关系，机会有很多，只要把握住其中之一，就能促成某项商业或事业的成功，如图4-1所示。

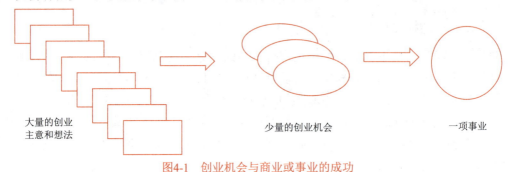

图4-1　创业机会与商业或事业的成功

3. 商业创意的产生

商业创意无外乎三类：一是新市场，即用原来的产品或服务满足新的市场需求；二是新技术，即创造人们需要的新产品、新服务；三是新利益，即使产品、服务质量更好，功能更多，成本、价格更低。很多人认为创意是瞬间产生的，然而通过系统分析研究也可以获得商业创意。

(1) 通过分析特殊事件，寻找商业创意。例如，美国一家炼钢厂因为资金不足，不得不购买迷你型钢炉，而后竟然发现后者的获利率要高于前者。后来经过分析发现，钢品市场结构已发生变化，因此该厂将投资重点放在迷你型炼钢技术上。

(2) 通过分析矛盾，寻求商业创意。例如，金融机构提供的服务与产品大多针对专业投资大户，但占市场很大比例的一般投资者却没有受到应有的重视。这样的矛盾表明，为一般大众投资提供服务的市场是极具潜力的。

(3) 通过分析作业程序，寻求商业创意。例如，分析很多行业的生产作业流程可以挖掘软件开发和信息服务。

(4) 通过分析产业与市场结构变迁的趋势，寻求商业创意。例如，在国有体制改革和公共事业产业开发的调整中，可以在能源、电信、交通产业中挖掘更多的商业构思。

(5) 通过分析人口统计资料的变化趋势，寻求商业创意。例如，人口的老龄化、教育程度的变化、社会竞争为业余充电学习等提供了很多机会。

(6) 通过分析价值观念和认识的改变，寻求商业创意。例如，人们对于饮食需求认识的改变，造成健康食品市场的兴起。

(7) 通过新知识的产生，寻找创意。例如，人类基因图谱的破译预计会给生物与医疗服务领域带来商机。

(8) 通过复制外地市场，寻找创意。商业创意也可以来自生活中的观察和体验，如个人生活经历和工作经历、个人爱好、偶然发现、通过媒体获得的相关信息(报纸、电视、书籍、资料等)、交流、接受培训或教育等。

企业创意来自个人的先前工作经验。

(2) 孵化阶段。这是个人仔细考虑创意或思考问题的阶段，也是对事情进行深思熟虑的时期。孵化有时是有意识的行为，有时是无意识行为并出现在人们从事其他活动的时候。

(3) 洞察阶段。此时，问题的解决办法被发现或创意得以产生。这个阶段有时被称为"灵感"体验阶段，是创业者识别出机会的阶段。在这个阶段，个人经验有时会推动过程向前发展，有时又促使个人返回到准备阶段。例如，创业者可能意识到机会的潜力，但认为在追求机会之前需要更多的知识和考虑。

(4) 评价阶段。这是创业机会识别过程中仔细审查创意并分析其可行性的阶段。许多创业者错误地跳过这个阶段，他们在确定创意可行之前就去设法实现它。评价是创业机会识别过程中特别具有挑战性的阶段，因为它要求创业者对创意的可行性采取一种公正的看法。

(5) 阐述阶段。这是创造性创意变为最终形式的过程，详细情节已构思出来，并且创意已变为有价值的东西，如新产品、新服务或新商业概念，甚至已经形成能够实现价值的商业模式。

3. 创业机会识别的方法

常用的创业机会识别的方法有以下五种，其中，有的来自启发或者经验，另一些则很复杂，需要市场研究专家等外部力量的支持。

1) "新眼光"调查

当阅读某人出版的作品时，实际上就是在进行调查。利用互联网搜索数据，寻找包含所需要信息的报纸文章等都是调查的形式。大量获取信息对发现问题及更加快速地解决问题有帮助。在调查中要学会问问题，同时，通过不断地获取信息培养自己的直觉，"新眼光"也将不断发展，提供很多看问题的新方法。

创业聚焦

创业者要不要找"风口"

我觉得"风口论"是充满了投机思维的方向，所以我很不认可去探讨这个东西。因为大家都想找捷径，如果我们每个人都采用这种思维方式的话其实挺危险的，整个社会不应该鼓励大家去找这种捷径。我从2000年回国到现在，这15年来时时都处在"风口"中，吹得我难受。面临各种各样的机会，让我焦虑的是什么能够不做，而不是还有哪些可以做。我只有回答什么不做，我才能够真正聚焦，把真正适合我的东西做好。如果你的心态是哪儿有"风口"就到哪儿待着去，到那儿待的人实在太多了，你什么都不干一会儿就被人挤跑了。

(资料来源：节选自百度创始人李彦宏在2015年3月中国IT领袖峰会上的发言)

2) 系统分析

实际上，多数机会都可以通过系统分析得以发现。人们可以从企业的宏观环境(政治、法律、技术、人口等)和微观环境(顾客、竞争对手、供应商等)的变化中发现机会。借助市场调研，从环境变化中发现机会，是机会发现的一般规律。

(2) 技术制造。此类制造属于拥有自主创新的技术，或者拥有某种技术优势，能够制造出大多数人无法制造的产品或服务。北京科技优势明显，此类技术制造企业较为多见。

(3) 改良制造。此类制造需要创造性思维，需要善于捕捉现有产品不足的能力，并通过自己的努力改良原有产品。此类制造一般必须具备能够降低成本或提高利润的能力。

需要注意的是，制造类项目由于需要专业生产工具，产出品也以硬件为主，因此一旦进入该领域，则受整个产业环境的影响较大，受产业技术进步的影响也较大，业务调整的灵活度较小。

3. 技术创新类项目

技术创新类项目涉及范围相当广，品种繁多。按国家有关标准划分，主要有以下四大类。

(1) 技术开发类项目。如果选该类项目，就要突出关键技术或者系统集成的创新性。此类项目对行业技术进步和产业结构有优化升级的作用。对于自主创业者来说，可以选择的项目较多。

(2) 社会公益类项目。如果选该类项目，就要突出关键技术有推广的应用价值、社会效益，以及对科技发展和社会进步的推动意义。例如，标准、计量、科技信息、科技档案等科学技术基础性工作；环境保护、医疗卫生、自然资源调查和合理利用、自然灾害监测预报和防治等社会公益性科学技术项目。对于自主创业者来说，也有一定的选择空间。

(3) 国家安全类项目。如果选择该类项目，就要突出关键技术或者包括在军队建设、国防科研、国家安全及相关活动中产生的，并对推进国防现代化建设、增强国防实力和保障国家安全具有重要意义的科学技术成果。

(4) 重大工程类项目。如果选择该类项目，就要突出团结协作、联合攻关，关键技术或者系统集成的创新，包括有良好的经济效益或者社会效益，以及对推动本领域科技发展，对经济建设、社会发展和国家安全有战略意义的项目。具体来说，此类项目是指列入国民经济和社会发展计划的重大综合性基本建设工程、科学技术工程和国防工程等。其中，综合性是指需要跨学科、跨专业进行协作研究、联合开发，并对经济建设、社会发展具有战略意义，对国家科技实力、国防实力的整体提高产生重要影响。

在项目选择的过程中，除一般的服务行业外，选择项目最好接近或考虑行业与技术及其服务的前瞻发展趋势。

4.3.2 创业项目的选择方式

1. 从熟悉的领域中选择项目

作为一名创业者，你可能是白手起家，也可能有在其他企业工作的经验，你可以通过分析原来公司运作的情况，找出它的强项与弱项，发现新的业务机会，创造新的业务方向甚至是新的企业。对于熟悉的领域，你总能够发现一些项目。

1) 项目寻找步骤

(1) 找出目前利用率不足的人力、实物或其他运营设备等存量资产。这些资产可以是土地、设备、设施、专利、产品、系统、现金、信贷、许可证、知识、技能、经验、联系人、声誉、市场地位、分销地点的手段、商标等。

(2) 找出熟悉领域中的强项与弱项。
(3) 利用外部咨询顾问检视强项与弱项。
(4) 学习并改进运作方式，减少弱项或将弱项转化为强项。

2) 要思考的问题

(1) 哪一种实力可以作为扩张的基础？如何做到？
(2) 什么弱项可以改进或转化为强项？如何做到？
(3) 考虑了目前实力和弱项之后，可以确认什么新的生意机会？

2. 通过重新确认生意所属的范围来选择项目

当划分生产经营的门类属性时，有时会发现并没有去确认运营中全部潜在的范围。例如，出版社应归属信息生意，肥皂应归属清洗生意，卡车应归属运输生意。在对生产经营进行清楚而全面的定义后，可能会发现额外的商机。

1) 项目寻找步骤

(1) 询问自己正在运营什么类型的生意。
(2) 看看所提供的服务和产品，确认它们适合哪种类别。
(3) 根据检验确认出的总体类别，思考在该总体类别中还没有提供的其他产品或服务，并考虑是否可以扩充生意提供这些附加项。
(4) 与潜在客户交谈，看他们对额外产品或服务是否有需求。

2) 要思考的问题

(1) 目前运营的生意应该归于哪一个总体类别？
(2) 该总体分类里面还有哪些产品或服务？能够扩充生意提供其他额外的项目吗？
(3) 这些额外的产品或服务有市场吗？
(4) 潜在客户将会购买所提供的什么产品和服务？

3. 利用市场的转换选择项目

当客户群体在长期的意义上从一类产品转移到另一类产品上时，将能够带来新的市场机会。也就是说，市场转换将创造对新产品和新服务的需求。

1) 项目寻找步骤

通过以下方法，可以发现客户购买习惯的重大变化。
(1) 阅读市场研究报告及贸易机构的研究预测。
(2) 注意可能引起长期变化的当前市场衰退。
(3) 注意开始流行的新产品。
(4) 分析自己购买习惯的变化，特别是当你停止购买一种过时的产品而开始购买另一种具有完全不同特征的替代品时。

通过以下方法，可以发现伴随市场转换而产生的产品。
(1) 分析新产品的优点，看看这些优点是否有可能将一些传统产品驱逐出市场。
(2) 留意可能引起产业革命的新概念，关注相关的新技术或新产品。

(3) 考察主流产品或服务，也许这些产品或服务需要进行变化以满足客户需求，但目前还没有提供。

(4) 当市场转换的主流产品已经存在，则可以检视可以与该主流产品配套的相关产品或服务。

(5) 确认自己准备提供的产品与服务确实有需求。

2) 要思考的问题

(1) 能想出最近已经发生的某种市场转换吗？
(2) 能想出可能发生的某种市场转换吗？
(3) 如何利用这些消费者购买习惯的转换？
(4) 能通过提供主流产品或服务引发一场市场转换吗？
(5) 能为新的主流产品提供配套产品或服务吗？
(6) 头脑中正在勾画的产品或服务是否确实有消费者需求？

4. 借助产业增长趋势选择项目

当越来越多的人对某产业或活动感兴趣时，就会出现增长趋势。创业者可以利用这种增长趋势，提供与增长产业或活动相关的产品或服务。

1) 项目寻找步骤

(1) 确认增长趋势。阅读书籍和杂志中关于社会和经济趋势的内容；与经济专家和市场分析专家交谈，参加他们的讲座；让图书管理员或销售员说出目前最热门的书籍；观察其他区域或国家的增长趋势；询问经常旅行的人，让他们谈谈对其他地区增长趋势的印象，而这些趋势有可能影响本地区。

(2) 列出增长趋势表并选择你最感兴趣的项目。考虑你的知识、经验、能力如何能帮助你去满足新市场趋势的需要。

(3) 选择特定的增长趋势进行深入研究。找出原因、主要因素、对社会的影响及未来的可能性。

(4) 观察能够吸引人并符合趋势的产品和服务。

(5) 与潜在消费者交谈，探究他们是否准备购买你想提供的产品或服务。

2) 要思考的问题

(1) 能确认哪些项目有增长趋势吗？
(2) 能为这些增长趋势提供什么产品或服务？
(3) 将来什么行为、活动或产业可能增长？
(4) 谁会需要你正在考虑并准备提供的产品或服务？

5. 利用市场间隙来选择项目

当所需要的产品或服务无法获得，或消费者的需求大于目前的供应时，就会出现市场间隙或不足。这对于那些提供这些产品或服务的进入者来说，就意味着存在生意机会。

1) 项目寻找步骤

(1) 找到有需求却没有供应(或短缺)的产品或服务。
(2) 询问分销商、代理商、零售商，看他们获得什么东西有困难。

团队不仅为农户带来看得见的利益，也为水土改良、乡村振兴开创了一条科技新路，人民日报、光明日报、学习强国等各大平台对项目集中报道100余次，对项目科学价值予以肯定。央视更是三度报道，认为项目可以帮助"全国4.5亿亩盐碱地变成致富田"。

4. 创赛创业过程

创赛对于秦康翔来说不仅仅是为了获奖那么简单，创赛为他提供了转向创业的平台，在创赛过程中他学会了冷静面对挫折，专家的指导及不同创赛团队之间的交流都为团队后面的创业打下了夯实基础。如果说创赛是创业的起点，那么这条创业之路也注定是铺满荆棘之花。

(资料来源：根据网络资料整理)

【思考与讨论】

1. 秦康翔和团队是如何发现创业机会的？说说创业机会的主要来源和识别方法有哪些？
2. 结合案例，分析创意、创新到创业需要经历哪些过程？
3. 结合秦康翔的创新创业经历，谈谈应该如何评价与选择创业项目？

课后习题

一、单选题

1. 萨尔曼创业模型的构成四要素包括(　　)。
   A. 创业者、创业环境
   B. 人、创业资源、环境、机会
   C. 创业机会、创业者、资源
   D. 人和资源、环境、机会、交易行为

2. PEST分析法主要用于对(　　)的分析。
   A. 宏观环境　　B. 中观环境　　C. 社区环境　　D. 企业环境

3. 创业者可以从市场和(　　)中发现和寻找创业项目。
   A. 资源　　　　B. 人脉　　　　C. 产品　　　　D. 技术创新

4. 市场细分的依据包括(　　)。
   A. 地理细分、人口细分、心理细分、年龄细分
   B. 地理细分、人口细分、年龄细分、行为细分
   C. 地理细分、心理细分、年龄细分、行为细分
   D. 地理细分、人口细分、心理细分、行为细分

5. 选择目标市场的一般策略包括(　　)。
   A. 无差别性市场策略
   B. 差别性市场策略
   C. 集中市场策略
   D. 以上都是

6. 市场是由顾客形成的，它包含的要素有(　　)。
   A. 人、需求、购买力
   B. 顾客、价值、购买力
   C. 客户、需求、价值
   D. 需求、价值、购买力

7. 服务业的主要定价方式有(　　)。
   A. 基于时间的定价
   B. 早期折扣

C. 早期销售限制　　　　　　　　D. 以上都是

8. 免费服务模式包括(　　)。
　　A. 全部免费、部分免费　　　　　B. 试用免费、部分免费
　　C. 一直免费、试用免费　　　　　D. 试用免费、永久免费

9. 下列选项中, (　　)不是市场细分的程序。
　　A. 调查阶段　　B. 分析阶段　　C. 细分阶段　　D. 总结阶段

10. 下列选项中, (　　)不是市场细分的作用。
　　A. 有利于选择目标市场和制定市场营销策略
　　B. 有利于发掘市场机会、开拓新市场
　　C. 有利于企业扩大市场规模
　　D. 有利于集中人力、物力投入目标市场

11. 选择目标市场的一般策略包括(　　)。
　　A. 无差别性市场策略　　　　　　B. 差别性市场策略
　　C. 集中市场策略　　　　　　　　D. 以上都是

12. 新的顾客开发模型包括的阶段有(　　)。
　　A. 顾客探索、顾客验证、顾客生成、企业建设
　　B. 顾客探索、顾客验证、企业建设
　　C. 顾客探索、顾客生成、企业建设
　　D. 顾客探索、企业建设

13. 下列选项中, (　　)不是创业企业定价行为的关键维度。
　　A. 基于成本定价, 还是基于市场定价
　　B. 趋向于风险厌恶, 还是趋向于风险偏好
　　C. 采取主动方式, 还是采取被动方式
　　D. 基于企业收益, 还是顾客价值

14. 下列选项中, (　　)不是创业营销方法。
　　A. 口碑营销　　　　　　　　　　B. 博客营销
　　C. 免费的增值模式　　　　　　　D. 直销模式

二、多选题

1. SWOT分析法中的优势具体包括(　　)。
　　A. 有利的竞争态势　　　　　　　B. 充足的财政来源
　　C. 良好的企业形象　　　　　　　D. 技术力量、规模经济等

2. 改进现有产品或服务的途径有很多, 包括(　　)。
　　A. 加强质量　　B. 降低生产成本　　C. 降低价格　　D. 改进耐用性

3. 萨尔曼创业模型认为, 创业过程是(　　)要素相互协调和相互促进的过程。
　　A. 人资源　　B. 机会　　C. 交易行为　　D. 环境

4. 政治环境主要包括(　　)。

A. 政党制度 B. 政治性团体
C. 党和国家的方针政策 D. 社会政治气氛

5. SWOT分析包含对企业（　　）方面内容的分析。
A. 优势 B. 劣势 C. 机会 D. 威胁

6. 灵活性定价是根据（　　）为产品制定不同的价格。
A. 不同的市场 B. 顾客、购买的时间和地点
C. 产品或服务捆绑销售的机遇 D. 竞争者行为等因素

7. 预测销售的技巧包括（　　）。
A. 列出企业将要销售的所有服务项目或产品范围
B. 估计每个月希望实现的服务或产品的销售额
C. 刚开办的企业要想超过对手的销售额是不可能的
D. 预测销售额要客观实际，切忌过高预测，要留有余地

8. PEST是一种宏观环境分析模型，是对影响企业的主要外部（　　）环境因素进行分析的方法。
A. 政治 B. 经济 C. 社会 D. 技术

9. 市场细分的程序包括（　　）。
A. 调查阶段 B. 分析阶段 C. 细分阶段 D. 总结阶段

10. 市场是由顾客形成的，它包含（　　）。
A. 人 B. 需求 C. 购买力 D. 资金

11. 宏观环境主要包括（　　）。
A. 政治法律环境 B. 经济环境
C. 技术环境 D. 社会人口环境、生态环境

12. 创业者在日常生活中需要有意识地加强实践，培养和提高实践能力，主要包括（　　）。
A. 要培养市场调研的习惯 B. 要多看、多听、多想，要见多识广
C. 要有独特的思维 D. 要用积极的心态去发现创业机会

13. 创业项目通常有（　　）等类型。
A. 资源类项目 B. 制造类项目
C. 技术创新类项目 D. 服务类项目

14. 在使用SWOT分析方法时，需要经过（　　）步骤。
A. 分析环境因素 B. 构造SWOT矩阵
C. 制订行动计划 D. 总结规律

15. 构成经济环境的主要因素有（　　）。
A. 经济生命周期 B. 国内生产总值
C. 居民可支配收入 D. 顾客收入

三、判断题

1. 创业者在考虑创建某个项目时，需要尽量避免投资那些快要没落和淘汰的"夕阳"行业。　　　　　　　　　　　　　　　　　　　　　　　　　　　　（　　）

效应降低成本和价格,以大批量的销售获得利润。随着信息技术的发展,物流和供应链技术与管理水平的大幅提升,现在为利基市场即长尾市场提供种类多而数量少的产品,也能够取得与追求规模化销售、为大众市场服务的企业同样的盈利水平,甚至更高。一大批经营或涉足经营利基产品的网络企业迅猛发展起来,乐高玩具、亚马逊、孔夫子旧书网、淘宝、百度、当当网、唯品会等都是其中的佼佼者。克里斯·安德森(Chris Anderson)针对这种现象提出了长尾理论。安德森认为,虽然长尾市场是以一种网络现象凸显出来的,但其起源要早于亚马逊和易趣这样的网络企业,甚至比网络还要早。"长尾"是一系列商业创新的巅峰,可以追溯到一个多世纪以前,网络只是使酝酿了几十年的供应链革命的诸多要素简单结合在了一起。长尾市场作为一种新的市场形态,与传统大众市场相比,它能够满足被大众市场忽视或放弃的、认为没有盈利的客户需求。根据长尾理论,即使全世界只有一个消费者的产品,也能实现交易并获利。长尾市场的出现代表着企业通过少数几种产品卖遍天下的时代正在结束,一个小众、个性化消费的时代正在来临。长尾市场不仅仅是互联网企业的专利,它几乎无处不在,从音乐、电影、电子图书、报纸等可数字化的媒体产品,到食品、卫生清洁用品等实体产品都存在长尾市场,这样的案例不计其数。例如,激增的微酿啤酒等酒类长尾,个性化定制的T恤等服饰类时尚长尾,网络大学出现的教育长尾,网络书店出现的图书长尾等。在中国,存在于各地的利基市场、定制企业、小众市场、独特体验等,都非常适合长尾理论。长尾市场会为互联网时代的企业家、创业者带来无限的创业机会。

安德森认为,长尾经济有以下6个特点。

(1) 在任何市场中,利基产品都远远多于热门产品,而且由于技术的发展,利基产品的比重以指数级的速度增长。

(2) 由于技术的进步,获得利基产品的成本正在显著下降,且利基市场有能力供应空前丰富的产品。

(3) 随着需求搜索和自动推荐等技术和工具的发展,个性化的利基产品很容易被找到。

(4) 需求曲线日益扁平化,即热门大批量产品的流行度会下降,越来越多的利基产品会流行。

(5) 虽然利基产品单个销量有限,但大量各种类型的利基产品聚合起来,会形成一个与大众产品市场相抗衡的大市场。

(6) 基于上述五点,需求将不受供给瓶颈、信息匮乏和空间有限性的限制。

长尾式商业模式是基于强大的平台和低成本的物流和供应链,向注重个性化消费的市场提供种类繁多而数量很少的产品和服务而形成的一种新型商业模式。

案例5-3

唯品会的长尾式商业模式

传统时尚零售行业由于长期存在信息不对称的状况,导致了巨大的商品溢价空间,也提高了消费者的消费成本,同时形成了过季产品的大量积压,这是传统时尚零售业面临的

内 容 简 介

本书面向在校大学生和对创新创业感兴趣的人士,以培养创新思维和创业能力为目标,构建了"创新思维训练+创业知识解析+创业案例分享"的知识体系。本书介绍了创新的基本概念和基本方法;解析了创业的要素,创业者的素质和能力的培养,创业环境分析与项目寻找,商业模式设计,创业团队组建,创业计划书写作,创业企业融资,创业企业注册,精益创业等内容。

本书充分考虑了大学生创新创业的特点,关注机会导向,重视创新与发展,注重理论知识系统科学,注重理论与实践紧密结合,还辅以案例分析和习题,有助于大学生创新素质和创业技能的培养,具有实用性。期望本书能激发大学生对创新创业的激情,珍惜这个时代给予的机会,努力、积极地投入创新创业,成功开创一份属于自己的事业。

本书提供配套电子课件和习题答案,以及网上慕课资源和配套的线上线下混合教学方案与课件,下载网址是http://www.TUPWK.COM.CN/downpage,也可以扫描前言中的二维码下载。

本书封面贴有清华大学出版社防伪标签,无标签者不得销售。
版权所有,侵权必究。举报:010-62782989,beiqinquan@tup.tsinghua.edu.cn。

图书在版编目(CIP)数据

创新创业学 / 兰小毅,苏兵,钱晨主编. —2版. —北京:清华大学出版社,2023.1(2024.7重印)
高等院校公共基础课系列教材
ISBN 978-7-302-62620-6

Ⅰ. ①创… Ⅱ. ①兰… ②苏… ③钱… Ⅲ. ①大学生—创业—高等学校—教材 Ⅳ. ①G647.38

中国国家版本图书馆 CIP 数据核字(2023) 第 005035 号

责任编辑:胡辰浩
封面设计:周晓亮
版式设计:孔祥峰
责任校对:成凤进
责任印制:曹婉颖

出版发行:清华大学出版社
网　　址:https://www.tup.com.cn,https://www.wqxuetang.com
地　　址:北京清华大学学研大厦 A 座　　邮　编:100084
社 总 机:010-83470000　　邮　购:010-62786544
投稿与读者服务:010-62776969,c-service@tup.tsinghua.edu.cn
质 量 反 馈:010-62772015,zhiliang@tup.tsinghua.edu.cn

印 装 者:三河市人民印务有限公司
经　　销:全国新华书店
开　　本:185mm×260mm　　印　张:16.5　　字　数:391 千字
版　　次:2019 年 7 月第 1 版　　2023 年 2 月第 2 版　　印　次:2024 年 7 月第 3 次印刷
定　　价:76.00 元

产品编号:095195-01

前言

在当今大众创业、万众创新的时代，开展创新创业教育已成为世界教育发展和改革的新趋势。创新创业教育有助于培养受教育者的创业意识，帮助受教育者转变就业观念；有助于创业企业顺利产生，提高创业企业的风险防范意识；有助于提高创业者的管理水平，从而提高创业企业的经济效益，保证创业企业的生存和健康成长。大学生是创新创业时代的主力军，对创新创业教育有迫切需求。

本书是一本针对大学生进行创新创业基本理论及实践通识教育的教材。作者充分考虑了大学生创新创业的特点，关注创新思维、创业技能与方法，重视创新和发展，结合当前中国大学生创新素质、创业能力培养的需要，强调概念、理论、实践的科学化和系统化；同时，关注中国大学生的专业特征、创新创业愿望、创新创业方法与活动过程等，探讨和总结了创新创业活动的一般规律和关键问题。

本书以创新创业为主线，内容包括创新概述，创新思维与方法，创业、创业精神与创业者，创业机会的识别、评价与选择，商业模式设计，创业团队的组建、管理与股权分配、编制创业计划书，创业融资，创业企业的设立与注册，精益创业等。

本书的特色主要体现在三方面：①知识结构系统化，本书结合当前中国大学生创新素质、创业能力培养的需要，充分考虑大学生创新创业的特点，关注创新思维、创业技能与方法，重视创新和发展，知识新颖、内容丰富，结构科学、系统；②注重理论与实践相结合，本书重点关注中国大学生的创新创业特征、创新创业愿望、创新创业活动过程等，探讨和总结了创新创业活动的一般规律和关键问题，并配有大量的案例，案例简明易懂，通过案例和习题增强学生的学习能力，开拓学生的视野；③注重线上、线下教育相结合，本书配套的"创新创业学"慕课在中国大学MOOC和智慧树在线教育两个平台上线，均已开课多个学期，使用本书和线上慕课可以很好地实现线上线下混合式教学。

本书对目前严峻就业形势下的大学生自主创新创业具有重要的理论和实践指导意义，也可对社会和经济活动中想创业的人员提供决策支持。本书既可用作高等院校的创新创业课程教材，也可作为创新创业教育的培训用书或参考书，同时也适合各类创业者和有志于创业的人士阅读。

本书由兰小毅、苏兵、钱晨任主编，吕美、徐阳、王育晓任副主编。全书共10章，其中，王育晓编写第1、2章，苏兵编写第3、4章，兰小毅编写第5、10章，徐阳编写第6、7章，吕美编写第8、9章，钱晨收集、编写互联网+创新创业大赛案例。

1.2 技术创新过程及模型

1.2.1 技术创新过程的含义

各国学者对创新是一个过程已经达成共识,但对这个过程的本质认识却众说纷纭。例如,创新过程是一个将组织、技能、物质转化为顾客满意产品的过程;创新过程是知识的产生、创造和应用的过程;创新过程是追加价值实现和竞争优势获得的过程;创新过程是一个信息交流、加工的过程;创新过程是关键资源的成长过程……无论对创新过程有怎样的认识,具体的创新总是包括构思产生、研究与开发、工程、制造、营销等活动到市场引入等各个方面及其推进过程。对创新过程进行管理的关键点是精心设计及控制创新活动,从而最大限度地减少失败的可能性,同时在失败的过程中不断吸取教训,以避免在将来的发展过程中犯同样类型的错误。

一般来讲,企业的技术创新过程涉及创新构思产生、研究与开发、技术管理与组织、工程设计与制造、用户参与及市场营销等一系列活动。在创新过程中,这些活动相互联系、相互连接,有时又形成循环交叉或并行的操作。这些活动以不同的方式联系起来,就形成了不同的企业技术创新过程模型。

1.2.2 常见的技术创新过程模型

1. 技术推动的创新过程模型

技术推动的创新过程模型起源于熊彼特的创新理论,他认为技术创新是由技术成果引发的一种线性过程,起始于基础研究,终止于市场销售,市场是研究与开发成果的被动接受者,如图1-1所示。无线电报的创新过程是典型的由技术推动的创新过程:法拉第的观察(1846)→麦克斯韦尔的电磁波理论(1864)→赫兹的电磁波实验检测(1886)→古格力莫、马可尼的第一个专利与现场试验(1896)→商业引入(1907)→创新采用不断增加(1910—1912)→众多人物将该技术扩散到无线电行业、雷达和电视行业等(1912年以后)。

图1-1 技术推动的创新过程模型

技术预测是把握技术推动产生创新的重要工具,例如,根据技术预测得知,当存储器的容量增加时,计算机存储器的成本每比特几乎接近于零。这对于开发计算机软件和制造芯片的公司来说预示着重大的机会。新的容量和成本带来了新的软件创意,使软件程序在购买计算机的预算中所占比例更大了。根据这一情况,可以看出操作系统和应用软件将来都会有很大的不同。

技术推动的创新过程模型强调了科学技术对创新的推动作用,从而产生了高技术产业成长观点,如库恩范式的科学知识增长观和高技术产业成长过程。

2. 需求拉动(市场牵引)的创新过程模型

20世纪60年代后期,各领域的重要创新活动有60%~80%是由市场需求和生产需求拉动的。前一种创新需求的目的是创造更多的细分市场,直接抢占市场份额;后一种创新需求的目的是减少相对昂贵的物资消耗和支出,以降低生产成本,提高竞争力。在需求拉动的创新过程模型中(见图1-2),市场或生产的需求为技术创新创造了机会,刺激了研究与开发为之寻找可行的技术方案。

图1-2 需求拉动(市场牵引)的创新过程模型

3. 技术与市场需求交互作用的技术创新过程模型

20世纪七八十年代提出的第二代技术创新过程模型集中了上述两种模型的合理因素,认为技术创新是技术与市场需求交互作用共同形成的。技术推动与需求拉动在产品生命周期中起着不同的作用,单纯的技术推动和需求拉动只是技术与市场需求交互作用的技术创新过程模型的特例。技术与市场需求交互作用的技术创新过程模型(见图1-3)加强了技术推动和需求拉动模型中营销与技术的联结,意味着创新管理是将市场需求与新技术能力相匹配,营销和研究与开发之间的反馈是实质性的环节。

技术与市场需求交互作用的技术创新过程模型强调创新活动由需求和技术共同决定,需求决定创新的报酬,技术决定创新成功的可能性及成本。

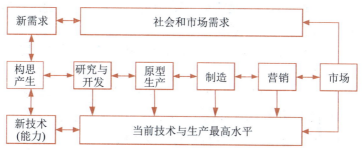

图1-3 技术与市场需求交互作用的技术创新过程模型

4. 一体化的技术创新过程模型

20世纪80年代后期出现的一体化的技术创新过程模型(见图1-4)将创新看作同时涉及创新构思的产生、研究与开发、设计、制造和营销的并行过程,其主要特点是并行性和同步活动期间高水平的职能综合。

一体化的技术创新过程模型强调了技术创新相关职能部门与供应商、用户间的沟通和合作。

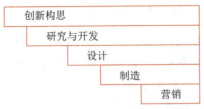

图1-4 一体化的技术创新过程模型

5. 系统集成网络模型

最新出现的第五代创新过程模型又称系统集成网络模型，是一体化的技术创新过程模型的理想化发展，同时又增加了一些新的特征，如合作企业之间更密切的战略联结。

系统集成网络模型最为显著的特征是它代表了创新的电子化和信息化过程，更多地使用了专家系统来辅助开发工作，仿真模型技术部分代替了实物原型。它将供货商和用户之间的计算机辅助设计系统作为新产品合作开发过程的一部分，强调密切的电子化产品设计制造联系，不仅将创新看成交叉职能联结的过程，还把它看作多机构网络工作的过程。

1.2.3 五代技术创新过程模型的特征

归纳上述分析，我们可以将五代技术创新过程模型的特征描述如下。

(1) 技术推动的创新过程模型是简单的线性序列过程，强调研究与开发，市场是研究与开发成果的被动接受者。

(2) 需求拉动的创新过程模型也是简单的线性序列过程，强调营销，市场是指导研究与开发行动的构思来源，研究与开发做被动反应。

(3) 技术与市场需求交互作用的技术创新过程模型同样为序列式过程，但有反馈环路，推动与拉动相结合，研究、开发与营销管理更为平衡，强调研究、开发与营销联结。

(4) 一体化的技术创新过程模型为并行开发过程，强调逆向与供货商联系、顺向与领先用户密切联系，强调研究与开发和制造之间的联结，横向合作创新。

(5) 系统集成网络模型是完全一体化的并行开发，研究与开发使用专家系统和仿真模型技术，与领先用户密切联系，多方合作开发新产品，强调组织的柔性和创新开发速度，更强调质量和其他非价格因素。

1.3 技术创新的风险与收益

1.3.1 技术创新的风险

创新的重要特征之一是不确定性。以企业技术创新为例，其不确定性主要包括市场不确定性、技术不确定性和竞争不确定性。

3) 现象思维

现象思维是指通过事务和实物表象等现象而做出判断。

4) 跳跃思维

跳跃思维通常被称为跳跃性思维，是指人对某一个事物还没有思考完毕，不按照常规逻辑的顺序而突然跳跃到另一个思维逻辑上，甚至又转移到其他事物上。

5) 创新思维

创新思维超越既有的思维模式，能够创造性地提出见解、对策或问题解决方案，是一种较好的思维方式。要学会创新思维，首先得培养自己的创新意识，拥有创新思维是具备创新能力的前提。

2.1.2 思维定势的含义与常见类型

1. 思维定势的含义

美国航天飞机的火箭助推器的宽度由火车轨道的宽度决定，火车轨道的宽度由建火车的人设计，而造火车的人以前是造马车的。马车的轮距是4英尺8.5英寸(即1435毫米)，原因是英国道路的车辙宽度如此。英国的这些道路是古罗马人为其军队铺的，是其战车的宽度，而战车的宽度是两匹拉战车的马的屁股的宽度。

这个故事说明了"路径依赖"的惯性作用。目前，路径依赖是一个使用频率极高的概念，比喻人们一旦选择某个制度，惯性的力量会使这一制度不断自我强化，让人无法轻易走出去。

思维定势是由过去一系列的心理活动所形成的一种思维准备状态，是指人们按习惯的、比较固定的思路去考虑问题、分析问题，表现为在解决问题的过程中做特定方式的加工和准备。

思维定势对问题的解决既有积极的一面，也有消极的一面，它容易使我们产生思想上的惰性，养成一种呆板、机械、千篇一律的解题习惯。当新旧问题形似质异时，思维定势往往会使解题者步入误区。

因此，消极的思维定势往往会阻碍思维的开放性和灵活性，造成思维的僵化和呆板，从而使人们不能灵活运用知识，使创造性思维的发展受到阻碍。

2. 思维定势的常见类型

1) 习惯性思维定势

习惯性思维定势是指人们按习惯的、比较固定的思路去考虑问题、分析问题，表现为在解决问题的过程中做特定方式的加工和准备。

2) 权威思维定势

权威思维定势是指人们会对权威人士的言行产生一种不自觉的认同和盲从。权威包括领导权威、学术权威、明星权威等。

3) 经验定式

经验定式是指人们从自己或他人的经验出发，不顾变化着的客观情况，不探求事物发展的内在规律，用已有经验作为参照的一种思维方式。

4) 自我中心思维定势

自我中心思维定势是指人想问题、做事情完全从自己的利益与好恶出发，不顾他人的存在和感觉，主观、武断地做出判断和解决问题。

在日常的思维活动中，人们自觉或不自觉地按照自己的观念、用自己的目光、站在自己的立场上去思考别人乃至整个世界，由此产生了自我中心思维定势。

2.2 创新思维及其方式

2.2.1 创新思维的概念与特征

1. 创新思维的概念

创新思维又称创造性思维，是指产生新思想的思维活动，俗称"点子"。一个好点子往往可以救活一个单位或一家企业。

我们认为，创新思维从人类的祖先开始就已存在，而且我们现代的许多创新都离不开当时的原始创新，中国古代有伟大的四大发明，其为世界人民所享用。

2. 创新思维的特征

1) 独创性

独创性是指独立于前人、他人，没有现成的规律可循。前人、他人在认识和实践上取得的成果，是我们进行所有思维活动的基础。

2) 新颖性

新颖性原意是指植物新生的小芽，引申为新鲜、新奇。新与旧相对，指初次出现的；颖原指禾本科植物保护其穗的基部苞片，亦指人聪敏。我们这里所说的新颖主要指思维的求异性。

新闻记者华尔特认为，任何人都在商界里面看市场，在博物馆里看历史，但那些具有创造性的开拓者却在五金店里看历史，在飞机场上看市场，这就是新颖性。

创新思维是对习以为常活动的一种超越，对常规行为的一种背叛，通过提出新的解决问题的方法、思路、创意来实现。创新思维就是打破常规，别出心裁，这是我们与生俱来的权利，也是社会持续进步的重要力量。

3) 超越性

超越性包括以下6种形式。

(1) 对过去的超越。即思想可以根据自然与社会演化过程中保留下来的信息，或经过对信息的逻辑分析，推断和再现已经逝去的自然现象、社会事件，从而跨越现代与古代，以及当前与过去的时间羁绊。

(2) 对将来的超越。即思维可以根据过去和现在的信息，通过逻辑推理，推断出将来如心理学家吉尔福特所说，创新性是一种以发散思维为核心，以聚合思维为支持因素，将发散思维与聚合思维有机结合的思维方式。

2.3 创新方法

2.3.1 相关概念

打乒乓球时，在没学习发球方法和技巧之前，我们发出去的球基本不具备任何攻击力。学习了发球方法后，虽然我们并没有增加用力，但可以让球随意旋转，增加了攻击力，这就是方法的魔力。

创新的方法同样如此。20世纪有太多的发明，但最大的发明是什么？不是蒸汽机，也不是计算机，而是创新的方法。通过应用这些方法，可以激发人们潜在的创造力，使长期以来被人们认为神秘的、只有少数发明家或创新者所独有的创新设想，为每一个普通人所掌握。

创新的方法是指创新活动中带有普遍规律性的方法和技巧。它通过研究一个个具体的创新过程，如创新的题目是怎样确定的、创新的设想是怎样提出的、设想如何变成现实等，揭示创新的一般规律和方法。

创新的方法首先出现在美国。1906年，美国的普林德尔在《发明的艺术》一文中通过发明案例介绍了发明者们日常不自觉使用的各种发明方法，最早提出了对工程师进行创造力训练的建议，并通过实例阐述了一些改进及创新的技巧和方法。这基本上是能找到的最早的探索创新方法的文章。之后，先后有不同的人创造了各种各样的创新方法，到目前为止，已达340种之多，但常用的方法只有十几种。为了便于系统学习，我们从中选取具有代表性的常用方法加以介绍。

2.3.2 常见的创新方法

1. 模仿创新法

人们学习时总是以模仿开始，同样，人们要提高自己的创新能力，也可以先从模仿开始。模仿就是把眼前和过去的东西通过自己的头脑再造出来，是一种再造想象。通过模仿，人们能够认识事物的外部特点和内部特点。

模仿创新法就是一种人们通过模仿旧事物而创造出与其类似的事物的创造方法，主要特点是通过模拟、仿制已知事物来构造未知事物。

例如，安卓系统的研发始于2007年11月，安卓系统实际上就是一个模仿苹果iOS+App模式的新操作系统。与苹果不同的是，谷歌采用了与苹果封闭系统不同的商业模式创新：安卓第一版上市时，即与34家手机厂商、运营商成立了开放手机联盟，以开放系统对阵苹果的强势系统。安卓系统仅仅用了不到两年的时间，就在用户数、手机份额、下载量等方面超过了苹果的iOS系统。

二、多选题

1. 思维的特征包括(   )。
   A. 间接性、概括性　　　　　　B. 目标性
   C. 逻辑性　　　　　　　　　　D. 精确性和模糊性

2. 科学归纳推理的方法包括(   )。
   A. 求同法　　B. 求异法　　C. 共变法　　D. 剩余法

3. 创意列举法主要包括(   )。
   A. 属性列举法　　　　　　　　B. 希望点列举法
   C. 优点列举法　　　　　　　　D. 缺点列举法

4. 组合创新法几乎覆盖了我们日常生活的各个领域,具体的实现方式有(   )。
   A. 主体附加法　B. 异类组合法　C. 同物自组法　D. 重组组合法

5. 人类的思维方式主要有(   )。
   A. 固定思维方式　　　　　　　B. 逻辑思维方式
   C. 现象思维方式　　　　　　　D. 创新思维方式

6. 想象在创新思维中的作用包括(   )。
   A. 黏合作用　　B. 填充作用　　C. 超越作用　　D. 创新作用

7. 下列选项中,属于移植创新法的是(   )。
   A. 原理性移植　B. 方法性移植　C. 功能性移植　D. 结构性移植

8. 思维的特征包括(   )。
   A. 间接性　　B. 概括性　　C. 目标性　　D. 逻辑性

9. 创新思维具备的特征包括(   )。
   A. 创新性　　B. 超越性　　C. 发散性　　D. 综合性

10. 创新思维的超越性特征包括(   )。
    A. 对过去的超越　　　　　　　B. 对将来的超越
    C. 对空间的超越　　　　　　　D. 对传统的超越

11. 创新思维的发散性特征主要表现在(   )。
    A. 多向观察　　B. 多维策略　　C. 横向比较　　D. 纵向思考

12. 创新思维的综合性特征表现在(   )。
    A. 创新思维是多种思维方法的综合运用
    B. 创新思维是多种思维形态的综合运用
    C. 创新思维是多种思维方式的综合运用
    D. 创新思维是理性思维方式的直接运用

13. 思维定势的种类包括(   )。
    A. 习惯性思维定势　　　　　　B. 权威思维定势
    C. 经验定式　　　　　　　　　D. 自我中心思维定势

14. 创新思维方式一般分为(   )。
    A. 逻辑式创新思维方式和非逻辑式创新思维方式
    B. 发散思维方式和聚合思维方式

认为，创业是对新企业、小型企业和家庭企业的创建和经营。

综合各种观点，本书将创业定义为：创业是指承担风险的创业者，通过寻找和把握商业机会，投入已有的技能知识，配置相关资源，创建新企业，为消费者提供产品和服务，为个人和社会创造价值和财富的过程。其包括以下几层含义。

(1) 创业是一个创造的过程，即创业者要付出努力和代价。
(2) 创业的本质在于对机会的商业价值的发掘与利用，即要创造或认识事物的商业用途。
(3) 创业的潜在价值需要通过市场来体现，即市场是实现财富的渠道。
(4) 创业以追求回报为目的，包括个人价值的满足与实现、知识与财富的积累等。

3.1.2 创业的要素

创业的要素包括创业者、商业机会、创业资源等几方面。

1. 创业者

创业者是创业过程中处于核心地位的个人或团队，是创业的主体。创业者在创业过程中起着关键的推动和领导作用，包括识别商业机会、创建企业组织、融资、开发新产品、获取和有效配置资源、开拓新市场等。因此，创业者的素质和能力是创业成功的第一要素。

创业团队的凝聚力、合作精神、立足长远目标的敬业精神会帮助企业渡过难关、加速成长，团队成员间的互补、协作，以及创业者间的补充和平衡，能对企业起到降低管理风险、提高管理水平的作用。

创业的成功与失败在很大程度上取决于创业者和团队的素质与经验。创业者和创业团队在创业中的作用比创意、机会资源更加重要，因为创意能否转化为机会、机会能否实现、价值和资源能否得到有效利用，都取决于创业者和创业团队的素质与经验。

被誉为"全球风险投资之父"的美国风险投资家多里特有一句名言："我更喜欢拥有二流创意的一流创业者和团队，而不是拥有一流创意的二流创业团队。"这个观念如今已成为风险投资界的一个投资原则。实际上，风险投资家在选择投资项目时，首先评价的要素就是创业者和创业团队，其次才是技术先进性、产品独特性、市场潜力及赢利前景等。

2. 商业机会

商业机会是创业过程中的核心，创业者从发现和识别商业机会开始创业。商业机会指没有被满足的市场需求，它是市场中现有企业留下的市场空缺。商业机会就是创业机会，它意味着顾客能得到比当前更好的产品和服务的潜力。

新企业得以成功创建的起始点是商业机会，而不是资金、战略、关系网络、工作团队或商业计划。商业机会的最重要特征是设想中的产品或服务具备潜在的市场需求。有市场需求是因为产品和服务有增值特征，能够为目标客户创造显著的价值，并且其市场规模足够大，目标市场具备有吸引力的成长潜力(如预期的增长率可达到20%以上)，产品的改善空间足以在相当长一段时间内创造高额利润(通常新产品在刚上市的第一年或更长时间内，毛利润为40%)，以及良好的现金流等。

一个好的思路未必是一个好的商业机会。实际上，以商业计划或商业建议等形式呈送给投资者的每100个思路中，最后通常只有4～5个会成为选定对象。在这些被否定的思路中，80%以上是在最初的几个小时甚至在没打开商业计划书前就被否定的，另外有10%～15%是在投资者仔细阅读了商业计划书以后被否定的。只有不到10%的思路能够吸引投资者，并要经过仔细的审查研究，一般历时几个星期甚至几个月。成功的投资家和创业者可能要花大量的时间寻找创业思路，而这些思路到头来可能毫无商机。所以，对创业者来说，学会快速估计是否存在真正的商业潜力，以及决定该在上面花多少时间和精力是一项重要的技能。

商业机会的评价标准可以应用到对商机的寻找和评价中。成长率越快，毛利润、净利润和自由现金流越大，创业者的商机就越大。正如摩尔定律和德鲁克假说所揭示的，变化程度越大，创业者商机越多。现行的服务和质量越不一致，提前和延迟的次数越不一样，商机就越多。当然，在这样的环境中创业，风险也比较大。

3. 创业资源

为了使创业成功，必须具备创业所需要的资源，创业资源是创业过程中的各种投入，包括各种人、财、物。资源不仅指有形资产，如厂房、机器设备，也包括无形资产，如专利、品牌；不仅包括个人资源，如个人技能、经营才能，也包括社会网络资源，如信息、权力影响、情感支持、金融资本。人力资源是创业的重要资源投入。成功的关键在于创业者的识人、留人、用人能力。形成创业的核心团队，制定有利的规章制度和有效的组织结构，建立良好的企业文化是构建人力资源的核心。资金对于处在各发展阶段的企业来说都是非常重要的。在企业快速发展时期，资金的缺口将直接限制企业的发展壮大。而在创业之初，企业主要靠自筹资金运营，对于符合一定条件的创业者，将有可能获得一定的政府扶持资金。技术是创业产品或服务的重要基础，产品与服务中的技术含量及其所占比例，是企业满足社会和市场需求的支持与保障，是企业的核心竞争力。产品服务是创业者为社会创造的价值，它既是创业者成功的必要条件，也是创业者对社会的贡献。正是通过为社会提供更多、更好的产品服务，人类社会的财富才日益增多，人们的生活才变得丰富多彩。组织是协调创业活动的系统，是创业的载体，是资源整合的平台。创业型组织的显著特征是创业者的强有力领导和缺乏正式的结构与制度。从广义上来说，创业型组织是以创业者为核心形成的关系网络，不仅包括新设组织内的人，还包括这个组织之外的人或组织，如顾客、供应商和投资人。

4. 团队、商机、资源之间的关系

美国著名的创业学家蒂蒙斯教授(Timmons，1999)提出了一个被广泛应用的创业过程模型，如图3-1所示。

蒂蒙斯创业过程模型有以下几方面的含义。

(1) 商业机会是创业过程的核心驱动力，创始人或工作团队是创业过程的主导者，资源是创业成功的必要保证。

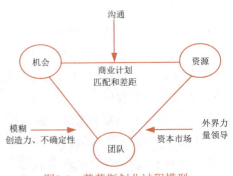

图3-1 蒂蒙斯创业过程模型

4) 创新能力

创新是知识经济的主旋律，是企业化解外界风险和取得竞争优势的有效途径。创新能力是创业能力素质的重要组成部分，它包括两方面的含义：一是大脑活动的能力，即创造性思维、创造性想象、独立性思维和捕捉灵感的能力；二是创新实践的能力，即人在创新活动中完成创新任务的具体工作的能力。创新能力是一种综合能力，与人们的知识、技能、经验、心态等有着密切的关系。具有广博的知识、扎实的专业基础知识、熟练的专业技能、丰富的实践经验、良好的心态的人容易形成创新能力。创新能力取决于创新意识、智力、创造性思维和创造性想象等。

3.4 大学生创业

3.4.1 大学生创业的必备条件

大学生有创业热情，但由于经验欠缺、能力不足、意识偏差等，创业成功率明显偏低。对此，大学生创业指导专家、上海市创业教育培训中心校长徐本亮分析认为，大学生创业必须具备一些硬件，具体如下。

1. 创业知识的储备

眼高手低、纸上谈兵是大学生很容易陷入的误区。因为他们长期待在校园里，对社会缺乏了解，尤其在市场开拓、企业运营方面缺乏经验。因此，大学生创业前要有充分的准备，一方面，靠在企业打工或者实习，来积累相关的管理和营销经验；另一方面，靠参加创业培训积累创业知识，接受专业指导，为自己充电，以提高创业成功率。

2. 资金的准备

有近一半的大学生认为资金是创业的"拦路虎"。没有资金，再好的创意也难以转化为现实的生产力。在获取资金前，首先得明白自己需要多少资金，如何获得资金，资金的来源渠道如何。创业者必须具备一定的商业概念，是选择债权作为资金来源还是选择股权作为资金来源，选择什么东西给你的投资人做保障，这些基本问题将决定创业能否顺利进行。大学生要开拓思路、多渠道融资，除了银行贷款、自筹资金等传统途径，还可充分利用风险投资、创业基金等融资渠道。

3. 技术和兴趣

用智力换资本，这是大学生创业的特色之路。一些风险投资家往往就因为看中大学生所掌握的先进技术，而愿意对其创业计划进行资助。因此，打算在高科技领域创业的大学生，一定要注意技术创新，开发具有独立知识产权的产品，吸引投资商手中的资金。

4. 个人能力

创业是一个由简入繁的过程，比如刚开始缺乏对市场的判断力，那么就应该从简单的市场做起，从而积累经验。大学生在技术上出类拔萃，在理财、营销、沟通和管理方面的能力却普遍不足，不熟悉经营的"游戏规则"。要想创业获得成功，创业者除了要具备很强的执行能力，还要具备基本的商业能力。

3.4.2 大学生创业的方向

如今创业市场商机无限，但对资金、能力、经验都有限的大学生创业者来说，只有根据自身特点，结合自身情况，找准"落脚点"，才能闯出一片新天地。

1. 高科技领域

身处高新科技前沿阵地的大学生，在这一领域创业有着近水楼台先得月的优势，网易、腾讯等大学生创业企业的成功，就是得益于创业者的技术优势。但并非所有的大学生都适合在高科技领域创业，一般来说，技术功底深厚、学科成绩出类拔萃的大学生更有成功的希望。有意在这一领域创业的大学生，可积极参加各类创业大赛，获得脱颖而出的机会，以期吸引风险投资。

2. 智力服务领域

在智力服务领域创业，对于大学生来说游刃有余，智力是大学生创业最先掌握的资本。例如，家教领域就非常适合大学生创业，特别是师范专业的大学生。一方面，家教是大学生勤工俭学的传统渠道，能够积累到丰富的经验；另一方面，大学生能够充分利用高校教育资源，更容易掘到"第一桶金"。此类智力服务创业项目成本较低，一张桌子、一部电话就可开业，如家教、家教中介、设计工作室、翻译事务所等。

3. 连锁加盟领域

据调查，在相同的经营领域中，个人创业的成功率低于20%，而加盟创业的成功率则高达80%。对创业资源十分有限的大学生来说，借助连锁加盟的品牌、技术、营销、设备优势，可以以较少的投资、较低的门槛实现自主创业。但连锁加盟并非"零风险"，在鱼龙混杂的市场环境下，大学生涉世不深，在选择加盟项目时更应注意规避风险。大学生创业者资金实力较弱，适合选择启动资金不多、人手配备要求不高的加盟项目，以小本经营开始为宜。此外，最好选择运营时间在5年以上、拥有10家以上加盟店的成熟品牌，行业可选择快餐、家政服务、校园小型零售等。

4. 开店

大学生开店，不仅可充分利用高校的学生顾客资源，而且由于熟悉同龄人的消费习惯，因此入门较为容易。由于走"学生路线"，因此要靠物美价廉来吸引顾客。此外，由于大学生资金有限，较难选到热闹地段的店面，因此推广工作尤为重要，需要经常在校园里张贴广告或与社团联办活动，才能广为人知，比如在高校内部或周边经营餐厅、咖啡屋、美发店、文具店、书店及洗衣店等。

3.4.3 大学生创业的主要困难

创业路不是一帆风顺的,有崇山峻岭要翻越,有艰难困苦要克服,主要体现在以下方面。

1. 眼高手低

比尔·盖茨的微软神话使IT业、高科技行业成为大学生眼中的创业"金山",以至于不少学生对服务业或技术含量较低的行业不屑一顾。其实,高科技创业项目往往需要一大笔启动资金,创业风险和压力都非常大,大学生如果自身能力不足,对创业的期望值又过高,开始就起点过高,那样很容易创业失败。因此,大学生创业不妨放低心态,深刻了解市场和自己,然后从小做起,从实际做起,一步一个脚印。

2. 纸上谈兵

缺乏经验是目前大学生创业过程中普遍存在的问题,不少大学生创业者没有对其产品或项目做市场调查的意识,而只是进行理想化的推断。例如,如果我们的产品有1亿人购买,就算每件产品只赚1元,也有1亿元的利润。这种推断方法是根本站不住脚的,反而会起误导作用。大学生在创业初期一定要做好市场调研,一些可行性研究也可委托专业机构进行,在了解市场的基础上创业才能长久。

3. 单打独斗

在强调团队合作的今天,创业者想靠单打独斗获得成功的概率微乎其微。团队精神已成为不可或缺的创业素质,风险投资商在投资时更看重有合作能力的创业团队。如今一些大学生非常有个性,在创业中常常自以为是、刚愎自用,这些都影响了其创业的成功率。因此,对打算创业的大学生来说,强强合作、取长补短,创建一个有凝聚力的团队,要比单枪匹马更容易成功。

4. 创业项目选择难

如何选择既有市场需求又符合自身发展的创业项目,是大学生创业者必须认真考虑的问题。一般来说,大学生创业者既要客观分析自身的创业条件,又要冷静分析创业环境,立足技术项目,尽量选择技术含量高、自主知识产权明确的项目,并在技术创新的基础上做好产品市场化工作。在选择过程中切忌盲目跟风,还要牢记一点——"做熟不做生",一定要选择自己最熟悉、最擅长、最有经验、资源最丰富的行业来做。

5. 经验不足

经验不足,缺乏从职业角度整合资源、实施管理的能力,将大大降低大学生创业的成功率。因此,大学生创业应具备一定的企业管理及市场营运知识和经验。即使是两三人的"办公室式"小企业,也必须有明确的财务、人事制度。

6. 资金风险意识不足

没有资金,创业无异于水中捞月。目前大学生在吸引创业投资上存在以下误区。

会。看看你周围的公司，你能比他们更快、更可靠、更便宜地提供产品或服务吗？你能做得更好吗？若能，你也许就找到了机会。

6. 顾客的差异

机会不能从全部顾客身上去找，因为共同需要容易认识，基本上已很难再找到突破口。实际上每个人的需求都是有差异的，如果我们时常关注某些人的日常生活和工作，就会从中发现某些机会。因此，在寻找机会时，应习惯把顾客分类，如政府职员、大学讲师、杂志编辑、小学生、单身女性、退休职工等，认真研究各类人员的需求特点，自然会发现机会。

4.1.3 创业机会识别的过程

1. 创业机会识别的影响因素

1) 先前经验

在特定产业中的先前经验有助于创业者识别机会。例如，1989年对美国企业创建者的调查报告显示，43%的被调查者是在为同一产业内的企业工作期间获得他们的新企业创意的。这个发现与美国独立工商企业联合会的研究一致。在某个产业工作，个体可能识别出未被满足的利基市场。另外，创业经验也非常重要，一旦有过创业经验，创业者就很容易发现新的创业机会，这被称为"走廊原理"，指创业者一旦创建企业，他就开始了一段旅程，在这段旅程中，通向创业机会的"走廊"将变得清晰可见。这个原理表明，某个人一旦投身某产业进行创业，将比那些从产业外观察的人更容易看到产业内的新机会。调查发现，创业者创业前所担任过管理职位的多样性越高，行业经验相关性越强，往往越能收获更好的企业绩效。相对于创新性较弱的机会而言，创新性较强的机会更多地被经验多样性高的创业者所识别和开发。

2) 认知因素

有些人认为，创业者的"第六感"使他们能看到别人错过的机会。多数创业者以这种观点看待自己，认为他们比别人更"警觉"。警觉在很大程度上是一种习得性的技能，在某个领域拥有更多知识的人，倾向于比其他人对该领域内的机会更警觉。例如，一位计算机工程师就比一位律师对计算机产业内的机会和需求更警觉。有些研究人员认为，警觉不仅是敏锐地观察周边事物，还包括个体头脑中的意识行为。研究发现，发现机会者(创业者)与未发现机会者之间最重要的差别在于他们对市场的相对评价，换句话说，创业者可能比其他人更擅长估计市场规模并推断可能的含义。目前不少学者利用认知心理学乃至社会心理学的理论知识研究创业行为。

3) 社会关系网络

个人社会关系网络的深度和广度影响着机会识别，建立了大量社会与专家联系网络的人比那些拥有少量网络的人更容易得到更多机会和创意。按照关系的亲疏远近，可以将社会网络关系划分为强关系与弱关系。强关系以频繁相互作用为特点，形成于亲戚、密友和配偶之间；弱关系以不频繁相互作用为特点，形成于同事、同学和一般朋友之间。研究显示，创业者通过弱关系比通过强关系更可能获得新的商业创意，因为强关系主要形成于具有相似意识的个人之间，从而倾向于强化个人已有的见识与观念。另外，在弱关系中，个人之间的意识往往存在较大差异，因此某个人提出的某些看法可能会激发其他人的创意。

4) 创造性

创造性是产生新奇或有用创意的过程。从某种程度上讲，机会识别是一个创造过程，是创造性思维反复实践的过程。在听到更多奇闻轶事的基础上，你会很容易看到创造性包含在许多产品、服务和业务的形成过程中。创造性思维很难找准定位，但有时它又非常具体，几乎每家创业企业都希望能尝试一些创新。不难发现，在不同的现实背景下，那些具有前瞻性思维的创业者，不仅自身具备了一些高效的创造性思维习惯，而且早已经把培养创造性思维的文化潜移默化地融入自己的企业。

2. 创业机会识别的总体框架和阶段

1) 创业机会识别的总体框架

图4-2勾勒了创业机会识别过程的轮廓。从图中可见，机会识别是创业者与外部环境(机会来源)互动的过程，在这个过程中，创业者利用各种渠道和各种方式掌握并获取有关环境变化的信息，从而发现现实世界中在产品、服务、原材料和组织方式等方面存在的差距或缺陷，找出改进或创造"目的—手段"关系的可能性，最终识别出可能带来新产品、新服务、新原料和新组织方式的创业机会。

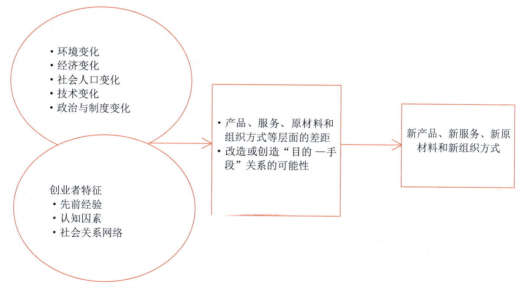

图4-2　创业机会识别过程

2) 创业机会识别的阶段

对于创业者个体而言，创业机会识别过程可分为以下五个阶段。如果在某个阶段，某人停顿下来或没有足够信息使识别过程继续下去，他的最佳选择就是返回准备阶段，以便在继续前进之前获得更多知识和经验。

(1) 准备阶段。这是创业者带入机会识别过程中的背景、经验和知识的阶段。正如运动员必须练习才能变得优秀一样，创业者需要经验以识别机会。研究发现，50%~90%的初创新企业投入；反之，一个正在成长中的市场，通常也会是一个充满商机的市场，所谓水涨船高，只要进入时机正确，必然会有获利的空间。

4) 市场渗透力

对于一个具有巨大市场潜力的创业机会，市场渗透力(市场机会实现的过程)评估将会是一项非常重要的影响因素。明智的创业家选择在最佳时机进入市场，也就是在市场需求正要大幅成长之际已经做好准备，等着接单。

5) 市场占有率

创业机会预期可取得的市场占有率可以显示新创公司未来的市场竞争力。一般而言，要成为市场的领导者，最少需要拥有20%的市场占有率。但如果一个新企业的市场占有率低于5%，则这个企业的市场竞争力不强，会影响未来企业上市的价值。尤其是在具有赢家通吃特点的高科技产业中，新企业只有拥有成为市场前几名的能力，才具有一定的投资价值。

6) 产品的成本结构

产品的成本结构也可以反映新企业的前景是否广阔。例如，通过物料与人工成本所占比重、变动成本与固定成本所占比重，以及经济规模产量大小，可以判断企业创造附加价值的幅度及未来可能的获利空间。

2. 效益评估准则

1) 合理的税后净利

一般而言，具有吸引力的创业机会至少需要能够创造15%的税后净利。如果创业预期的税后净利在5%以下，那么这就不是一个好的投资机会。

2) 达到损益平衡所需的时间

合理的损益平衡时间应该在两年以内，如果三年还达不到，恐怕就不是一个值得投入的创业机会。不过有的创业机会确实需要经过比较长的耕耘时间，但可以通过这些前期投入，创造进入障碍，以保证后期的持续获利。在这种情况下，可以将前期投入视为一种投资，这样才能容忍较长的损益平衡时间。

3) 投资回报率

考虑到创业可能面临的各项风险，合理的投资回报率应该在25%以上。一般而言，15%以下的投资回报率是不值得考虑的创业机会。

4) 资本需求

投资者一般比较欢迎资本需求量较低的创业机会。事实上，许多个案显示，资本额过高其实并不利于创业成功，有时还会带来稀释投资回报率的负面效果。通常，知识越密集的创业机会，对资金的需求越低，投资回报反而越高。因此在创业开始时，不要募集太多资金，最好通过盈余积累的方式来积累资金，比较低的资本额将有利于提高每股盈余。

5) 毛利率

毛利率高的创业机会相对风险较低，也比较容易取得损益平衡；反之，毛利率低的创业机会，风险则较高，遇到决策失误或市场产生较大变化时，企业很容易遭受损失。一般而言，理想的毛利率是40%。当毛利率低于20%时，这个创业机会就不值得予以考虑。软件

10. 模仿成功产品

找出一个成功的产品或服务来进行模仿是可行的。

1) 项目寻找步骤

(1) 寻找销售得很好的东西并探讨它的市场潜力。

(2) 确认该产品或服务成功的关键因素。

(3) 找出你的产品或服务成功的方法，确认你能更便宜地提供产品或服务。

(4) 在实施生产或服务之前，仔细检查是否可能产生专利、版权、许可证等方面的冲突和侵权。

(5) 与潜在消费者探讨他们是否需要你的产品或服务。

2) 要思考的问题

(1) 什么东西或服务销售得很好？这种市场需求会继续吗？

(2) 能模仿什么流行产品或服务？

(3) 什么样的消费者会购买你的产品或服务？

11. 寻找很好却失败了的产品

一个好的产品或服务有时会因为不恰当的市场策略、低效的生产方法、时机不成熟等而导致失败。在这种情况下，应首先确认失败的原因然后将其消除，这样则会仍然存在该产品获得成功的机会。

1) 项目寻找步骤

(1) 询问其他创业者，看他们是否知道有什么好的产品或服务由于管理不好、市场策略不对或其他因素而失败。考虑这些因素是否可以改进做第二次尝试。

(2) 寻找失败的生意并分析原因，确认你在解决这些问题之后再次尝试的局势。这些失败的生意可以通过注意破产公告、与银行家交谈、阅读拍卖公告等方式找到。

(3) 寻找由于当时过于超前而失败的主意，现在重新尝试也许就能成功。

(4) 寻找那些开始时成功，后来因过时而失败的主意，现在也许又是可以获得成功的时候。为了发现这些老主意，可以阅读旧杂志和商品目录。

(5) 在报纸、杂志和网络等平台上做广告，征集人们尝试过但失败的好主意和产品。

(6) 挖掘你的智慧潜力，可以在你成功的领域做第二次尝试。

(7) 与潜在的客户交谈，了解他们是否会购买你的产品或服务。

2) 要思考的问题

(1) 过去什么服务或产品失败了？

(2) 这些失败的产品或服务中有没有可以通过新的市场方法、新的管理技巧、更好的财务支持或不同的业务战略等手段获得成功的？

(3) 考虑重新引入的产品或服务需要有什么样的变化才能成功？你能制造出这些变化吗？

(4) 成功需要什么样的潜在客户？

12. 发明新的产品或服务

发明新产品或服务可以创造非常好的创业机会。

2) 要思考的问题

(1) 什么产品、服务或其他内容可以组合在一起创造出新的机会？

(2) 能掌控什么样的组合？

(3) 多少潜在客户表示过对你提供的产品有需求？

20. 打包或拆分现有产品

对现有的产品进行包装、再包装(或拆分)可能会促进销售。大宗销售的商品可以进行包装后再销售，而传统上包装销售的商品也可以大宗混装销售。同时，对已经包装的商品可以改换包装以变得更加吸引人、更加方便，也可以将包装物分解，以便更易于使用和存放。

1) 项目寻找步骤

(1) 寻找包装很差的产品，设法去改进它。

(2) 找出通常无包装销售的产品，发明出可以增加销量的包装。

(3) 找出只有大包装的产品，分成小份重新包装。

(4) 找出消费者通常一起使用的两种或多种产品，然后计划出一个将它们组合在一起的包装方案，进行一体销售。

(5) 寻找通常包装销售的产品，考虑是否可以无包装销售以实现降低价格或更加环保。

(6) 与潜在消费者交谈，确认他们会购买改换包装后的产品。

2) 要思考的问题

(1) 什么产品或商品可以在包装、再包装、无包装后销售得更好？

(2) 现有市场供应是否可以变换一下方式？带包装的货物可以拆掉包装销售吗？

(3) 无包装的产品可以包装吗？

(4) 正在考虑的变换包装的产品，其市场在哪里？

21. 许可证下的制造与销售

拥有专利或受保护商标的个人或制造商可向其他人颁发许可证，利用其设计进行生产并以其名义进行销售。这种许可证授予的某特定区域或特定市场内的排他性权力一般有期限限制。许可证的更新往往与经营水平挂钩。同样，你也可以利用你所拥有的权利向别人颁发许可证。

1) 项目寻找步骤

(1) 决定你想进行什么类型的制造。

(2) 通过以下方式确定你要制造的产品：①阅读你选择的制造领域内与新产品有关的出版物；②寻找其他国家正在制造的合适产品；③接近可能拥有知识产权但目前没有意愿生产的公司；④参加贸易展览会；⑤与风险投资机构联系；⑥阅读报纸或贸易杂志中关于业务机会方面的报道。

(3) 确认潜在客户并与之交谈，确定他们对产品的需求。

(4) 如果你有产品，想颁发许可证给别人让别人生产，可以用如下方法：①与制造协会联系；②在报纸或杂志上做广告；③寻找类似产品的制造商；④与制造商的代理联系；⑤在展会上演示你的产品；⑥与风险投资机构联系。

(5) 寻求专业财务与法律人员的建议。

2) 要思考的问题

(1) 能购买产品或服务的什么权利?
(2) 能销售产品或服务的什么权利?
(3) 产品有市场吗?

【复习与思考】

1. 谈谈你对商业创意的理解,以及商业创意与创业机会的关系。
2. 思考如何产生商业创意?
3. 培养发现商机的能力的方法有哪些?
4. 你认为好的商业机会应具备哪些基本条件?
5. 在评估创业机会是否可行时,创业者应该考虑哪些因素?
6. 影响机会评估的因素有哪些?
7. 评估创业机会具体有哪些评估准则?
8. 创业项目主要分为哪几类?各有什么特点?
9. 怎样在市场中寻找创业项目?
10. 怎样在产品中寻找创业项目?

案例讨论

海蟹富盐碱——全球首创内陆盐碱地海洋牧场开拓者

——第六届中国国际"互联网+"创新创业大赛国赛金奖项目

我从小在河南长大,那时兰考那边生活相对比较贫困,盐碱地对当地农民的影响很大。后来在机缘巧合之下,我发现我学的专业知识能够帮助我的乡亲们,能够带动他们去致富是我内心最大的创业动力,从而促使我不停地去努力。创业过程中实际上有很多的不确定因素,这些因素着实会对创业带来很大的影响或冲击,不过没关系,不要自乱阵脚,一方面要沉下心来,要想办法如何去补救;另外一方面也不要因为受挫就止步不前。要相信自己能够把这件事情做好,一直坚持下去永不动摇。

——秦康翔

1. 创意萌芽,海蟹富盐碱

青蟹是一种价格较高的海产品,营养丰富,口感极佳,深受广大消费者喜爱,但我国能够用于青蟹养殖的海域面积较小,开发远海养殖区的成本又过于高昂,青蟹供求失衡,价格不断飙升。秦康翔从小在河南长大,深知河南拥有大量的盐碱地,阻碍了当地农民耕种,为当地农户带来困扰,但盐碱地与海水具有盐碱相似性,秦康翔和团队由此想到能否利用这一共性,变废为宝,在内陆盐碱地上进行高价值青蟹的养殖,从而帮助当地农户脱贫致富呢?这个设想得到了学校、政府的大力支持,因此,这个"海蟹富盐碱"科技助农项目应运而生。

2. 青蟹陆养,技术攻关

在盐碱地上进行青蟹养殖有着若干得天独厚的优势,如与沿海地区相比,在河南盐碱地养殖青蟹的生产成本大大降低。首先,当地地租廉价,劳动力成本低。其次,由于盐碱顽疾。唯品会是一家专门经营大幅折扣名牌商品的B2C企业，它执行的是闪购模式。它其实并不复杂，核心就是帮助品牌商处理过季尾货，同时在互联网上利用限时特卖的方式，刺激和调动消费者的冲动型消费。因为专营折扣商品，唯品会一度被业内人士诟病，而其实时尚零售库存价值巨大。定位于时尚的行业有两大特点不容忽视：一个特点是产品的个性化特别强；另一个特点是产品的时效性特别强。用时尚衡量商品，一方面，容易导致过时产品惨遭淘汰的厄运；另一方面，个性化的时尚选择让过时产品也有可能咸鱼翻身。在质量过硬的条件下，一些消费者对时尚零售折扣产品还是会产生极大的个性化需求。

唯品会定位于品牌特卖，不仅填补了为有时尚化个性需求的消费者提供集中打折商品的市场空白，同时还为众多时尚品牌商提供了一个体面地处理库存的平台，从而保证了货源的足够供给。2012年，中国服装品牌的库存危机浮出水面，品牌供应商和唯品会之间的互利共赢关系变得更加紧密。

5.2.3 免费式商业模式

近年来，免费成为一种非常流行的商业模式，各种免费模式让人眼花缭乱，免费模式正在颠覆人们以往的商业观念，让消费者获得一种全新的商业体验。对于企业而言，免费模式也已经成为突破旧的发展模式、实现后来居上的赶超模式。百度的绝大多数信息供用户免费搜索，绝大部分电子邮箱是免费使用的，微信免费给用户提供了一个社交场所。有的人可能会想，这仅仅是互联网时代才有的现象。实际上，早在互联网出现以前，免费模式就发挥了巨大的商业威力，人们熟知的吉列剃须刀就是以免费模式发展起来的，还有小孩喜欢吃的果冻，也是一种借助免费模式而流行起来的食品。克里斯·安德森针对这些现象提出了免费式商业模式的概念，并获得了广泛认同。所谓免费式商业模式，就是在某个市场上至少有一个庞大的客户群可以持续享受到免费产品或服务，通过交叉补贴，即以其他细分客户付费的方式给免费客户提供补贴，支撑企业运营并实现盈利的商业模式。

交叉补贴有很多方式，用付费产品补贴免费产品，例如，用昂贵的爆米花补贴不怎么赚钱的电影票，或者反过来以免费或廉价的爆米花吸引观众来看电影；用日后付费补贴当前免费，移动通信公司免费赠送手机，但用户必须使用两年以上该公司的通信服务；付费人群给不付费人群补贴，用户可以在百度免费得到想要的信息，广告商来替你支付相关费用。通过交叉补贴，免费商业模式又可以分为以下四类。

1. 免费模式一：直接交叉补贴

直接交叉补贴即产品一付费，产品二免费，如图5-1所示。也就是说，吸引用户掏腰包购买其他东西的那件商品免费，而当他得到这件免费或低价的产品时，很可能或必须购买其他产品。例如，一位老年人在超市排长队购买1.5元/斤的鸡蛋时，她很可能会顺便买点其他产品。

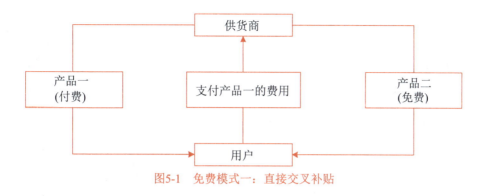

图5-1　免费模式一：直接交叉补贴

2. 免费模式二：第三方市场

第三方市场是一种最常见的免费模式，如图5-2所示。在这种免费模式中，第三方付费来参与前两方之间的免费商品交换。人们几乎每天都会遇到这种情况。类似百度这样的平台，其通过提供很多免费的内容、产品和服务来吸引大批用户，同时平台通过销售广告位来获取收入。这种免费模式的出现带来了颠覆性的变化，如传统报纸就受到互联网免费内容和免费报纸的夹击而面临挑战。

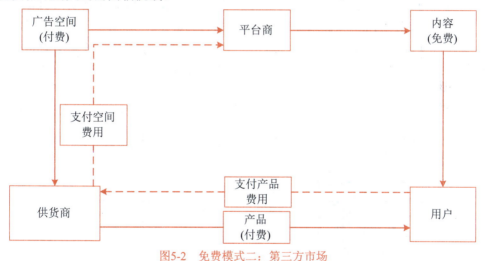

图5-2　免费模式二：第三方市场

3. 免费模式三：免费加收费模式

免费加收费模式通常也称免费增收模式，是网络经济中最为常见的一种商业模式，如图5-3所示。经营者提供的服务内容形式多样，分为免费到昂贵收费等不同等级，通常大量基础用户享受没有任何附加条件的免费服务和产品，一小部分用户会购买增值服务和产品，利用付费用户支付的费用来补贴免费用户。这种模式之所以能够运转，是因为给额外免费用户提供服务的边际成本几乎为零，而且一部分免费用户可能会转变为付费用户。

Skype公司提供了基于网络的免费通话服务，它的用户中90%的普通用户可以免费拨打电话，只有10%的专业用户使用付费服务。传统电信运营商起初并没有理解这种模式，但是，随着时间的推移，这一模式已使Skype成为全球最大的跨国语音通信服务商，极大地影响了传统通信市场。另外，如网络游戏免费、游戏道具付费，网易邮箱对大量普通用户免费，对少数VIP用户收费等，都属于这种模式的应用。

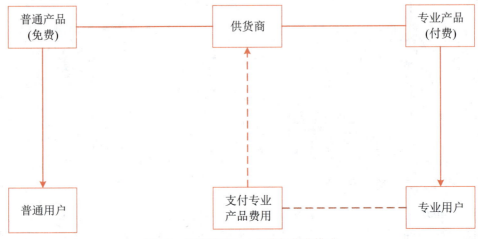

图5-3　免费模式三：免费加收费模式

4. 免费模式四：非货币市场

非货币市场是人们选择免费赠送的、没有寄希望以任何形式获得金钱报酬的一种免费模式，如图5-4所示。百度百科、博客等都属于这种模式，内容提供者并不需要获得货币收入，只是喜欢赢得声誉、被关注和得到认可的感觉，以及出于不容易被察觉的其他考虑，如表达观点、分享快乐、帮助他人以获得满足感或者纯粹出于个人兴趣等。

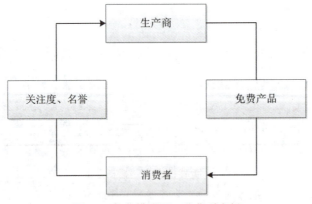

图5-4　免费模式四：非货币市场

5.2.4　非绑定式商业模式

非绑定式商业模式认为，企业是由受到经济因素、竞争因素和文化因素三种因素驱动而形成的不同业务组成，这些业务包括产品创新型业务、客户关系型业务和基础设施型业务(见表5-2)。三种业务类型发展的驱动因素各不相同，产品创新型业务的职责是开发新的和有吸引力的产品和业务；客户关系型业务的职责是搜寻和获取客户并与客户建立良好关系；基础设施型业务的职责是构建和管理平台，以支持大量重复性工作。这三种业务类型受不同因素驱动，同一组织中这些业务类型彼此之间会发生冲突，或导致不利的权衡妥协，因此不主张在一个企业内分离三种业务，一个企业的业务应该聚焦于其中某一项。

表5-2 非绑定式商业模式

驱动因素	业务类型		
	产品创新型	客户关系型	基础设施型
经济因素	专注产品领先，更早进入市场可以保证索要溢价价格，并获取巨大的市场份额；速度是关键	获取客户的固定成本决定了通过大规模生产达到单位成本降低的必要性；范围经济是关键	关注卓越运行，特别关注成本。高昂的成本决定了通过大规模生产达到单位成本降低的必要性；规模是关键
竞争因素	针对人才而竞争；进入门槛低；许多小公司繁荣兴旺	针对范围而竞争；快速巩固，寡头占领市场	针对规模而竞争；快速巩固，寡头占领市场
文化因素	以员工为中心；鼓励创新人才，鼓励创新文化	遵循亲近客户的价值信条，高度关注服务，保证"客户至上"的文化氛围	关注成本；统一标准；关注可预测性和有效性

非绑定式商业模式对综合型业务公司和为大企业服务的中小型企业具有很好的参考意义。例如，传统的移动通信企业一般同时经营三种产品业务：基础业务，包括语音业务、数据业务和内容；基础设施管理业务，包括设备管理、网络维护与运营；客户关系业务，包括客户获取、客户维护等。国外已有通信企业将网络维护运营外包给电信设备制造商的事例，国内通信企业经常与第三方在创新技术、新服务和媒体内容等方面进行合作，都取得了不错的效果。

5.3 商业模式设计方法与框架

5.3.1 商业模式设计方法

在了解商业模式的构成框架之后就需要设计商业模式了。每个创业者都想为自己的企业设计一个独特、全新的商业模式来覆盖企业内现有的产业。虽然商业模式创新是一件非常困难的事情，但很多企业都是在模仿改进现有商业模式的基础上获得了巨大成功，如腾讯、百度等。即便已经设计了一个独特的商业模式，也会面临其他企业的快速模仿或利用相似的商业模式开展竞争。因此，在模仿与竞争中，设计商业模式显得极为重要。

1. 全盘复制法

全盘复制法比较简单，即对经营状况良好的企业的商业模式进行简单复制，再根据自身企业状况稍加修正。全盘复制法主要适合同行业的企业，特别是细分市场、目标客户、主要产品相近或相同的企业，其甚至可以直接复制竞争对手的商业模式。

全盘复制优秀企业的商业模式需要注意以下三点：①复制不是生搬硬套，需要根据企业自身的区域、细分市场和产品特性进行调整；②要注重对商业模式细节的观察和分析，不仅要在形式上进行复制，更要注重在流程和细节上进行学习；③为避免和复制对象形成正面竞争，可在不同的时间和区域对商业模式进行复制。

案例 5-4

中国的Airbnb——小猪短租

Airbnb成立于2008年8月,是一家联系旅游人士和家有空房出租的房主的服务型网站,它可以为用户提供各式各样的住宿信息,用户也可通过网络或App发布、搜索房屋租赁信息,并完成在线预订。2011年,Airbnb服务难以置信地增长了800%,用户遍布190个国家近34 000个城市,发布的房屋租赁信息达到5万条,被《时代》周刊称为"住房中的eBay"。与此同时,中国涌现出一大批效仿者,如小猪短租、住百家、途家、蚂蚁短租、爱日租等。小猪短租的创始人陈驰把创业目光放在短租项目上并不是因为亲身体验或者灵光乍现,而是有同事向他介绍了Airbnb的模式,而当时他也正在OTA(在线旅行社)行业做酒店预订业务。陈驰听完同事的介绍之后,觉得这个项目在国内还没有开展,如果能抢占市场会带来很大的商机。于是,小猪短租于2012年8月上线,运营不到半年就获得晨兴创投的千万美元融资。

陈驰对小猪短租的商业模式毫不讳言,即借鉴美国的Airbnb模式,提供平台为房东和用户做线上撮合性交易。这种线上预订交易根据房源不同又分为两种:一种是自有房东将自己的多余房间分享出租;另一种是职业租客在平台上出租。对于短租平台的精髓,陈驰总结为"分享经济、协同消费"。

2. 借鉴提升法

借鉴提升法即通过学习和研究优秀的商业模式,对商业模式中的核心内容或创新概念进行适当提炼,并对这些创新点进行学习。如果这些创新点比企业现阶段商业模式中的相关内容更符合企业发展需求,企业就应结合实际需要,引用这些创新概念并使其发挥价值。通过引用创新点来学习优秀商业模式的方法适用范围最为广泛,对不同行业、不同竞争定位的企业都适用。

案例 5-5

小猪短租玩起了"文艺范儿"

为了在激烈的同质化竞争中找到差异化的品牌特色,小猪短租开始突出"文艺"和"人情味的住宿"等特点。2015年7月完成了6 000万美元C轮融资之后,小猪短租特地聘请了作家、前媒体人潘采夫担任公关副总裁,推出了一系列名人跨界合作的项目。潘采夫通过自己原有的文艺圈人脉,为小猪短租营造了一个"文艺范儿"的品牌特性,希望能吸引关注社交网络、喜爱尝试新鲜事物的文艺青年。首批名人房源有前国家女排名将薛明的花店住宿,作家古清生在神农架的深山小院,作家王小山在北京的四合院,导演高群书的电影主题房,以及网络红人作业本在北京的隐藏民居等。不过,对于小猪短租和国内众多短租平台来说,目前最大的困难仍在于如何吸引更多优质的房源和房客。由于征信机制不完善,出于安全、隐私和卫生考虑,人们对共享房屋的接受程度仍然有限。与国外相比,中国的房源也普遍缺乏文化气息和多样性;而与酒店相比,短租房屋也未必有价格优势。至于小猪短租的个性房源等能在多大程度上培育这个市场,还需要时间来证明。

3. 逆向思维法

通过对行业领导者商业模式或行业内主流商业模式的研究与学习，模仿者有意识地实施反向学习，即市场领导者商业模式或行业内主流商业模式如何做，模仿者则反向设计商业模式，直接切割对市场领导者或行业内主流商业模式不满意的市场份额，并为它们打造相匹配的商业模式。

案例5-6

奇虎360逆向思维颠覆了杀毒软件行业

2009年以前，杀毒软件行业看上去是一个很成熟的行业，软件厂商包括消费者在内，都一直信奉"一手交钱、一手交货"的杀毒软件经营思路。行业被瑞星、金山等几个巨头垄断，巨头之间的竞争基本陷入僵持状态。表面上看，这是一个饱和的、不可能让后来者进入的领域，后期的小公司在这种行业几乎没有生存空间。但是，奇虎360改变了既定规则。2009年，奇虎360在杀毒软件市场上推出了反其道而行的服务策略——杀毒软件终身免费，除了免费，它还将自己的产品定位从单纯的杀毒演进为电脑的"安全卫士"，给那些不懂也懒得去学习计算机知识的人使用，这些策略为其带来了惊人的用户量。奇虎360彻底颠覆了杀毒软件行业，其商业模式也逐渐演变为免费加收费模式。

采用逆向思维法学习商业模式时有三个关键点：①找到商业领导者或行业主流商业模式的核心点，并据此制定逆向商业模式；②企业选择制定逆向商业模式时，不能简单追求反向，需确保能够为消费者提供更高的价值，并能够塑造新的商业模式；③防范行业领导者的报复行动，评估行业领导者有可能的反制措施，并制定相应的对策。

4. 相关分析法

相关分析法是在分析某个问题或因素时，将与该问题或因素相关的其他问题或因素进行对比，分析其相互关系或相关程度的一种分析方法。相关分析法需要根据影响企业商业模式的各种因素，运用有关商业模式设计的一般知识，采用影响因素与商业模式一一对应的方法确定企业的商业模式。利用相关分析法，可以找出相关因素之间规律性的联系，研究如何降低成本达到创造价值的目的。例如，亚马逊通过分析传统图书在网上开办电子书店，eBay的网上拍卖也来自传统的拍卖方式。

5. 关键因素法

关键因素法是以关键因素为依据来确定商业模式设计的方法。商业模式中存在多个因素影响设计目标的实现，其中若干个因素是关键的和主要的。关键因素法通过对关键成功因素的识别，找出实现目标所需的关键因素集合，确定商业模式设计的优先次序。关键因素法主要有五个步骤：①确定商业模式设计的目标；②识别所有的关键因素，分析影响商业模式的各种因素及其子因素；③确定商业模式设计中不同阶段的关键因素；④明确各关键因素的性能指标和评估标准；⑤制订商业模式的实施计划。

6. 价值创新法

对于一些从未出现过的商业模式设计，往往需要进行创新，即通过价值要素的构建、组合等设计出新的商业模式，这一点在互联网企业中表现得尤为明显。例如，盛大网络最先创建网络游戏全面免费、游戏道具收费的模式，开创了网游行业新的商业模式——CSP(come-stay-pay)。至今，各大网游公司依旧沿用这一商业模式运营。Airbnb和Uber创建的通过共享资源而获取收益的模式，也成为当今流行的一种商业模式。

5.3.2 商业模式设计框架

商业模式并不仅仅是各种商业要素的简单组合，商业模式的构成要素之间必然存在内在联系，一个好的商业模式可以把这些要素有机地联系在一起，从而阐明某个企业或某项活动的内在商业逻辑。只有某个企业或某项活动的内部构成要素协调一致，才能阐明创造价值、传递价值和实现价值的商业逻辑。

亚历山大·奥斯特瓦德提出的商业模式设计框架很好地回答了商业模式涉及的创造价值、传递价值和实现价值三个基本问题，可以帮助理清商业模式。该框架包含九个关键要素：客户细分、价值主张、渠道通路、客户关系、收入来源、核心资源、关键业务、重要伙伴和成本结构。参照这九大要素就可以描绘、分析乃至设计和重构企业的商业模式，如图5-5所示。

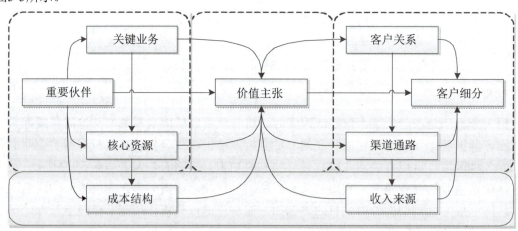

图5-5 商业模式设计框架

1. 客户细分

客户细分用来描述一个企业想要接触和服务的不同人群或组织，主要回答以下问题。

(1) 我们正在为谁创造价值？

(2) 谁是我们最重要的客户？

一般来说，可以将客户细分为五种群体类型：①大众市场，价值主张、渠道通路和客户关系全都聚集于一个大范围的客户群组，客户具有大致相同的需求和问题；②利基市场，价值主张、渠道通路和客户关系都针对某一利基市场的特定需求定制，常常在供应商与采购商的关系中找到；③区隔化市场，客户需求略有不同，细分群体之间的市场区隔有所不同，所提供的价值主张也略有不同；④多元化市场，经营业务多样化，以完全不同的价值主张迎合完全不同需求的客户细分群体；⑤多边平台或多边市场，服务于两个或两个以上的更多的相互依存的客户细分群体。

2. 价值主张

价值主张用来描述为特定细分客户创造价值的系列产品和服务，主要回答以下问题。
(1) 我们应该向客户传递什么样的价值？
(2) 我们正在帮助客户解决哪一类难题？
(3) 我们正在满足哪些客户需求？
(4) 我们正在提供给客户细分群体哪些系列的产品和服务？

价值主张的简单要素主要包括以下几个方面：①新颖的产品或服务，满足客户从未感受和体验过的全新需求；②性能改善，产品和服务性能是传统意义上创造价值的普遍方法；③定制化，以满足个别客户或细分客户群体的特定需求米创造价值；④设计，产品因优秀的设计脱颖而出；⑤品牌/身份地位，客户可以通过使用和显示某特定品牌而发现价值；⑥价格，以更低的价格提供同质化的价值，以满足价格敏感客户细分群体；⑦成本削减，帮助客户削减成本是创造价值的重要方法；⑧风险抑制，帮助客户抑制风险也可以创造客户价值；⑨可达性，把产品服务提供给以前接触不到的客户；⑩便利性/可用性，使事情更方便或易于使用可以创造客观的价值。

3. 渠道通路

渠道通路用来描述企业是如何与其细分客户接触、沟通，从而传递其价值主张的，主要回答以下问题。
(1) 每个客户细分群体希望我们与之建立和保持何种关系？
(2) 我们已经建立了哪些关系？
(3) 建立这些关系的成本如何？
(4) 如何把它们与商业模式的其余部分进行整合？

4. 客户关系

有了客户细分、准确的企业定位和良好的渠道通路之后，与消费者形成什么样的互动或者什么样的顾客关系决定了企业想通过什么样的方式来引领顾客消费。客户关系最终让消费者产生怎样的情感，如何互动尤为重要。

企业与顾客的关系有三个重要的驱动要素：第一是开发新客户，企业的产品或者服务需要有很多的新客户来进行消费，开发新客户是一种进攻的战略，所以基于进攻开发新客户需要我们来建立一种新的客户关系；第二是维护老客户，企业需要留住或者巩固老客户，老客户是非常重要的，通常开发一个新客户与巩固一个老客户所耗费的时间资源是不一样的，巩固一个老客户可能比开发十几个新客户要来得更直接、更有效；第三是提高企业商品或者服务的销量、单价，这是一个重要的驱动因素。如何让企业的某一个商品或者某一个服务，能够有更多的人来消费从而提高销量，同时还提升价格？如果做到这点，那么就实现了一个很好的良性循环。企业通过这三个要素实现与顾客建立很好的顾客关系。

5. 收入来源

收入来源用来描述企业从每个客户群体中获取的现金收入(需要从收入中扣除成本)，主要回答以下问题。

(1) 什么样的价值能让客户愿意付费？
(2) 他们现在付费购买什么？
(3) 他们是如何支付费用的？
(4) 他们更愿意如何支付费用？
(5) 每个收入来源占总收入的比例是多少？

一般来说，收入来源可分为七种类型：①资产销售，销售实体产品的所有权获得收入；②使用消费，通过特定的服务收费；③订阅收费，对重复使用的服务收费；④租赁收费，通过暂时性排他使用权的授权收费；⑤授权收费，通过知识产权授权使用收费；⑥经济收费，提供中介服务收取佣金；⑦广告收费，提供广告宣传服务获得收入。

6. 核心资源

核心资源用来描述让商业模式有效运转所必需的最重要因素，主要回答以下问题。

(1) 我们的价值主张需要什么样的核心资源？
(2) 我们的渠道通路需要什么样的核心资源？
(3) 我们的客户关系需要什么样的核心资源？
(4) 我们的收入来源需要什么样的核心资源？

一般来说，核心资源可以分为四种类型：①实体资产，包括生产设施、不动产、系统、销售网点和分销网络等；②知识资产，包括品牌、专有知识、专利和版权、合作关系和客户数据库；③人力资源；④金融资产。

7. 关键业务

关键业务用来描述为了确保其商业模式可行，企业必须做的最重要的事情，主要回答以下问题。

(1) 我们的价值主张需要哪些关键业务？
(2) 我们的渠道通路需要哪些关键业务？
(3) 我们的客户关系需要哪些关键业务？
(4) 我们的收入来源需要哪些关键业务？

一般来说，关键业务可以分为三种类型：①设计、制造及交付产品，这是企业商业模式的核心；②平台/网络服务、交易平台，软件甚至品牌都可看作平台，与平台管理、服务提供和平台推广有关；③问题解决，为客户提供新的解决方案，需要知识管理和持续培训业务。

8. 重要伙伴

重要伙伴用来描述让商业模式有效运转所需要的供应商与合作伙伴的网络，主要回答以下问题。

(1) 谁是我们的重要伙伴？
(2) 谁是我们的重要供应商？

(3) 我们正在从重要伙伴那里获取哪些核心资源？
(4) 重要伙伴都执行哪些关键业务？
(5) 我们为重要伙伴带来了什么价值？

一般来说，重要伙伴可以分为四类：①非竞争者之间的战略联盟关系；②非竞争者之间的战略合作关系；③为开发新业务而构建的合作关系；④采购商与供应商的关系。

9. 成本结构

成本结构用来描述运营商业模式所引发的所有成本，主要回答以下问题。
(1) 什么是商业模式中最重要的固定成本？
(2) 哪些核心资源花费最多？
(3) 哪些关键业务花费最多？

一般来说，成本结构可以分为两种类型：①成本驱动，创造和维持最经济的成本结构，采用低价的价值主张、最大限度的自动化和广泛外包；②价值驱动，专注于创造价值、增值型价值主张和高度个性化服务，通常以价值驱动型商业模式为特征。

【复习与思考】

1. 为什么需要商业模式？
2. 商业模式的构成要素有哪些？
3. 商业模式的基本类型有哪些？
4. 应从哪些方面入手设计商业模式？
5. 商业模式的设计方法有哪些？
6. 商业模式的设计工具是什么？
7. 举例说明生活中见到的一些企业的商业模式。
8. 如何探索和验证商业模式？

案例讨论

Car2go——"随租随行"

戴姆勒公司的核心业务是汽车制造和销售。为了适应全球性城市化的趋势，减轻城市交通压力，改善城市生态环境，戴姆勒公司提出了"随租随行"的汽车共享服务概念，由其商业创新部门进行商业模式设计，并在该部门的规划下进行验证测试。"随租随行"为城市居民提供城际的Smart汽车服务，客户可以随时使用这些汽车，行程结束后，驾驶员可以在城市里任何地方停车走人。该模式力图实现自由、随性的汽车租赁服务。

2008年10月，戴姆勒公司投放了50辆Smart汽车供500多名研发中心员工及其家属使用，以进行初步的测试验证；2009年3月底，戴姆勒公司向12万名乌尔姆市民和游客提供200辆汽车进行公开的外部试运营，同时在美国得克萨斯州的奥斯汀市开始试运行。之后，该项目相继在华盛顿、柏林、多伦多等29个城市投入运营，约投入12.5万辆Smart汽车。2015年3月，该项目正式登陆重庆，重庆成为其进军亚洲市场的首站。"随租随行"商业模式创新的路径非常清晰明了：公司内部设计商业模式原型—面向公司员工测试—面向国内公众测试—面向外国公众测试—不断完善并确定商业模式—正式投入运营。

【思考与讨论】

"随租随行"的商业模式是如何设计的，9个关键要素是如何实现的？

课后习题

一、单选题

1. ( )是企业创造价值的核心逻辑。
   A. 技术　　　　　B. 商业模式　　　C. 客户　　　　　D. 供应商
2. 商业模式的成本结构包括成本驱动型和( )。
   A. 价值驱动型　　B. 收入来源　　　C. 渠道通路　　　D. 合作伙伴
3. 商业模式设计的目的是( )。
   A. 企业良性发展　　　　　　　　　B. 企业能够赚钱
   C. 企业能够存活　　　　　　　　　D. 实现一个企业长期而持续的创造价值
4. 商业模式的第一个本质是( )。
   A. 交换　　　　　B. 赚钱　　　　　C. 盈利　　　　　D. 收入

二、多选题

1. 商业模式设计方式包括( )。
   A. 模仿设计　　　B. 竞争设计　　　C. 自行设计　　　D. 外包设计
2. 构建商业模式的企业竞争力包括( )。
   A. 符合时间变化的商业形态　　　　B. 长期的、可持续的价值创造
   C. 企业盈利　　　　　　　　　　　D. 企业收入来源
3. 企业通过商业模式开展竞争的方式有三种，分别为( )。
   A. 强化自身的良性循环　　　　　　B. 削弱竞争对手的良性循环
   C. 变竞争为互补　　　　　　　　　D. 直接竞争

三、判断题

1. 商业模式说明一个企业的商业逻辑。( )
2. 商业模式一方面为顾客创造了价值，另外一方面为企业创造了价值。( )
3. 企业之间的竞争逐渐形成商业模式之间的竞争。( )
4. 客户是商业模式的核心。( )
5. 许多企业的收入并不是单一地通过产品销售获得。( )
6. 商业逻辑描述了企业向一个或多个顾客群提供的价值，企业为产生持续的营利性收入所建立的构架，移交价值所运用的合作网络和关系资本。( )
7. 商业模式是企业创造价值的一个核心逻辑，那么商业模式的主要逻辑表现为一种层层递进关系。( )
8. 价值获取的途径有两个：第一是为新企业选择价值链中的核心角色；第二是对自己商业模式的细节最大可能地保密。( )
9. 当前企业之间的竞争逐渐形成一种商业模式和商业模式的竞争。( )

第 6 章

创业团队的组建、管理与股权分配

知识目标

- 熟悉创业团队的含义及类型；
- 掌握创业团队组建的条件、模式及方法；
- 熟悉团队股权分配方式和方法。

案例导入

"携程四君子"

今天的在线旅游行业竞争相当激烈，在当下经济趋势下滑、资本趋冷的环境下，自始至终都在在线旅游行业拥有"大家长"形象的携程旅行网一直在行业中处于领先地位，特别是在2015年先后收购了艺龙、去哪儿之后，更是稳固了其在在线旅游行业老大的地位。早在10年前，"携程四君子"就已经让世人见证了用四年时间打造一个上市企业的神话，要知道10年前中国的互联网事业仅处于初步发展期。

1. 沈梁少年相遇绝非偶然

优秀的灵魂都是相互吸引的，他们的相遇也并非偶然。早在1982年，"携程四君子"中的梁建章和沈南鹏两个数学"神童"在第一届全国中学生计算机竞赛中相遇。当时15岁的梁建章和14岁的沈南鹏同时获奖，沈南鹏从小的梦想就是当数学家，而梁建章从小就被称为"神童"，当时偶遇的两个人或许并没有意识到17年后，他们在事业上的合作成就了今天一家总市值超过116亿美元的企业。

2. 回家没饭吃的孩子

中学时代的季琦曾走了4000多米回家吃午饭，却被母亲告知家里没吃的，要自己想办法。从那以后，季琦便觉得什么苦难都不算苦。1989年，初到上海交通大学的季琦第一次看到图书馆时喜出望外，大学本科的四年里，季琦的大部分时间都泡在图书馆。四年的大学时光让季琦领悟到生命是短暂的，与其平淡地度过一生不如努力追求自我价值的实现，这样的体会注定季琦天生就是个创业者。早在大学期间，季琦就通过销售计算机成了万元户。1999年7月，季琦成立IT服务公司——携程，短短几个月的时间，公司账面就有了100万元人民币。在创办公司的过程中，基于业务上的合作，季琦认识了当时在甲骨文工作的梁建章。

3. 促成携程网的诞生

季琦直率、讲义气，梁建章是典型的南方男人，他们有着相同的经历、互补的性格，喜欢探讨中国的未来，最重要的是当时两个人的妻子都不在身边，因此给了他们"约会"的机会。一个追求自我价值的实现，一个从小就是电脑"神童"，思想的交集一定会碰撞出火花。两人基于对旅游的浓厚兴趣，再结合他们的互联网行业背景，中国历史上第一个在线旅游网站的雏形就这么出现了。

后来，他们找到投资界当时正四处寻找项目的沈南鹏。1999年10月，梁建章和沈南鹏各投入20万元，占股30%；季琦投入40万元占股40%，三个人共同注资100万元人民币后，携程网正式成立了。

4. "神童"也曾考试不过关

提及"携程四君子"，沈南鹏绝对是VC界"第一大美男"，沈南鹏1967年出生于浙江海宁，在他的故乡历史上还诞生了王国维和金庸。从小就被称为"神童"的沈南鹏在1989年从上海交通大学数学系毕业后去了纽约，身上仅带了300美元，为的是实现数学家的梦想。但仅仅一年，沈南鹏就离开了纽约从哥伦比亚大学退学，决心到耶鲁大学去读MBA。成绩平平甚至多门功课都没考过的他意识到数学研究并不适合他，在朋友的建议下，从来没有看过一张《华尔街日报》的沈南鹏决定闯荡华尔街。

当然，沈南鹏的华尔街闯荡之路也并非一帆风顺，作为一个没有任何经验的大学生，在当时那个人才济济的环境下没人愿意给23岁的沈南鹏任何机会。十几次面试失败后，沈南鹏终于遇到了"伯乐"——花旗银行投资银行。竞争激烈的工作环境让沈南鹏这个"异乡人"始终觉得自己格格不入，但功夫不负有心人，1992年10月，华晨中国在美国上市，作为第一家海外上市的中国企业，华晨中国在整个大盘走低的情况下，股价一日内上涨了25%，一时间激起海外投资者对中国市场的重视，拥有耶鲁MBA学位、在华尔街工作过同时又是上海人的沈南鹏瞬间成为投资银行开拓中国业务的猎头对象。

千挑万选后，沈南鹏接受了雷曼兄弟的邀请，到中国香港负责中国项目，开始了他的投资生涯。沈南鹏此前也曾公开表示，1994—1999年的经历为他之后的投资历程打下了坚实基础，这期间他也以自己的名义做了一些投资，而真正使沈南鹏名声大噪的无疑是携程的成功。

5. 四君子完美组合

携程网是一个旅游网站，而李琦、梁建章和沈南鹏缺少旅游行业的从业经验，因此他们意识到团队应该有一个熟悉旅游业务的人，此时在上海大陆饭店担任总经理的范敏成为携程网的CEO。出生于1966年的"大头神童"梁建章15岁进入复旦大学少年班，20岁便开始其传奇的技术和咨询方面的职业生涯。1965年出生的范敏于1990年获得上海交通大学管理硕士学位，之后进入上海老牌国企新亚集团，曾赴瑞士进修酒店管理。

季琦的激情、梁建章的理性、沈南鹏的投资经验再结合范敏的运营经验，"携程四君子"组合而成的团队在不少投资人眼里无疑是完美无瑕的。因此,携程很快便获得IDG合伙人章苏阳50万美元的投资。2000年3月,携程又获得由软银和IDG领投的450万美元投资。利用最初的500万美元,携程收购了当时国内最大的传统订房中心。沈南鹏曾公开表示,在拿到软银投资的时候,他们压力很大,因为并不知道公司未来的发展方向,直到2001年携程每个月可以订出10万间房子的时候,他们确定了方向。2001年10月,携程实现了盈利。

2000年11月,携程收到的第三轮由美国凯雷领投的1200万美元投资到账了。当时,携程的月交易额为1000万元人民币,运营支出200万元,营业收入100万元。在净亏损100万元的基础上,手握大笔资金的携程实际上就算维持现状也能保证接下来几年的运作。这样的条件也奠定了携程之后会成为第二波中国互联网上市公司的引领者的基础。

如今,携程不仅是在线旅游行业的"大家长",更是上海"互联网之王",是一家在全球仅次于Priceline,市值116亿美元的大企业。2015年资本寒冬之际,携程更是将艺龙和去哪儿拥入怀抱,巩固了业界地位。梁建章在2016年年会的致辞上称,2020年携程的网站成交总额将达到1万亿元,并立志成为世界上最大的电子商务公司之一。梁建章也曾表示携程能够做到青春常在与基业长青主要基于三点:第一是优秀的创业团队;第二是不断创新的精神;第三是坚持以客户为中心的价值观。

【思考与讨论】
1. 优秀的创业团队应该具有什么特性?
2. 携程创业成功的原因有哪些?
3. 团队组建需要注意哪些因素?

6.1 创业团队

6.1.1 创业团队概述

1. 创业团队的概念

如今,国家和地方政府大力倡导创业创新,越来越多的人加入自主创业的行列。然而,个人的经验、实力及经济能力等各方面的局限性都在一定程度上限制了创业企业的发展,更多的创业者选择以团队的形式开展创业,创业团队应运而生。优秀的创业团队逐渐成为创业成功的最为关键的因素之一。顾名思义,创业团队由两个及两个以上的创业者组成,具有共同的创业理念和共同的价值追求,愿意共同承担风险、共享收益,是为了实现创业目标而形成的正式或非正式组织,也可以称为利益共同体。

2. 创业团队的四要素

一个完整的创业团队应具有以下四项要素。

(1) 人。人是创业团队中最核心的部分,目标是由人来实现的,因此创业团队中人员的选择要非常慎重。一般情况下，创业团队是由一群志同道合且拥有共同创业理念和目标的人组成的，因此团队成员具有共同点是至关重要的，共同点主要体现在创业观相同、价值观相同、金钱观相同。然而对一个创业团队而言，成员之间仅仅有共同点是不够的，还需要有互补点。一个企业的创立需要有人进行决策，需要有人进行管理，需要有人宏观把握，制订好的计划也需要有人具体实施，还需要有人去寻找创业机会和合作伙伴进行对外交流与沟通等。因此，创业团队成员要多元化，成员之间的优势要能互补而非叠加。优势互补既要有性格上的互补，也要有技能、专业、特长方面的互补，还要有人脉资源上的互补。每个人的社会资源是有限的，但当整个团队的社会资源合并在一起进行重新整合时，所发挥的效用将数倍增大。因此，创业团队在成员构成上要把握三个"相同"和三个"互补"，即创业理念和目标相同、价值观相同、金钱观相同，以及性格互补、能力互补、资源互补。

（2）目标。明确的目标是创业团队成立的基础。创业团队必须有一个相对明确的目标，为团队成员指明前进和奋斗的方向。具有明确的目标，创业团队才能知道为了实现此目标需要付出哪些行动和努力、需要什么样的机会，才能准确把握时机和商机。除此之外，明确的目标能够使创业团队清楚地知道组织需要哪些方面的人才和技能，在寻找合作伙伴或雇用员工时都能有清晰的认识，从而根据创业团队的目标选择最合适的人才，提高团队的战斗力和综合实力。

（3）职能分配。合理的职能分配是创业团队成功的必备条件。创业团队的成员必须要有职能上的分配，即规定每个成员在创业过程中所担负的责任和拥有的权力。首先要根据每个成员的专业特长和优势确定其职责，从而保证每个成员都能最大限度地发挥自己的能力，在创业过程中遇到的问题都能有相对专业的人来解决，有效地提高整个团队的办事效率。职能分配能使团队成员在紧密结合的基础上协调一致、统筹合作，既能增强整个团队的士气又能提高团队的工作效率，从而获得更大的收益。不仅如此，创业团队还需要明确规定每个团队成员所拥有的权力。虽然许多创业团队推崇群力决策，将决策权交给全部成员，每项决策都要在整个团队共同商议、讨论之后才做出决定，但在具体执行时需要适当分权，在不损害集体利益的情况下，个人需要拥有与职能相对应的决策权力。

（4）计划。准确、详细的计划是创业团队成功的前提，也是实现创业目标的保障。创业团队的成员在制订计划时要充分考虑创业企业内外部环境、企业自身优势和劣势等各方面的因素，计划不仅要服务于创业企业的短期目标，还要有利于创业企业长期战略目标的实现。另外，计划一定要具有可行性和可预见性，否则就只能是纸上谈兵，对创业团队没有任何帮助。计划不仅要确保组织目标的实现，而且要从众多的方案中选择最优方案，从而使创业团队的资源得到最合理、最有效的应用。在有了明确的目标、合适的团队成员，规定了成员的职责和权限后，就需要有一系列周密的计划来引导创业团队具体实施，从而实现最终目标。合理、详尽的计划也能为创业企业的管理控制活动提供一定的依据，使创业团队的发展与目标要求尽量保持一致，从而推动创业企业在正确的轨道上前进。

3. 创业团队的优势

一个完整的创业团队的优势体现在以下五个方面。

(1) 优势互补。每个人的能力、性格和品质都会有一些不足的地方，这就需要找到一群可以互相取长补短的人，再经过磨合，充分发挥团队优势。

(2) 要想在市场巨大但高度整合且复杂多变的环境中生存、发展，就必须要有一个团队的力量作为后盾。

(3) 抗风险和抗压力能力强。创业团队成员多不仅可以取长补短，还可以分散风险。

(4) 更容易成功。因为团队创业具备了这么多的优势，又符合当今的潮流趋势，所以相对于一个人的创业来说，更容易获得成功。

(5) 符合现代企业发展之路。企业必须由一群人组成，单打独斗是成不了企业的，而创业团队正好符合了这一基本要求。

6.1.2 创业团队的特性

1. 创业者们要有共同的创业理念

共同的创业理念不仅决定了创业团队的目标、创业团队的性质和创业团队的行为准则，也是形成团队凝聚力和合作精神的基础。团队中的成员需要互相配合、紧密合作，既各司其职又互相帮助，从而提高整体的工作效率。团队中的每一个人都是一股不可缺少的力量，只有获得团队的整体成功才能使每个人都获得最大利益。团队成员拥有共同的创业理念和价值追求，能更容易地建立起心理契约和创业氛围，从而形成一支凝聚力强、效率高、整体协同合作的优秀团队。

2. 创业团队的构成要有异质性

创业团队的构成要有异质性，即团队成员在技能、经验或是人文因素上要具有差异性。从宏观上而言，技能包括概念技能、人际关系技能和技术技能三个方面；从微观上而言，技能具体包括创业者受教育程度、所学专业、掌握的技术等。经验包括个人的工作经历、专长、产业背景知识等。人文因素主要指创业者的性别、年龄、民族等。

创业团队的异质性有助于提高团队创业的科学性，创业者们可以从不同的角度分析问题，有更多的思维和理解方式，从而能为创业提供更多的决策选择和问题解决方法。团队成员的异质性能起到相互补充和平衡的作用，在创业过程中遇到的问题都能找到相对专业的人士来解决，从而提高了团队的效率和创业的成功率。不仅如此，团队成员在技能和经验上的差异性使每个成员都拥有独立的、有差别的社会网络资源，从而使整个团队的社会网络资源呈互补和扩大的趋势而非层层叠加。因此，创业团队的构成需要成员在价值观和创业观上相似，而且在专业技能、管理能力、战略思考上互补。

3. 团队成员要有合理的报酬和激励

追逐利益是创业团队建立的最原始动力，而建立在合理的利益分配关系上的团队才具有发展性和稳定性。团队成员的差异性导致了每个成员对创业企业的作用和贡献不同，为创业企业带来的收益也会有所区别，因此在团队组建的开始要根据实际情况制定合理化报酬分配方案，使每个成员都能在相对公平的氛围下合作。

合理、恰当的激励是创业团队不断发展和成长的动力所在,给予每个成员适当的激励,既能够刺激创业者发挥最大的能效、获得更多的收益,也有助于增强创业团队的稳定性,因为创业者在团队中获得了期望的收益才会更加努力工作。然而激励的方式并非一成不变,在创业企业不同的生命周期内,创业者们所需要和所追求的利益会随之改变,因此要根据实际情况调整激励方式,从而使创业者们在各个时期都能尽最大的能力为整个团队和企业的发展做出贡献。

6.1.3 创业团队的组成要素

不同的学者从不同的角度界定了团队的定义。本书认为,团队由少数具有技能互补的人组成,他们认同一个共同目标和一个能使他们彼此担负责任的程序,并相处愉快,乐于一起工作,共同为达成高品质的结果而努力。团队就是合理利用每一个成员的知识和技能并使其协同工作、解决问题,从而达到共同目标的共同体,而创业团队由少数技能互补的创业者组成,他们为了实现共同的创业目标,认同一个能使他们彼此担负责任的程序,共同为达成高品质的结果而努力。

创业团队需具备五个重要的团队组成要素,即目标(purpose)、人(people)、定位(place)、权限(power)和计划(plan),称为5P。

1. 目标

创业团队应该有一个既定的共同目标,为团队成员导航,知道要去向何处。如果没有目标,那么这个团队就没有存在的价值。目标在创业企业的管理中以创业企业的远景、战略等形式体现。

2. 人

人是创业团队中最核心的力量。三个及三个以上的人就形成一个群体,当群体有了共同奋斗的目标就形成了团队。在一个创业团队中,人力资源是所有创业资源中最活跃、最重要的资源,应充分调动创业者的各种资源和能力,将人力资源进一步转化为人力资本。

目标是通过人员来实现的,所以人员的选择是创业团队中一个非常重要的部分。一个团队中需要有人出主意,有人订计划,有人实施,有人协调不同的人一起去工作,还要有人监督创业团队工作的进展,评价创业团队最终的贡献,不同的人通过不同的分工来共同完成创业团队的目标。在人员选择方面,要考虑人员的能力如何,技能是否互补,人员的经验如何。

3. 定位

定位包含两层意思。

(1) 创业团队的定位。创业团队的定位包括创业团队在企业中处于什么位置,由谁选择和决定团队的成员,创业团队最终应对谁负责,创业团队采取什么方式激励下属。

(2) 个体的定位。个体的定位包括成员在创业团队中扮演什么角色,是制订计划还是具体实施或评估;是大家共同出资委派某个人参与管理,还是大家共同出资共同参与管理,或是共同出资聘请第三方(职业经理人)管理。这在创业实体的组织形式上体现为是合伙企业还是公司制企业。

4. 权限

创业团队中，领导人的权力大小与其团队的发展阶段和创业实体所在行业相关。一般来说，创业团队越成熟，领导者所拥有的权力相应越小；在创业团队发展的初期阶段，领导权相对比较集中。高科技实体企业多数实行民主的管理方式。

5. 计划

计划有两层含义。

(1) 目标的最终实现需要一系列具体的行动方案，可以把计划理解成达到目标的具体工作程序。

(2) 只有有计划地完成工作，创业团队才会一步一步地贴近目标，从而实现最终目标。

6.1.4 创业团队的类型

从不同的角度、层次和结构进行划分，创业团队可以划分成不同的类型。依据创业团队的组成者来划分，创业团队可分为星状创业团队(star team)、网状创业团队(net team)，以及从网状创业团队中演化而来的虚拟星状创业团队(virtual star team)。

1. 星状创业团队

一般来说，星状创业团队中有一个核心人物充当了领队的角色。这种团队在形成之前，一般是核心人物有了创业的想法，已经就团队组成进行过仔细思考，然后根据自己的设想进行创业团队的组织，选择相应人员加入团队。这些加入创业团队的成员也许是核心人物以前熟悉的人，也有可能是不熟悉的人，他们在企业中更多的时候是充当支持者角色。

星状创业团队有以下几个明显的特点。

(1) 组织结构紧密，向心力强，主导人物在组织中的行为对其他个体影响巨大。

(2) 决策程序相对简单，组织效率较高。

(3) 容易形成权力过分集中的局面，从而使决策失误的风险加大。

(4) 当其他团队成员和主导人物发生冲突时，由于核心人物具有特殊权威，其他团队成员往往处于被动地位，当冲突较为严重时，其他团队成员一般会选择离开团队，因此对组织的影响较大。

例如，太阳微系统公司(Sun Microsystems)最初就是由维诺德·科尔斯勒确立的多用途开放工作站的概念，接着他找了乔和本其托斯民两位分别在软件和硬件方面的专家，以及具有实际制造经验和人际技巧的麦克尼里，组成了Sun的创业团队。

2. 网状创业团队

网状创业团队的成员一般在创业之前都有密切的关系，如同学、亲友、同事、朋友等，一般都是在交往过程中共同认可某一个创业想法，并就创业达成了共识以后开始共同进行创业。在创业团队初创时,没有明确的核心人物,大家根据各自的特点进行自发的组织角色定位。因此,在企业初创时期,各位成员基本上扮演的是协作者或者伙伴角色。

网状创业团队的特点如下。

(1) 团队没有明显的核心,整体结构较为松散。

(2) 组织决策时,一般采取集体决策的方式,通过大量的沟通和讨论达成一致意见,因此组织的决策效率相对较低。

(3) 由于团队成员在团队中的地位相似,因此容易在组织中形成多头领导的局面。

(4) 当团队成员之间发生冲突时,一般采取平等协商、积极解决的态度消除冲突,团队成员不会轻易离开。但是,一旦团队成员间的冲突升级,致使某些团队成员撤出团队,就容易导致整个团队的涣散。

这种创业团队的典型是微软的比尔·盖茨和其童年玩伴保罗·艾伦,以及惠普的戴维·帕卡德和他在斯坦福大学的同学比尔·休利特等。很多知名企业的创建都源于创业人员本身的关系,他们基于一些互动激发出创业点子,然后合伙创业,此类例子比比皆是。

3. 虚拟星状创业团队

虚拟星状创业团队由网状创业团队演化而来,基本上是前两种创业团队的中间形态。这类团队中一般有一个核心成员,但是该核心成员地位的确立是由团队成员协商而定的。因此,核心成员从某种意义上说是整个团队的代言人,而不是主导型人物,其在团队中的行为必须充分考虑其他团队成员的意见,不如星状创业团队中的核心成员那样有权威。

6.1.5 创业团队的维持和发展

1. 维护团队的共同意识

在现实的工作中,人人都很繁忙,互相之间的交流时间和机会非常少,因此,营造团队意识是十分困难的事情,特别是当团队成员因为交接班制、兼职工作或灵活的工作时间而很少在一起共同工作时,营造团队意识就更难了。即使团队成员能够在一起工作,但由于某些正常工作,如不能中断客户电话等,也会导致在正常工作时间召开会议也变得十分困难。

有一个调查发现,75%的被调查者声称他们没有召开过团队会议。没有召开团队会议的原因并不是不需要团队会议,而是因为许多单位采用每周7天工作制,有超过2/3的员工是兼职工作,因此召开所有团队成员参加的会议不切合实际。

每个团队领导都很重视与团队成员交流的机会,但实际做起来困难重重。因此,团队领导经常只能与那些恰好处于同一工作时间的人员召开会议。当今,工作多样性及复杂化使团队维护共同意识更加困难,这也给管理者提出了更高的要求。

1) 团队会议

团队会议并非一定需要采用正式的形式,也不一定需要很长的时间,非正式地聚集在一起召开几分钟的团队会议也要比从来不召开团队会议要好得多。

2) 确保团队会议的有效性

召开团队会议非常不容易，为了让团队会议获得好的结果，应注意以下几点。

(1) 将精力集中于正确的事情。合理安排优先次序，哪些重要问题必须在会议上处理，哪些不重要的问题可以另行处理。

(2) 坚持观点。一旦确定优先次序，一定要坚持，避免做出无谓的改变。

(3) 按时开始并遵循时间。会议很容易浪费时间，如在会议开始时聊天、不按安排讨论等，因而团队领导需要严格遵循约定的时间表。

(4) 围绕重要议题。会议很容易在细节上陷入僵局，最好的解决办法就是围绕重要议题进行讨论。重要议题包括团队的目标，以及为了实现目标而制定的解决方案。

(5) 一定要做事先约定的事。如果忘记了所约定的事，并因此影响团队合作，那么易失去团队的支持，所以一定要记录约定的事宜。

3) 会议并非一切

团队会议很重要，但并非营造团队共同意识的唯一方法。作为团队的领导，可以做很多事情以帮助团队保持一致。下面列举一些重要的方法。

(1) 清晰地向团队成员传达目的。要明确告诉团队成员团队的目标是什么，这具有非常重要的意义。

(2) 营造责任感。使每个人都能理解为了实现团队目标自己必须要承担的相应的责任，这样才能够更好地提高每个人的团队意识。

(3) 确定行动准则。确定统一的行动准则并共同行动，处理事情时要相互信任、相互尊重。

(4) 使用固定的程序。确定了每个人要做的事情之后，大家最好统一采用固定的办事程序，这种做法可以维护团队的共同意识。

(5) 使用电子工具维护团队秩序。团队领导使用电子工具对维护团队秩序非常有帮助。E-mail、Internet和企业内部互联网的使用率越来越高，不同地区的人还可以使用音频或视频召开团队会议，这些技术的确为团队带来了好处，它们能够让人们随时交流信息。

然而，E-mail使用不当也会造成一些负面影响，例如，E-mail过载是许多组织都存在的问题。与其他类型的通信方式一样，意外或不友好的E-mail能够激怒人们或使人们感到心烦意乱。

2. 团队决策

为了能够顺利完成团队任务，解决团队可能面对的问题，团队需要做出科学和有效的决策。关于团队决策，应遵循以下基本原则。

(1) 在需要时立即进行。

(2) 让团队成员参与决策过程。

(3) 依据有用的信息进行决策。

(4) 坚持团队共同做出决定的做法。

决策包括下述几个阶段或步骤。

(1) 阐明问题。开始时需要明确决策的原因及决策是否必要，最重要的是，厘清每个受影响的干扰信息。

(2) 获得信息。在决策之前需要确保获得对解决问题有帮助的信息，对问题的实质是否有相同的认识。

(3) 提出多个解决方案。对团队而言，第一个可能选择的解决方案经常是个大错误，因此需要在做出决策之前提出多个选项。

(4) 建立选择标准。需要一个能够检测各解决方案是否有效的客观标准，以决定哪个选项是最好的。

(5) 做出决定。把标准应用于每个选项，做出决策。

(6) 实施并督导解决方案。把首选的选项付诸实践，并检查完成情况和效果。

3. 团队发展的阶段及方法

一支创业团队通常需要经历一系列阶段才能成长起来，一般包括形成阶段、波动阶段、稳定阶段、成熟阶段等。

为了使团队早日成熟，在决定团队发展的方法时，首先需要了解每个阶段可能发生的事件，并认识团队目前所处的阶段。在此基础上，才能帮助团队顺利发展。只有统一团队的发展目标，才能找到帮助团队发展的方法。

帮助团队发展的另外一种方法就是，以领导行为理论为基础，在不同阶段选择不同的领导行为。换句话说，即在不同的阶段，任务需要、团队需要和个人需要三方所占的比重不同，团队领导需要在不同的阶段侧重于不同的角色和任务。

1) 形成阶段

在形成阶段，团队的各个成员聚集到一起，每个人迫切想知道各自的工作任务是什么，他们会思考一些问题，如我们到这里要做什么、怎么做？当他们面对突发的情况时，有的十分焦虑，有的拘谨。在这一阶段，成员之间的信任一般处于低谷(除非成员原来就相互认识)。在本阶段，团队进行的主要活动应该是交流思想和收集信息。

在形成阶段，个人需要很高，他们需要确定各自的工作任务是什么，并且想知晓别人是如何评价他们的。因此，团队领导需要多花费一些精力去认识每个成员，并就将要发生的事与他们进行沟通。

团队需要在形成阶段处于中等水平，团队还在探索发展方式和操作方式，此时的团队领导需要通过一系列方法帮助团队成员相互认识。

形成阶段的任务需要很低，只有在群体成为一支团队之后才能真正开始解决工作中的问题。在这一阶段，团队领导可以向团队成员介绍自己的观点，并回答成员提出的"我们要做什么"之类的问题。这一阶段的主要工作不是完成任务，但也需要慢慢推动工作进展。

2) 波动阶段

在波动阶段，团队从互相交换信息转向拥有共同目标，各个成员可能会出现意见不合并陷入冲突的情况。波动阶段是一个充满竞争且积极向上的阶段，如果处理得当，团队成员将在本阶段发挥极大的创造性。

在波动阶段，个人需要仍保持较高水平，因此必须继续满足个人的需要并使团队成员安心。随着成员提出不同的观点(如群体应该如何协作、群体应该做什么等),团队需要逐渐提高,这时要留意将存在或发生问题的信号,并避免一两个人在群体中占据优势。随着冲突的产生,把冲突公开并帮助团队成员解决冲突变得越来越重要。

任务需要在此阶段仍处于较低水平,因为团队仍旧处于发展过程中。团队领导需要把任务看作推动团队发展并解决波动问题的工具。

3) 稳定阶段

在稳定阶段,团队成员理解了各自的工作任务并相互信任,团队也开始和谐发展。各成员感到自己是团队的一部分,并意识到如果接受他人的观点,他们能更好地完成任务。

在稳定阶段,个人可以得心应手地处理在团队中遇到的事情,因此他们的个人需要在某种程度上降低了。此时团队需要仍然很高,因为团队正在致力于在行动准则和工作程序上达成一致。团队领导在本阶段的角色是激励新想法,督促每个团队成员全力以赴,帮助他们达成一致。

在稳定阶段,任务需要的重要性开始凸现,团队领导应该注重目标的制定并激励团队成员为目标做出贡献,使团队成员加强合作。

4) 成熟阶段

在成熟阶段,团队在一种公开、信任的氛围中工作。团队成员之间能够相互理解,并领悟了工作的实质,他们受到鼓舞,以期达到目标。团队主要致力于完成工作任务。

在成熟阶段,个人需要与团队需要处于中等水平。团队领导的精力主要放在任务需要上,帮助团队制订计划并监控计划,时刻谨记团队目标。

在成熟阶段,要小心团队退回到前一个阶段,例如,当有新成员加入时,团队经常会恢复到波动阶段。如果发生了这种情况,要尽快修正行动,使团队回到成熟阶段。

6.2 创业团队的组建

创业团队的组建并不是没有章法的,通常情况下有一定的规律可循,本节将给出创业团队组建的基本原则、基本条件、影响因素、模式和步骤,最后介绍创业团队组建的风险成因和风险控制。

6.2.1 创业团队组建的基本原则

1. 合伙人原则

一般企业是招员工,而员工则在做工作。但创业团队需要招的是合伙人,因为合伙人做的是事业,一个人只有把工作当作事业才有成功的可能,一个企业只有把员工当作合伙人才有机会迅速成长。所以,创业团队要先解决价值分配问题,然后去找自己的合伙人。

2. 激情原则

对事业是否有激情是衡量一个人能否成功的基本标准。创业团队一定要选择对项目有高度热情的人加入，并且要使所有人在企业初创时就有每天长时间工作的准备。任何人，不管其有无专业水平，如果对事业的信心不足，将无法适应创业的需求，而这些消极因素对创业团队所有成员产生的负面影响可能是致命的。创业初期，整个团队可能需要长时间不停地工作，并要求每个人在高负荷的压力下仍能保持创业的激情。

3. 团队原则

团队意识是企业凝聚力的基础，成员能够同甘共苦，经营成果能够公开且合理地分享，团队就会形成强大的凝聚力。

团队中没有个人英雄主义，每位成员的价值表现为其对团队整体价值的贡献。每位成员都应将团队利益置于个人利益之上，个人利益是建立在团队利益基础上的，因此成员必须愿意牺牲短期利益来换取长期的成功果实，不计较短期薪资、福利、津贴等，将利益分享放在成功后。

4. 互补原则

建立优势互补的团队是创业成功的关键。主内与主外的不同人才，具有耐心和战略眼光的领袖，技术与市场两方面的人才，都不可或缺。创业者寻找团队成员，首先要弥补当前资源、能力上的不足，要针对创业目标与当前能力的差距，寻找所需要的成员。好的创业团队，成员间的能力通常能形成良好的互补，而这种能力互补也会有助于强化团队成员间的合作。

此外，创业团队还要注意个人的性格与看问题的角度，团队里必须有总能提出建设性意见和不断发现团队问题的成员，成员都喜欢说好话的团队绝对不可能成为一个优秀的团队。

6.2.2 创业团队组建的基本条件

1. 树立正确的团队理念

1) 凝聚力

拥有正确团队理念的成员将处在一个命运共同体中，共享收益，共担风险。团队工作，即作为一个团队工作而不是靠个别的"英雄"工作，每个人的工作相互依赖和支持，依靠事业成功来激励每个人。

2) 诚实正直

诚实正直是有利于顾客、公司和价值创造的行为准则，它排斥纯粹的实用主义或利己主义，拒绝狭隘的个人利益和部门利益。

3) 为长远着想

拥有正确团队理念的成员相信他们正在为企业的长远利益工作，正在成就一番事业，而不是把企业当作一个快速致富的工具。没有人打算现在加入，而在困境出现之前或出现时退出而获利，团队成员追求的是最终的资本回报及其带来的成就感，而不是当前的收入水平、地位和待遇。

4) 承诺价值创造

承诺价值创造，即拥有正确团队理念的成员承诺为了每个人而使"蛋糕"更大，包括为顾客增加价值，使供应商随着团队成功而获益，为团队的所有支持者和各种利益相关者谋利。

2. 确立明确的团队发展目标

目标在团队组建过程中具有特殊的价值。首先，目标是一种有效的激励因素。如果一个人看清了团队未来的发展目标，并认为随着团队目标的实现，自己可以从中分享到很多利益，那么他就会把这个目标当成自己的目标，并为实现这个目标而奋斗。从这个意义上讲，未来共同的目标是创业团队克服困难、取得胜利的动力。其次，目标是一种有效的协调因素。团队中各种角色的个性、能力有所不同，但只有步调一致才能取得胜利。孙子曰："上下同欲者，胜。"只有真正目标一致、齐心协力的创业团队才会获得最终的胜利与成功。

3. 建立责、权、利统一的团队管理机制

1) 创业团队内部需要妥善处理各种权力和利益关系

首先，要妥善处理创业团队内部的权力关系。在创业团队运行过程中，团队要确定谁适合从事何种关键任务，以及谁对关键任务承担什么责任，以使能力和责任的重复最小化。

其次，要妥善处理创业团队内部的利益关系，这与新创企业的报酬体系有关。一个新创企业的报酬体系不仅应包括股权、工资、奖金等金钱报酬，而且应包括个人的成长机会和提高相关技能等方面的内容。每个团队成员所看重的东西并不一致，这取决于每个人的价值观、奋斗目标和抱负。有些人追求的是长远的资本收益，也有一些人不想考虑那么远，只关心短期收入和职业安全。

最后，由于新创企业的报酬体系十分重要，而且在创业早期阶段财力有限，因此要认真研究和设计整个企业生命周期的报酬体系，以使之具有吸引力，并且使报酬水平不受贡献水平变化和人员增加的限制，即保证按贡献付酬和不因人员增加而降低报酬水平。

2) 制定创业团队的管理规则

要处理好团队成员之间的权力和利益关系，创业团队必须制定相关的管理规则。规则的制定要有前瞻性和可操作性，要遵循先粗后细、由近及远、逐步细化、逐次到位的原则。这样有利于维持管理规则的相对稳定，而规则的稳定则更有利于团队的稳定。

创业团队的管理规则大致可以分为三个方面。

首先，治理层面的规则，主要解决剩余索取权和剩余控制权问题。治理层面的规则大致可以分为合伙关系与雇佣关系。在合伙关系下，大家都是老板，大家说了算；而在雇佣关系下，只有一个老板，一个人说了算。除了利益分配机制和争端解决机制，还必须建立进入机制和退出机制，约定创业者退出的条件和约束，以及股权的转让、增股等问题。

其次，文化层面的规则，主要解决企业的价值认同问题。企业章程和用工合同解决的是经济契约问题，但作为管理规则它们还是很不完备的。经济契约不完备的地方要由文化契约来弥补。文化契约包括很多内容，也可以用"公理"和"天条"这两个词简要概括。

所谓"公理",就是团队内部不证自明的东西,它构成团队成员共同的终极行为依据。所谓"天条",就是团队内部任何人都碰不得的东西,它对所有团队成员都构成一种约束。

最后,管理层面的规则,主要解决指挥管理权问题。管理层面的规则包括:平等原则,即制度面前人人平等,不能有例外现象;服从原则,即下级服从上级,行动要听指挥;等级原则,即不能随意越级指挥,也不能随意越级请示。

4. 要有脚踏实地、一步一个脚印的心态

"心急吃不了热豆腐",共同的价值观是大家共同的理想和追求,实现它需要一个长期的奋斗过程,所以需要大家紧密团结,脚踏实地,一步一个脚印地去走、去闯。

5. 要有好的团队带头人

一个好的企业、好的团队,需要一个带队的"先锋",需要一个知识面广的"教练",需要一个敢想敢为的"司机",为企业的发展把握好前进的方向。与此同时,这样一个"先锋""教练""司机"不能把自己的个人情感掺杂进来,必须考虑整个团队的利益和追求,必须为公司的团队建设和组织机制的建设贡献出自己最大的力量。这个带头的人要有眼光,要有胸怀,要有知识,要有实力。

6. 痛苦、幸福一同分担和分享,荣辱与共

企业团队在成长的过程中要风雨同舟、甘苦与共、有难同当、有福同享,更要互换思维、互换立场考虑问题,互帮互助,共同成长。再大的困难一起分担,再大的激情一起释放,最好的幸福一同分享,最好的欢乐一同歌唱。企业的成长不是一帆风顺的,要面临很多困难和挑战,团队成员要有很好的心理素质,例如,客观问题客观分析,积极配合,团结一心,一同面对和解决发展中遇到的难题和挑战;不要落井下石;不要轻言放弃,要风雨同舟、同甘共苦,一起渡过难关;所有成员任劳任怨、无怨无悔、不达目的永不停止。

7. 团队利益至上,要按规则办事

团队的利益高于一切,一切应该以团队为整体考虑问题。谁触犯了大家共同的规则,谁就应该受处罚。

8. 要有不断进取的学习心态,让团队真正成为一个学习型组织

人要充电才能放电,应在工作之外、生活之中多多学习。

9. 大家能认可共有的规则

大家都认可的规则是团队合作的标准和规范,需要100%地去努力执行,不能有任何借口。

10. 要有对彼此的信任

对团队的领导者来说,所有人应对其有一份信任。团队是为实现所有人的共同价值而建立的,不是为实现某个人的个别想法而建立的,作为领导者不能滥用大家的信任为所欲为。在每件事上所做的每个决定都要考虑是否符合团队利益,是否与团队的核心价值相统

一。当团队内部出现分歧时应严格按制度办事,同时,还必须理解并尊重少数人的意见,有时候真理往往掌握在少数人的手里,团队领导也要信任每一个人。

有一点需要说明,领导者既然代表整个团队,由领导者制定的相关决策必须是团队的最高决定,一旦进入实施阶段任何人必须100%地去执行,这样团队口径才能统一,凝聚力才会增强,才会发挥出整体的力量。

6.2.3 创业团队组建的影响因素

创业团队的组建受多种因素的影响,这些因素相互作用,共同影响团队的组建并进一步影响团队建成后的运行效率。创业团队组建的影响因素主要有以下五个。

1. 创业者

创业者的能力和思想意识从根本上决定了是否要组建创业团队,以及团队组建的时间表和由哪些人组成团队。创业者只有在意识到组建团队可以弥补自身能力与创业目标之间存在的差距时,才有可能考虑是否需要组建创业团队,以及在什么时候需要引进什么样的人员才能和自己形成互补,从而做出准确判断。

2. 商机

不同类型的商机需要不同类型的创业团队。创业者应根据创业者与商机间的匹配程度,决定是否要组建团队,以及何时、如何组建团队。

3. 团队目标与价值观

共同的价值观、统一的目标是组建创业团队的前提,团队成员若不认可团队目标,就不可能全心全意为此目标的实现而与其他团队成员相互合作、共同奋斗。而不同的价值观将直接导致团队成员在创业过程中脱离团队,进而削弱创业团队作用的发挥。没有一致的目标和共同的价值观,创业团队即使组建起来也无法有效地发挥协同作用,从而导致缺乏战斗力。

4. 团队成员

团队成员的能力总和决定了创业团队的整体能力和发展潜力。创业团队成员的才能互补是组建创业团队的必要条件,而团队成员间的互信是形成团队的基础。互信的缺乏将直接导致团队成员间协作障碍的出现。

5. 外部环境

创业团队的生存和发展直接受到制度性环境、基础设施服务环境、经济环境、社会环境、市场环境、资源环境等多种外部要素的影响。这些外部环境要素从宏观上间接地影响创业团队组建的类型。

6.2.4 创业团队组建的模式

创业团队投资是一种创业性投资活动。创业团队投资由于投资时机、投资对象的选择，资本额的大小，对投资收益的期望值等原因而具有较高的风险，因而对于各类投资活动采取何种组织形式，对投资本身及其成效具有重要影响。一般而言，创业团队在创业投资时可采用的组织形式主要有公司制和合伙制两种，两种形式各有其特点。

1. 公司制

创业投资可采用公司制形式，即设立有限责任公司或股份有限公司，通过公司的运作机制及形式进行创业投资。采用公司制的优势主要体现在以下几个方面。

(1) 能有效地集中资金进行投资活动。

(2) 公司以自有资本进行投资有利于控制风险。

(3) 对于投资收益，公司可以根据自身发展做出必要的扣除和提留后再进行分配。

(4) 随着公司的快速发展，可以申请对公司进行改制上市，使投资者的股份可以公开转让并将套现资金用于循环投资。一般非家族成员的创业者较常采用公司制形式。

2. 合伙制

创业团队投资采取合伙制形式，有利于将创业投资中的激励机制与约束机制有机地结合起来。合伙制包括全体合伙人共同执行合伙企业事务、委托一名或数名合伙人执行合伙企业事务两种形式。全体合伙人共同执行合伙企业事务是指按照合伙协议的约定，各个合伙人都直接参与经营，处理合伙企业的事务，对外代表合伙企业。委托一名或数名合伙人执行合伙企业事务是指由合伙协议约定或全体合伙人决定一名或数名合伙人执行合伙企业事务，对外代表合伙企业。

我国现阶段主要有四种合伙形式：亲戚间合伙、家族内合伙、朋友间合伙、同事间合伙。咨询类、律师事务所和会计师事务所多数采用合伙制形式。在我国农村，农民们办的很多企业都采用了合伙制形式。在全世界90%以上的小企业中，80%是家族企业，甚至在《财富》杂志排名前500名的大企业中，1/3由某个家族控制。不同类型的合伙形式都有自身的优势和不足。就家族合伙制来说，在创业时期，凭借创业者在血缘关系、类似血缘关系上的优势，能够以较低的成本迅速网络人才，团结奋斗，甚至不计较报酬，从而使企业能在短时间内获得竞争优势；内部信息沟通顺畅，对外部市场信息反馈及时，总代理成本比其他类型的企业低。但这种类型的企业的缺点是难以得到优秀的人才，会在某种程度上制约其迅速发展。

6.2.5 创业团队组建的步骤

创业者有了创业点子后，可以采用以下步骤组建创业团队。

(1) 撰写创业计划书。通过撰写创业计划书，使自己的思路进一步清晰，也为未来寻找合作伙伴奠定基础。

(2) 优劣势分析。认真分析自我，发掘自己的特长，确定自己的不足。创业者首先要对自己正在或即将从事的创业活动有足够清楚的认识。并使用SWOT法分析自己的优点、缺点、性格特征、能力特征、拥有的知识、人际关系，以及资金等方面的情况。

(3) 确定合作形式。通过第(2)步的分析，创业者可以根据自己的情况，选择有利于实现创业计划的合作方式，通常是寻找那些能与自己形成优势互补的创业合作伙伴。

(4) 寻求创业合作伙伴。创业者可以通过媒体广告、亲戚朋友介绍、各种招商洽谈会、互联网等形式寻找自己的创业合作伙伴。

(5) 沟通交流，达成创业协议。找到有创业意愿的创业者后，双方还需要就创业计划、股权分配等具体合作事宜进行深层次、多方位的全面沟通。只有前期的充分沟通和交流，才不会导致正式创业后迅速出现创业团队因沟通不够引起的解体。

(6) 落实谈判，确定责、权、利。在双方充分交流达成一致意见后，创业团队还需对合伙条款进行谈判。

6.2.6　创业团队组建的风险成因

创业团队组建的过程中或多或少会伴有一定的风险，而这些风险随时都可能导致创业企业的失败。

1. 盲目照搬成功的组建模式

创业团队的组建基本可以分成三种模式：关系驱动、要素驱动和价值驱动。关系驱动是指以创业领导者为核心的人际关系圈内成员组成的团队，各成员因为经验、友谊和共同兴趣结成合作伙伴，彼此发现商业机会后共同创业。要素驱动是指创业团队成员分别贡献创业所需的创意、资源和操作技能等要素，由于这些要素完全互补，团队成员之间处于相对平等的地位。价值驱动是指创业成员将创业视为一种实现自我价值的手段，他们的使命感很强，成功的冲动也很强。不同的组建模式适用的条件不尽相同，如果盲目照搬照套某种组建模式，会给企业带来巨大的风险。现在应用最广泛的是关系驱动模式，它比较适合中国文化的特点，其团队的稳定性相对较高，但关系的远近亲疏经常会成为制约团队发展的瓶颈。要素驱动模式比较符合西方文化的特点，现在的互联网创业团队大多属于这种模式，如果成员之间磨合顺利，可以缩短企业成功所需的时间，但是如果磨合不顺利，就很容易发生解散风险。价值驱动模式中的团队成员虽然是为了追求自我实现组合在一起的，但是一旦产生分歧，就没有妥协的余地。

2. 团队成员的选择具有随意性和偶然性

创业团队是将个体的力量整合为聚集的攻击力，并保持这种攻击力的持久性。英国学者贝尔宾为了研究理想创业团队的构成，曾经考察了1000多支创业团队最后提出了九种角色论，即成功的团队必须包含九种不同角色的人。这九种角色分别是：提出创新观点并做出决策的创新者；将思想语言转化为行动的实干者；将目标分类，进行角色职位与义务分配的协调者；促进决策实施的推进者；引进信息与外部谈判的信息者；分析问题与看法并评估别人贡献的监督者；给予个人支持并帮助他人的凝聚者；强调任务的时效性并完成任务的完美主义者；具有专业技能和知识的专家。

但是，在创业团队组建初期，由于规模和人数的限制，创业团队在成员选择方面考虑得不够全面，往往过于随意和偶然，甚至可能只是因为碰巧谈到创业问题而一拍即合，所以不可能完全具备这九种角色。之后又可能没有进行及时补充，或是团队中承担某种角色的人才过多，团队成员之间角色和优势重复，这些都会引发各种矛盾，最终导致整个创业团队散伙。

3. 缺乏明确、一致的团队目标

心理学家马斯洛指出，杰出团队的显著特征是具有共同的愿景与目标。凝聚人心的愿景与经营理念是团队合作的基础。目标则是共同愿景在客观环境中的具体化，能够为团队成员指明方向，是团队运行的核心动力。

事实上，在创业初期，创业团队的目标一般并不十分清晰和明确，可能只是一个模糊的发展方向，有些人甚至不明白自己为什么会走上创业的道路，而且，即使创业领导者的目标明确，也不能保证其他成员都能够正确、准确地理解团队目标。随着创业进程的推进及外界环境的变化，团队成员可能会发现原先确定的目标和现实之间存在差距，必须对目标进行适当调整，此时如果团队成员之间的矛盾难以调和，或者个人目标与组织目标出现较大的不一致，那么团队就会面临解散的风险。

4. 激励机制尤其是利润分配方式不完善

有效激励是企业长期保持团队士气的关键。如果缺乏有效的激励，团队或者组织的生命都难以长久，有效激励的重点是给予团队成员合理的"利益补偿"。根据2004年6月对200多位在职工商管理研修班的学员进行创业管理调查得知，影响中国现阶段创业团队散伙的两个主要原因是团队矛盾(26%)和利益分配(15%)。团队矛盾的背后或多或少存在利益的影响，因此可以看出，利益分配对于创业团队的持续、长期发展有着重要意义。

实际上，在团队组建初期，由于企业前途未卜，各成员在创业企业中的作用和贡献无法准确衡量，因此团队无法给出一个明确的利润分配方案，可能只是简单地采取平均主义的做法。这样，随着企业的发展和利润的增加，团队成员在利润分配时就会出现争议，从而导致创业团队解散。

6.2.7 创业团队组建的风险控制

1. 选择合理的团队成员

建立优势互补的创业团队是保持创业团队稳定性的关键，也是规避和降低团队组建模式风险的有效手段。在团队创建初期，人数不宜过多，能满足基本的需求即可。在成员选择上，要综合考虑成员在能力和技术上的互补性，基本保证具备理想团队所需的九种角色，而且成员的能力和技术应该处于同一等级，不宜差异过大。如果团队成员在对项目的理解能力、表达能力、执行能力、社会资源能力、思维创新能力等方面存在较大差异，则会产生严重的沟通和执行障碍。

此外，在选择成员时还要考虑创业激情的影响。在企业初创期，所有成员每天都需要超负荷工作，如果缺乏创业激情和对事业的信心，不管其专业水平有多高，都可能成为团队中的消极因素，对其他成员产生致命的负面影响。

例如，携程网的成功，除了抓住互联网快速发展的契机，有一个良好的创业团队也是关键。携程网的团队成员来自美国甲骨文公司、德意志银行和上海旅行社等,是技术人才、管理人才、金融运作人才和旅游人才的完美组合。大家共同创业,分享各自的知识和经验,避开了很多创业的"雷区"。

2. 确定清晰的创业目标

创业团队在实践中要不断总结经验和吸取教训,形成一致的创业思路,勾画出共同的目标,以此作为团队努力的目标和向导,鼓励团队成员积极掌握工作内容和职责,竭诚与他人合作、交流并贡献个人能力。

创业团队的目标必须清晰、明确,能够集中体现团队成员的利益,与团队成员的价值趋向一致,并保证所有团队成员都能正确理解,这样才能发挥鼓励和激励团队成员的作用。此外,创业团队的目标还必须切实可行,既不应太高,也不应太低,而且要能够根据环境和组织的变化及时更新与调整。

例如,1998年成立于北京的交大铭泰主要研究、开发及销售以翻译软件为主的四大系列软件产品。其在创业初期,就确定了三年内成为我国最大的应用软件和服务提供商的目标,以及具体的发展战略。明确的创业目标保证了团队成员的稳定性,其成员自创业以来基本上没有太大变化,这不仅带来了企业凝聚力的提高,也使交大铭泰在企业创新方面取得了较大突破。交大铭泰很快成为国内第一个通用软件上市公司、亚洲首只"信息本地化概念股"、2004年中国香港股市第一家上市企业。

3. 制定有效的激励机制

正确判断团队成员的利益需求是有效激励的前提。实际上,不同类型的人对于利益的需求并不完全一样,有些人将物质追求放在第一位,而有些人则希望能够获得荣誉、发展机会、能力提高等其他利益。因此,创业团队的领导者必须加强与团队成员的交流,针对各成员的情况采取合理的激励措施。

创业团队的利润分配体系必须体现出个人贡献价值的差异,而且要以团队成员在整个创业过程中的表现为依据,而不能仅看中某一阶段的业绩。其具体分配方式要具有灵活性,既包括股权、工资、奖金等物质利益,也包括个人成长机会和相关技能培训等内容,并且能够根据团队成员的期望进行适时调整。

例如,腾讯公司的马化腾创业团队多年来十分稳定,这与其利润分配机制的有效性是分不开的。虽然腾讯公司的股权多次转让,但是它的5位创办人一直共同持有公司的大部分股份,公司的上市更是使创业团队的5位创办人均成为亿万富翁。

6.3 创业团队的管理

创业团队组建成功之后,首先需要面对的问题是如何有效地对创业团队进行管理,以及一个高效的创业团队如何才能推动企业获得最终成功。本节将从创业团队的管理方法、创业团队的管理技巧和策略两方面进行简要介绍。

6.3.1 创业团队的管理方法

1. 分权管理

分权就是转交责任,不是自己做出所有决策,而是将确定的工作委托给下级,让他们有一定的独立处理工作的范围,同时承担一部分责任,提高下级的工作意愿和工作效率。下级因为参与和所承担的责任提高了积极性,上级还可以从具体工作中解放出来,更多地投入自身的领导工作。

2. 漫步管理

漫步管理是指最高领导不应只埋头在办公室,还应尽可能经常地让下属见到他,就像"漫步"那样在企业里转悠。这样,企业领导可以第一手(直接从职工那里)获知下属有什么烦恼和企业流程在哪里卡住了,而且,上级亲自查看工作和倾听每个下属的心里话对下属也是一种激励。

3. 结果管理

结果管理是指上级把要得到的结果作为管理工作的中心,但在结果控制时不一定要评价每一个下属,可以评价一个部门或他从属的一个岗位。像目标管理一样,应注重提高下属的工作意愿和参与责任。

4. 目标管理

目标管理是指上级给予下属一个要达到的目标,如销售额提高15%,各个部门共同确定达到目标的方法并执行,上级则有规律地检查销售额变化的情况。目标管理的好处是提高下属的工作意愿和参与责任。此外,下属们共同追求要达到的目标,促进了团体精神。

5. 例外管理

例外管理是指领导只对例外的情况亲自进行决策。例如,一个下属有权决定6%以下的价格折扣,当一个顾客要求10%的折扣时,就属于例外情况了,这必须由上级决定。例外管理同样可以提高职工的工作意愿,职工有独立处理工作的可能也在一定程度上减轻了上级的负担。这个方法的实际困难在于如何判断什么是正常业务,什么是例外情况,因此要经常检验决策范围。

6. 参与管理

参与管理是指让下级参与某些问题的决策,尤其是与他本人有关的问题决策,如调到另一个部门或外地的分支机构任职。当对重要问题有共同发言权时,职工不会感到被"傲慢"地对待了,如他们可以认识到调职的意义和领导对其的信任,这样做可以提高对企业目标的认同。

7. 系统管理

系统管理是指对确定的企业流程进行创业团队管理。把企业作为一个大系统,这个系统就像一个电流调节系统一样运行,对那些不断重复的活动有许多规定和指令(如机器的开和关、更换和维修)。这种方法主要用于工业企业,将所有工作过程组织成通畅的流程,许多规定只是为了保证整个系统的运行,以及使人的工作满足技术要求。上级要注意的是,不要使企业出现官僚主义。

6.3.2 创业团队的管理技巧和策略

团队创业的成功率并不比个人创业的成功率高,其主要原因不外乎两点:一是团队失败于决策分歧;二是团队困于利益冲突。有效的创业团队管理要解决决策分歧和利益冲突的问题,而这有赖于创业团队找到合适的、对应的结构模式。

1. 创业团队的特殊之处

创业团队的管理不同于工作团队的管理。对于大多数企业内的工作团队来说,如研发团队、销售团队和项目团队等,因为人员和岗位稳定性相对较高,人们习惯性地将重点放在过程管理上,注重通过建设沟通机制、决策机制、互动机制和激励机制等发挥集体智慧,实现优势互补提升绩效。但对创业团队管理而言,正好相反,重点在于结构管理,而不是过程管理。

首先,创业团队管理是缺乏组织规范条件下的团队管理。在创业初期,创业团队还没有建立起规范的决策流程、分工体系和组织规范,"人治"味道相当浓厚,处理决策分歧显得尤为困难。此时,团队成员之间的认同和信任尤其重要,但又很难在短期建立起来。因此,认同和信任关系取决于创业团队的初始结构。

其次,创业团队管理是缺乏短期激励手段的团队管理。成熟企业内的工作团队可以凭借雄厚的资源基础、借助月度工作考核等手段,在短期实现成员投入与回报的动态平衡。相比之下,创业初期需要团队在时间、精力和资金等资源方面进行高强度投入,但短期无法实现期待的激励和回报,不仅因为投入资源有限,更主要的是对创业团队的回报是以创业成功为前提的。成功不可一蹴而就的时候,就需要找到能适应的合伙人。

最后,创业团队管理是以协同学习为核心的团队管理。成熟企业内工作团队的学习以组织知识和记忆为依托,成员之间共享相似的知识基础。但是创业过程充满了不确定性,需要不断试错和验证,并在此基础上创造与存储知识和记忆。创业团队的协同学习建立在团队成员在创业之前形成的共同知识和观念的基础上,这仍旧取决于创业团队的初始结构。核心创业者对于团队成员的选择决定了创业团队管理的基础架构,这是实现有效的创业团队管理的重要前提。

2. 创业团队的三维结构

创业团队可以从三方面入手来实施结构管理,分别是知识结构、情感结构和动机结构。

知识结构反映创业团队成功创业的能力素质;情感结构是创业团队维持凝聚力的重要保障;动机结构则是创业团队实现理念和价值观认同的关键因素。

1) 知识结构管理

知识结构管理的核心是建立以创业任务为核心的知识和技能互补性，强调创业团队有完备的能力来完成创业的相关任务。

谈到知识和技能的互补，《西游记》中由唐僧率领的取经团队被公认为一支"黄金组合"的创业团队。四个人的性格各不相同，却又同时有着不可替代的优势。例如，唐僧慈悲为怀，使命感很好，有组织设计能力，注重行为规范和工作标准，所以他担任团队的主管，是团队的核心；孙悟空武功高强，是取经路上的先行者，能迅速理解、完成任务，是团队业务骨干和铁腕人物；猪八戒看似实力不强又好吃懒做，但是他善于活跃工作气氛，使取经之旅不至于太沉闷；沙僧勤恳、踏实，平时默默无闻，关键时刻他能稳如泰山，稳定局面。

2) 情感结构管理

情感结构管理的重点是注重年龄、学历等不可控因素的适度差异。中国文化注重层级和面子关系，如果创业团队成员之间年龄和学历因素差距过大，成员之间在混沌状态下发生冲突和争辩，很容易导致从彼此感觉丢面子演变为情感性冲突。一旦出现这种情况，创业团队将不得不把时间和精力浪费于沟通方式设计与内部矛盾化解，内耗大于建设，不利于创业成功。

3) 动机结构管理

动机结构管理的关键在于注重创业团队成员理念和价值观的相似性。如果创业团队成员之间价值观不同，想做事业的成员可能不会过分关注短期收益，而怀揣赚钱动机的成员则不会认同忽视短期收益的做法。相似的理念和价值观有助于创业团队保持愿景和方向的一致，有助于创业团队克服挑战，逐步走向成功。

3. 结构与过程互动

建立促进合作和学习的决策机制是发挥创业团队结构优势进而成功创业的重要途径。创业事业能否继续下去，在很大程度上取决于核心团队成员能否看到其他人的长处，不断相互学习。具体而言，创业团队的互动过程建设应遵循的原则如下。

(1) 建设合作式冲突的氛围和文化。创业团队成员间一定会有冲突，关键在于创业团队要遵循一致的目标，鼓励看到对方观点或建议的长处和价值，不要认为对方在挑战自己的权威。合作式冲突的氛围和文化往往能够充分调动每个人的潜能和专长，形成相对有效的决策方案和机制。

(2) 避免竞争式冲突。所谓竞争式冲突，即创业团队成员之间观点争论的目的并不是达成某种共识，而是固执地认为自己的观点正确，听不进去其他成员的观点。创业过程既需要充分吸收多样性观点，又需要保证快速地做出决策。听取成员观点并不意味着依从，其关键在于整合。这需要营造成员充分发表看法和观点的开放性机制，同时又需要快速形成决策结果的集中性机制。

6.4 创业团队的股权分配

几个好友一起创业开公司，本来是一件非常好的事情，因为起初的一个简单想法，大家一起做事情，但是到最后很多只能选择散伙，其中的一个原因就是公司股份分配比例不合理。创业团队的股权分配问题是企业能否取得成功的关键。通常我们首先把股权分成两个类别：资金股权部分和经营股权部分，即经济权和政治权。股权分配时应把这两个部分的股权分别确定清楚。

资金股权的确定要区分投资者的类型。一般来说，个人投资要看投资人的个人特性，机构投资则有一套价值评估的系统。下面我们来谈谈对个人投资者的股权分配方法。投资者为什么要投资某创业团队，最重要的一般都是看重人，其次才是项目。因此，我们也应该首先从人的角度来看待投入资金占的股份比例问题。比如投资者的控制欲特别重，创业团队不如把精力放到如何通过扩大"盘子"让团队的收益增大；如果投资者是特别豪爽的人，或许创业团队可以获得控股权。总之，更多地还是尊重投资人的看法。如果真的觉得不合适，则说明选错投资人了。

至于经营股权部分，定好总的比例之后，就可以根据每个人在团队中担任的职责和能力来进行评估。这方面可能会有争议，建议设立一些简单的虚拟股权绩效评价系统，即在创业过程中让股东的股权随着个人绩效的变化有一定调整幅度的激励制度。这个制度是中立的，因此经营股权的分配比例也是按照职责、岗位来分的，而不是按照人来分的。有时还应该考虑创意角度的股份，应把这个方面单列，让最开始提出这个创意的人获得一定的股权回报。

如果股权分配不谈好，在创业过程中必然会发生各种问题。不按照人来分股权，而是按照客观的资金、职责、岗位、创意等角度来分，能尽量避免随意拍脑袋的分配方式带来的问题。

6.4.1 创业团队股权分配概述

1. 创业团队股权分配的对象

科学的股权架构一定由创始人、合伙人、投资人、核心员工这四类人掌握大部分股权。无疑，这四类人对公司的发展方向、资金、管理和执行起重要作用，创始人在分配股权时，一定要照顾到这些人的利益，给予他们一定比例的股份。

(1) 创始人：掌控公司的发展方向，应保证创始人的控制权。
(2) 合伙人：凝聚合伙人团队，应保证合伙人的经营权与话语权。
(3) 投资人：促进投资者进入，应保证投资人的优先权。
(4) 核心员工：激发员工的创造力，应保证核心员工的分利权。

2. 创业团队股权分配的核心和关键

创业团队股权分配的核心是要让各个创始人在分配和讨论的过程中，从心眼里感觉到合理、公平，从而集中精力做事情。

创业团队股权分配的两个关键点是保证创业者拥有对公司的控制权和要实现股权价值的最大化(吸引合伙人、融资和人才)。

1) 保证创业者拥有对公司的控制权

创始人最好具有绝对控股权，能有67%以上的股权最好，至少有50%。因为公司需要有一个能够拍板的领导者，这样才能更好地把握公司的发展方向，也能激发团队做大企业的信心和动力。

2) 要实现股权价值的最大化(吸引合伙人、融资和人才)

俗话说"财散人聚"，股权代表着未来的财，散一部分股权，才能聚起来优秀的合伙人和人才。因为与固定的薪资相比，股权具有更长远的投资价值。一般来说，随着公司的发展壮大，合伙人手中的股权很有可能会翻好几倍，远不是固定薪资可以比拟的，创业者可以以此来说服和吸引优秀人才。

3. 创业团队股权分配的管理

创始合伙人的得权期、退出机制、回购权管理对股权的完整管理包括：对于股权的得权、退出和回购都要提前约定好，避免日后不必要的纠纷。

1) 得权期

一般情况下，得权期设置为4年，也就是约定了员工必须要在公司工作4年，才能拿到全部的股权，以此来吸引、留住和激励优秀员工。

2) 退出机制

只进不出的合伙机制只会把路给堵死。创业公司的股权价值是所有合伙人持续、长期地服务于公司赚取的，当合伙人退出公司后，其所持有的股权应该按照一定的形式退出。

提前约定好退出机制不仅对继续在公司里做事的其他合伙人更公平，而且也利于公司的持续、稳定发展。

3) 回购权

当股东中途退出、转让或出售部分股份时，公司可以按照当时公司估值的X%折扣价、原始购股价的X倍溢价或参照公司净资产，回购该股东手中的股份。

6.4.2 创业团队股权分配的原则和方法

1. 最大责任者一股独大

在美国，几个创始人平分股权，公司也能做起来。但在中国却相反，能够做起来的公司，大多为一股独大。比较成功的模式是，有一个大家都信服的大股东作为牵头人，他是公司决策的中心，对公司承担最大的责任；另外搭配1~2个占股权10%~20%、有着与大股东互补的能力和资源的合伙股东，能发出跟大股东不同的声音，对公司有一定的影响力。基于这样的模式，既保持有不同的意见，又有人做决策和承担责任，这样的公司往往容易成功。

股权分配在根本上要让所有人在分配和讨论的过程中，心里感觉合理、公平，从而集中精力做事，这是最核心的，也是最容易被忽略的。复杂、全面的股权分配框架和模型显然有助于各方达成共识，但是绝对无法替代信任的建立。创始人最好开诚布公地谈论自己的想法和期望，任何想法都是合理的，只要能赢得创业成员们的由衷认可就行。

投资人在投资早期项目的时候，认为比较好的股权结构通常是创始人占50%~60%，联合创始人占20%～30%，期权池占10%～20%。有一个常见的问题是，很多创业者认为创意是自己提出来的，所以自己理所应当占据最大的股份，这是一个非常典型的误区。创业是一个艰苦、长期的过程，而不是一个创意，实现创意的过程中充满了各种的试错和调整，创业项目能够成功，所有的产品和业务与当初最早的创意相比，早已面目全非。如果创意的提出者在公司成长过程中无法做出真正的贡献，其他创始人很可能因为分配不公而另立炉灶。

2. 杜绝平庸和拖延

创业团队的股权分配绝对不能搞平均主义。很多时候，创始人不愿意谈论股权分配问题，这个话题不容易启齿，所以他们要么完全回避这个问题，要么只是说一些模棱两可的约定，比如"我们是平等的""先做事，其他好商量"或者"我们之间还有什么不好说的，以后再说吧"。如果有3个或3个以上的创始人，这种讨论就变得更加困难了。

创始人普遍会犯的错误是没有在第一天就把股份的分配问题谈清楚，并写下来。股权分配拖得越久就越难谈，随着时间的推移，每个人都会觉得自己是项目成功必不可少的功臣，关于股权分配的讨论就会变得越来越难以进行。因此，应尽早进行股权分配的讨论并达成共识。讨论股权分配问题的理想时间是，几个人决定一起做事情之前、正式开始做事情之后。

3. 股权绑定，分期兑现

仅仅达成股份比例的共识还不够，如果一个创始人拿了很多股份，但后来做事不用心、不上进怎么办？如果有人中途离开公司怎么办，股份该如何处置？

在美国，初创公司一般对创始股东的股票都有关于股权绑定的机制设置，公司股权按照创始人在公司工作的时间逐步兑现，任何创始股东都必须在公司做够起码1年才可持有股份(包括创始人)。好的股份绑定计划一般按4～5年期执行，例如，4年期股份绑定，第一年兑现25%，然后接下来每年兑现25%。这个事很容易忽略又很重要，最好在股权分配时加上股权兑现的约定。

中国的创业公司没有执行股权绑定是极其普遍的现象，后果可能十分严重，甚至可能直接导致项目失败或公司倒闭。

股权绑定还有另外一个好处，即有效地平衡合伙人之间出现股份分配不公平的情况。例如，最初订立的股权分配比例更多是拍脑袋得出的，但项目进行一段时间之后发现，之前股权分配较少的乙对项目的贡献或重要性比股权分配较多的甲要大，董事会可与甲乙商量后做决议，把双方还没有兑现的股份进行重新分配，甲乙都会比较容易接受，因为已经兑现的股份不变。而且如果一方不接受离开公司的话，也有一个明确、公平、已经兑现的股份。

股权绑定是一个很公平的方法，因为创业公司是做出来的，应该把股权留给真正做事情的人。避免一些创始人离开公司以后手上一直还有公司股权，不劳而获。

没有经历过股权纠纷的创业者都不喜欢股份兑现制度，因为担心自己一旦在项目中发挥不出真正的价值而失去股份。而那些经历过股权纠纷的创业者，会在项目一开始的时候就和他的合伙人商量好股份兑现的方式。

4. 遵守契约精神

股权分配最核心的原则是契约精神。对所有的创始团队成员而言，股权一旦确定下来，也就意味着利益分配机制确定好了。除去后期的调整机制不说，真正做事情的时候，每个人的努力和贡献其实和这个比例没什么关系，尽自己的最大努力是最基本的要求。对于所有的早期创业者来说，一定要明白一个道理：创业成功了，即使只拿1%也很多；创业不成功，就算占有100%也分文不值。

【实训练习】

结合自己的创业计划，提出创业团队的建立方案。

【复习与思考】

1. 简述创业团队的基本原则和基本条件。
2. 简述团队类型的模式。
3. 简述组建创业团队的方法和程序。
4. 简述股权分配的原则和方法。

案例讨论

俞敏洪的创业团队

俞敏洪，1962年10月出生于江苏江阴，1980年考入北京大学外语系，毕业后留校担任北京大学外语系教师。1991年9月，俞敏洪从北京大学辞职，开始自己的创业生涯。1993年，俞敏洪创办了新东方培训学校。创业伊始，俞敏洪单枪匹马，仅有一个不足10平方米的漏风办公室，零下十几度的天气，他拎着糨糊桶到大街上张贴广告，招揽学员。任何事情都是你不断努力去做的结果，当你碰到困难的时候，你不要把它想象成不可克服的困难，这个世界上没有任何困难是不可克服的，只要你勇于去克服它！正是凭借这种不怕困难、勇于克服困难的精神，新东方不断发展壮大，俞敏洪还把"从绝望中寻找希望"作为新东方的校训。1994年，俞敏洪已经投入20多万元，新东方已经有几千名学员，在北京已经是一个响亮的牌子，并且他看到了一个巨大而诱人的教育市场。俞敏洪喜欢教书，他曾经说过："我这辈子什么都可以离开，就是不可以离开讲台。"对教师职业的热爱和新东方的发展壮大，让他决定不仅要做一个教师、一个校长，还要做一个教育家。

1. 聚集人才

在新东方创办之前，北京已经有三四所同类学校，参加新东方培训的学员多以出国留学为目的。而新东方能做到的，其他学校也能做到。就当时的大环境而言，随着出国热及人们在工作、学习、晋升等方面对英语的多样化要求，国内掀起了学习英语的热潮，越来越多的优秀教师加入英语培训这个行业。如何先人一步，取得自己的竞争优势，把新东方做大做强？俞敏洪认识到，要想在英语培训行业有所发展，必须具备一流的师资。

培训学校普遍做不大是有原因的，这是由于对个别讲师的过分倚重，每个讲师都可以开一个公司，但是每个公司都做得不大。所以，俞敏洪需要找到更多的合作伙伴，帮他把控英语培训各个环节的质量。而这样的人，不仅要有过硬的专业知识和能力，更要和俞敏洪本人有共同的办学理念。他首先想到的是远在美国的王强和远在加拿大的徐小平等人，实际上这也是俞敏洪思考了很久所做的决定，这些人不仅符合业务扩展的要求，更重要的是这些人作为自己在北大时期的同学和好友，在思维上有着一定的共性，肯定比其他人能更好地理解并认同自己的办学理念，合作也会更坚固和长久。

这时他遇到了一个和他有着共同梦想而惺惺相惜的朋友——杜子华，杜子华像一个漂泊的游侠，研究生毕业后游历了美国、法国和加拿大，凭着对外语的透彻领悟和灵活运用，在国外结交了各种类型的朋友，也得到了不少让人羡慕的机会。但是他在国外待的时间越久，接触的人越多，就越是感觉民族素质提高的重要和迫切，而要提高一个人、一个民族的素质唯有投资教育。

1994年，在北京做培训的杜子华接到了俞敏洪的电话，几天后，两个同样钟爱教育并有着共同梦想的"教育家"见面了，谈话中，俞敏洪讲述了新东方的创业和发展、未来的构想、自己的理想和对人才的渴望。这次见面改变了杜子华单打独斗实现教育梦想的想法，杜子华决定在新东方实现自己的追求和梦想。

1995年，俞敏洪来到加拿大温哥华，找到曾在北大共事的朋友徐小平。这时的徐小平已经来到温哥华10年之久，生活稳定而富足。俞敏洪不经意地讲述自己创办新东方的经历，文雅而又有激情的徐小平突然激动起来："敏洪，你真是创造了一个奇迹啊！就冲你那1000人的大课堂，我也要回国做点事！"

随后，俞敏洪又来到美国，找到当时已经进入贝尔实验室工作的同学王强。1990年，王强凭借自己的教育背景拿下了计算机硕士学位，并成功进入著名的贝尔实验室，可以说是留学生中成功的典型。白天王强陪着俞敏洪参观普林斯顿大学，让他震惊的是，只要碰上一个黑头发的中国留学生，竟都会向俞敏洪叫一声"俞老师"，这里可是世界著名的大学啊。王强后来谈到这件事时说自己当时很震惊，受到了很大的刺激。俞敏洪说，你不妨回来吧，回国做点自己想做的事情。就这样，徐小平和王强都站在了新东方的讲台上。1997年，俞敏洪的另一个同学包凡一也从加拿大赶回来加入新东方，新东方就像一个磁场，凝聚起一个个年轻的梦想，这群在不同土地上为了求学洗过盘子、贴过广告、做过推销、当过保姆的年轻人，终于找到一个突破口，年轻人身上积蓄的能量在新东方充分得到释放。就这样，1994—2000年，杜子华、徐小平、王强、胡敏、包凡一、何庆权、钱永强、江博、周成刚等人陆续被俞敏洪网罗到新东方的门下。

2. 构建团队

作为教育行业，师资成为新东方的核心竞争力，但是如何让这支高精尖的队伍最大限度地发挥作用？俞敏洪从学员需求出发，秉持一种"比别人多做一点，比别人做得好一点"的朴素的创新思维，合理架构自己的团队，寻找和抓住英语培训市场上别人不能提供或者忽略的服务，使新东方的业务体系得以不断完善。比如，当时新东方就开辟了一块由一个加拿大人主持的出国咨询业务，学员可以就近咨询和获得一些必要信息，如基本申请步骤、各个国家对待留学生的区别、各个大学颁发奖学金的流程，以及决策有何不同、读研究生和读博士生的区别等。

1995年，俞敏洪逐渐意识到，学生们对于英语培训的需求已经不仅限于出国考试。1995年加入新东方的胡敏就应这种需求开发出了大受欢迎的雅思英语考试培训，胡敏本人也因此被称为"胡雅思"。

徐小平、王强、包凡一、钱永强等人分别在出国咨询、基础英语、出版、网络等领域各尽所能，为新东方搭起了一条顺畅的产品链。徐小平开设的"美国签证哲学"课，把出国留学过程中一个大家关心的重要程序问题上升到人生哲学的高度，让学员在会心大笑中思路大开；王强开创的美语思维训练法，突破了一对一的口语训练模式；杜子华的电影视听培训法已经成为国内外语教学培训极有影响力的教学方法。新东方的很多老师都根据自己在教学中的经验和心得著书立说并形成了自身独有的特色，让新东方成为一个有思想、有创造力的地方。

俞敏洪的成功之处是为新东方组建了一支年轻而又充满激情和智慧的团队，俞敏洪的温厚，王强的爽直，徐小平的激情，杜子华的洒脱，包凡一的稳重，五个人的鲜明个性让新东方总是处于一种不甘平庸的氛围当中。

谈到团队的组建，《西游记》中由唐僧率领的取经团队被公认为是一支"黄金组合"的创业团队。四个人的性格各不相同，却又同时有着不可替代的优势。比如，唐僧慈悲为怀，使命感很好，有组织设计能力，注重行为规范和工作标准，所以他担任团队的主管，是团队的核心；孙悟空武功高强，是取经路上的先行者，能迅速理解、完成任务，是团队业务骨干和铁腕人物；猪八戒看似实力不强，又好吃懒做，但是他善于活跃工作气氛，使取经之旅不至于太沉闷；沙僧勤恳、踏实，平时默默无闻，关键时刻他能稳如泰山、稳定局面。但是，创业路上并没有那么巧的机缘和条件，都能幸运地集聚到这样四个不同性格的人。

新东方的创业团队就与唐僧的取经团队有点类似。徐小平曾是俞敏洪在北大时的老师，王强、包凡一同是俞敏洪北京大学外语系80级的同班同学，王强是班长，包凡一是大学时代睡在俞敏洪上铺的兄弟，这些人个个都是能人、"牛人"。所以，新东方最初的创业成员个个都是"孙悟空"，每个人都很有才华，而个性却都很独立。俞敏洪曾坦承，论学问，王强出自书香门第，家里藏书超过5万册；论思想，包凡一擅长冷笑话；论特长，徐小平梦想用他沙哑的嗓音做校园民谣，他们都比我厉害。

俞敏洪敢于选择这帮"牛人"作为创业伙伴，并且真的在一起做成了大事，成就了一个新东方传奇，从这一点来说，他是一个成功的创业团队领导者。他知道新东方人多是性情中人，从来不掩饰自己的情绪，也不愿迎合他人的想法，打交道都是直来直去，有话直说。因此，新东方形成了一种批判和宽容相结合的文化氛围，批判使新东方人敢于互相指责，纠正错误；宽容使新东方人在批判之后能够互相谅解，互相合作。这就是新东方人的特点，大家互相之间不记仇，不记恨，只计较到底谁对谁错谁公正。

这种源自北大精神的自由文化是俞敏洪敢用"孙悟空"，而且是多个"孙悟空"的前提条件，这是新东方成功的关键因素之一。而另一个关键的因素就是俞敏洪本人所具备的包容性，帮助他带领一帮比他厉害的"牛人"，不仅将新东方从小做大，还完成了让局外人都为之捏了一把汗的股权改制。最令人意料不到的是，俞敏洪居然还将新东方带到了美国的资本市场，成为中国第一个在海外成功上市的民营教育机构。这一份成绩虽然还不能定义为最终的胜利，但是仍然有着非同寻常的意义，它告诉了人们，对于中国教育来说，一切价值正有待重估。

【思考与讨论】

1. 在创业初期，俞敏洪通过什么方式聚集团队人才，他在团队中扮演了什么角色？
2. 俞敏洪与一帮"牛人"合作创业，体现出他什么样的个人魅力和管理方式？
3. 通过俞敏洪的创业过程，我们可以得到什么启示？

课后习题

一、单选题

1. 创业团队的构成要有异质性，即团队成员在（　　）方面要具有差异性。
   A. 技能　　　B. 经验　　　C. 人文因素　　　D. 以上都是
2. （　　）是由多个创业者构成，具有共同的创业理念和价值追求，共担风险、共享收益，是为实现创业目标而形成的组织。
   A. 企业　　　B. 公益组织　　　C. 团队　　　D. 创业团队
3. 以下各项中，不属于创业团队组建的基本目标的是（　　）。
   A. 树立正确的团队理念
   B. 树立明确的团队发展目标
   C. 建立权、责、利统一的团队管理机制
   D. 以自我发展为主要目的
4. 团队成员间的冲突包括健康的冲突和（　　）。
   A. 有效的冲突　　B. 无效的冲突　　C. 不健康的冲突　　D. 个体冲突

二、多选题

1. 在我国现阶段，主要的合伙形式包括（　　）。
   A. 亲戚间合伙　　B. 家族内合伙　　C. 朋友间合伙　　D. 同事间合伙
2. 团队领导的支持角色包括（　　）。
   A. 让团队成员了解自己的重要性　　B. 经常与他们沟通
   C. 鼓励团队成员　　D. 树立典范
3. 支持个人的发展，包括（　　）。
   A. 要支持经验学习　　B. 要做好计划
   C. 要进行思考和讨论　　D. 做好审查和评估
4. 一个完整的创业团队应具有（　　）要素。
   A. 人　　　B. 目标　　　C. 职能分配　　　D. 计划

5. 创业团队的特性包括(　　)。

　　A. 需要创业者们具有共同的创业理念

　　B. 创业团队的构成要有异质性

　　C. 团队成员要有合理的报酬和激励

　　D. 人数众多

6. 从宏观上而言，技能包括(　　)。

　　A. 概念技能　　　B. 人际关系技能　　C. 技术技能　　　D. 业务技能

7. 目标在团队组建过程中具有特殊的价值，主要包括(　　)。

　　A. 目标是一种有效的激励因素　　　B. 目标是一种有效的协调因素

　　C. 目标是一种快速实现的方式　　　D. 目标是一种快速失败的方式

8. 企业的管理规则大致可以分为(　　)。

　　A. 治理层面的规则　　　　　　　　B. 文化层面的规则

　　C. 管理层面的规则　　　　　　　　D. 战略层面的规则

三、判断题

1. 审查学习效果的方式可以是正式的，也可以是非正式的。　　　　　　　(　　)

2. 优秀的创业团队也逐渐成为创业成功的最为关键的因素之一。　　　　　(　　)

3. 追逐利益是创业团队建立的最原始动力。　　　　　　　　　　　　　　(　　)

4. 健康的冲突是指人们以一种公开的、实事求是的态度表达不同的观点和看法，并相互尊重。　　　　　　　　　　　　　　　　　　　　　　　　　　　　　　(　　)

5. 合理、恰当的激励是创业团队不断发展和成长的动力所在，给予每个成员适当的激励，既能够刺激创业者发挥最大的能效、获得更多的收益，还有助于增强创业团队的稳定性。　　　　　　　　　　　　　　　　　　　　　　　　　　　　　　　(　　)

6. 团队成员的异质性能起到相互补充和平衡的作用，在创业过程中遇到的问题都能有相对专业的人士来解决，提高了团队的效率和创业的成功率。　　　　　　　(　　)

7. 诚实、正直是有利于顾客、公司和价值创造的行为准则。　　　　　　　(　　)

8. 拥有正确团队理念的成员相信他们正在为企业的长远利益工作，正在成就一番事业，而不是把企业当作一个快速致富的工具。　　　　　　　　　　　　　(　　)

9. 承诺价值创造，即拥有正确团队理念的成员承诺为了每个人而使"蛋糕"更大。
　　　　　　　　　　　　　　　　　　　　　　　　　　　　　　　　　　(　　)

10. 作为团队领导，支持团队学习所扮演的角色是多种多样的：导师、教练、教师、培训师，还有最重要的角色——鼓励者。　　　　　　　　　　　　　　　　(　　)

11. 不健康的冲突对团队成员合作完成工作的能力产生威胁，可能导致争执或交流障碍。　　　　　　　　　　　　　　　　　　　　　　　　　　　　　　　(　　)

第 7 章

编制创业计划书

知识目标

- 了解创业计划书的作用；
- 了解编制创业计划书应收集的资料；
- 掌握创业计划书的基本格式；
- 掌握创业计划书的主要内容与要点。

案例导入

张秦是国内某重点大学的一名大四学生，他积极响应国家的创新创业号召，参加了一系列的创新创业比赛，如"互联网+"、创青春等一些国内比较知名和具有影响力的创业比赛。虽然他的创业点子非常新颖和有趣，具有广泛的市场前景且可操作性强，但是没有在比赛中脱颖而出取得成绩。每一次的尝试如同石沉大海，一次又一次的失败让这个少年积累了不少的负面情绪，致使他对创业的热情大大地降低。这时，学校就业创业中心的苏老师发现了这位同学的问题并主动找到了他，苏老师希望可以帮这位同学走出现在的困境，所以与他进行了一次深入交谈。苏老师认真阅读了他的创业计划书之后，找到了张秦在一系列比赛中失利的原因：其创业计划书并不完善。创业计划书中多次出现明显错误，并且市场分析和财务分析这部分内容没有逻辑、前后不搭，因此这样的计划书肯定得不到评委的认可。虽然张秦创业的点子比较新颖，但这还远远不够。一个创业计划的成功是一个系统工程，而不仅仅是一个点子。

在和苏老师交谈过后，张秦恍然大悟，也知道了自己的不足。随后，他重新组建了自己的创业团队，并依据自己的创业计划吸纳了不同专业的同学，使每个同学都可以发挥自己的专业优势。与此同时，张秦对创业计划书的各个部分进行了完善，并邀请相关的老师对创业计划书的撰写内容进行了指导。此次完善之后，张秦参加了新一届的"互联网+"比赛，并在省级比赛中斩获金奖。几个月之后，张秦被推荐参加国家比赛，取得了国家银奖的好成绩。比赛结束之后，相关企业纷纷表示愿意与张秦的项目进行对接和投资，还希望能尽快将项目落地。

【思考与讨论】

试讨论分析张秦屡次没有在比赛中取得成绩的原因。

7.1 创业计划书的作用和基本格式

7.1.1 创业计划书的作用

创业计划书是创业者叩响投资者大门的"敲门砖"，是创业者计划创立业务的书面摘要。一份优秀的创业计划书往往会使创业者达到事半功倍的效果。

创业计划书是一份全方位的商业计划，其主要用途是递交给投资商，以便他们能对企业或项目做出评判，从而使企业获得融资。创业计划书用于描述与拟创办企业相关的内外部环境的条件和要素特点，为业务的发展提供指示图和衡量业务进展情况的标准。通常，创业计划是市场营销、财务、生产、人力资源等职能计划的综合，其作用主要体现在以下两个方面。

1. 帮助创业者理清思路，准确定位

著名投资家克雷那(Eugene Kleiner)说："如果你想踏踏实实地做一份工作，那么写一份创业计划，它能迫使你进行系统的思考。有些创意可能听起来很棒，但是当你把所有细节和数据写下来的时候，它自己就崩溃了。"可能许多创业者在刚开始投入一项事业时凭借的仅仅是一腔热情，然而当真正着手去做一些事情的时候，才会发现需要考虑的地方不只一两处。也许一些创业者只是在自己的脑海里形成一幅蓝图，但是想要有长远发展，就需要编制一份创业计划书，这样就不容易偏离原先预定的方向。

创业融资之前，创业计划书应该首先是给创业者自己看的。办企业不是"过家家"，创业者应该以认真的态度对自己所有的资源、已知的市场情况和初步的竞争策略进行尽可能详尽的分析，并提出一个初步的行动计划，通过创业计划书使自己心中有数。

另外，创业计划书还是创业资金准备和风险分析的必要手段。对初创的风险企业来说，创业计划书的作用尤为重要。一个酝酿中的项目往往很模糊，通过编制创业计划书，把各种因素都书写下来，然后逐步推敲，创业者就能对这一项目有更加清晰的认识。可以说，创业计划书首先是把计划中要创立的企业推销给创业者自己。

2. 帮助创业者获得创业融资

一位投资家曾经说过："企业邀人投资或加盟，就像向离过婚的女士求婚一样，而不是像和女孩子初恋。双方各有打算，仅靠空口许诺是无济于事的。"对于正在寻求资金的创业者来说，创业计划书编制的好坏往往决定了融资的成败。

除了使创业者更加了解自己要做的事情，创业计划书更多地还是给别人看的，尤其是给那些能给创业者提供一定资金帮助的人。所以，创业计划书的另外一个重要作用就是帮助创业者把计划中的企业推销给风险投资家。因此，创业计划书还要说明创办企业的目的、创办企业所需的资金，以及为什么投资人值得为此注入资金等问题。

此外，对于已建立的创业企业来说，创业计划书还可以为企业的发展确定比较具体的方向和重点，从而使员工了解企业的经营目标，并激励他们为共同的目标努力。更重要的是，它可以使企业的出资者、供应商、销售商等了解企业的经营状况和经营目标，说服出资者(原有的或新来的)为企业的进一步发展提供资金。

7.1.2　创业计划书的基本格式

创业计划书通常包括封面、保密要求、目录、摘要、正文(综述)、附录几部分。

1. 封面

封面又称标题页，可以放一张企业的项目或产品彩图，但需留出足够的版面排列以下内容：创业计划书编号、公司名称、项目名称、项目单位、地址、电话、传真、电子邮件、联系人、公司主页、日期等。

2. 保密要求

保密要求可放在标题页，也可放在次页，主要是要求投资方项目经理妥善保管创业计划书，未经融资企业同意，不得向第三方公开创业计划书涉及的商业秘密。

3. 目录

目录应标明各部分内容及页码，要注意确认目录页码与内容的一致。

4. 摘要

摘要是对整个创业计划书的概括，目的是用最简练的语言将创业计划书的核心、要点、特色展现出来，吸引阅读者仔细读完全部文本。因此，创业计划书一定要简练，一般要求在两页纸内完成。摘要十分重要，它是出资者首先要看的内容，因此必须能让读者产生兴趣并渴望得到更多的信息，最好能给读者留下长久、深刻的印象。摘要应从正文中摘录出投资者最关心的问题：公司内部的基本情况、公司的能力及局限性、公司的竞争对手、公司的营销和财务战略、公司的管理队伍等情况。如果企业计划是一本书，摘要就像这本书的封面，封面做得好就可以更好地吸引投资者。

5. 正文

正文是创业计划书的主体部分，要分别从公司基本情况、经营管理团队、产品/服务、技术研究与开发、行业及市场预测、营销策略、产品制造、经营管理、融资计划、财务预测、风险控制等方面对投资者关心的问题进行介绍，既要有丰富的数据资料以使人信服，又要突出重点、实事求是。

6. 附录

附录是对正文中涉及的相关数据、资料的补充，作为备查资料。

7.2 创业计划书的写作

7.2.1 创业计划书的写作原则

创业计划书的写作原则如下。

(1) 目标性。创业的目的不仅是追求企业的发展，还要有创造利润的可能，要突出经济效益。

(2) 完整一致性。运营计划应完整陈列，涵盖创业经营的各项功能要素，前后基本假设或预估相互呼应，逻辑合理。

(3) 优势竞争性。呈现创业团队在资源、经验、产品、市场及经营管理能力方面的优势。

(4) 团队和协调性。展现组建经营团队的思路、人员的互补作用，尽可能突出专家的作用、高管人员的优势、专业人才队伍的水平，明确领军人物。

(5) 市场导向性。明确市场导向的观点，明确指出企业的市场机会与竞争威胁，把握并充分显示对市场现状的掌握与对未来发展进行预测的能力。

(6) 客观实际性。一切数字尽量客观、实际，以具体资料为证，并尽量同时分析可能采用的解决方法。切勿凭主观意愿估计，高估市场潜力或报酬，低估经营成本，夸大其词。工作安排应具有可操作性，并且要有条不紊、循序渐进。

7.2.2 创业计划书的写作程序

一份良好的创业计划书包括附录在内一般为20~40页，过于冗长的创业计划书反而会让阅读的人失去耐心。整个创业计划书的编制是一个循序渐进的过程，可以分成五个阶段完成。

第一阶段：创业计划构想细化，初步提出计划的构想。

第二阶段：市场调查。与行业内的企业和专业人士进行接触，了解整个行业的市场状况，如产品价格、销售渠道、客户分布及市场发展变化的趋势等。可以自行进行一些问卷调查，在必要时也可以求助于市场调查公司。

第三阶段：竞争者调查。确定潜在竞争对手并分析本行业的竞争方向，例如，分销问题如何，形成战略伙伴的可能性，谁是潜在盟友，准备一份1~2页的竞争者调查小结。

第四阶段：财务分析，包括对公司的价值评估。必须保证所有的可能性都考虑在内。财务分析应量化本公司的收入目标和公司战略，要求详细而精确地考虑实现目标所需的资金。

第五阶段：创业计划书的写作与修改。利用收集到的信息制定公司未来的发展战略，把相关的信息按照上面的结构进行调整，完成整个创业计划书的创作。计划完成以后仍然可以进一步论证计划的可行性，并跟踪信息的积累和市场的变化，不断完善整个计划。

7.2.3 创业计划书的写作方法和写作技巧

创业计划书编写的目的是为企业融资、宣传提供依据，同时作为创业实施的规划方案。因此，创业计划书的编写除了尽可能地展现创业项目的前景及收益水平，还要体现出创业项目的可实现性。

1. 创业计划书的写作方法

编写创业计划书时，应遵循正确的方法。

1) 做好工作计划

一个好的工作计划能让编制创业计划书的过程井井有条。

2) 始终围绕创业产品与服务进行展开

创业计划书应经常性地评估产品服务的创业价值。

3) 寻求有关人员的指导与协助

由于创业者对创业计划书的写作缺乏一定的经验与技巧，可能会导致不能有效地争取到创业资金，因此为了避免类似现象的出现，任何一个创业者都应该发挥自己的最大能力，寻求有关人员的指导和协助，进而完善创业计划书。

4) 在不断的修改、补充中完善创业计划

任何一份创业计划书都不可能一次性写作完成，通常需要不断地进行修改、补充，以完善创业计划书。一般来说，最终形成的创业计划正式文本与创业计划草案可能相差非常大，有的甚至截然不同。

5) 针对创业计划的目标读者，设置计划项目的不同侧重点

风险投资者一般对创业计划中的市场增长及盈利性感兴趣，战略伙伴与主要客户关心产品、服务、市场、盈利及管理团队的运作能力，而雇员、管理队伍则主要想了解创业公司过去的成功纪录及今后的发展前景。

2. 创业计划书的写作技巧

任何创业计划书都必须十分注重管理阶层的背景资料，详细说明他们的姓名及令人信服的各种资料，这是创业计划的基本要求，也是创业计划书包装的最基本的要求。而好的创业计划书包装还要说明你为什么能开创该项产品或服务，并由此获得大量收益。创业计划书主要的写作技巧还应包括如下内容。

1) 产品和服务具有独特性

你的企业有独一无二的优势吗？这些优势是否体现在技术、品牌、成本等方面？这些优势能保持多长时间也是投资者决定是否投资的重要因素之一。

2) 商业模式和赢利模式的可行性

商业模式是指如何生产商品、如何提供服务和市场策划等；赢利模式是指如何赚钱，如何把产品和服务转化为利润。商业模式和赢利模式的可行性最终又体现在企业的执行

力上。

3) 高效的管理

大多数风险投资者认为,任何风险投资成功的关键都在于管理。风险投资领域的传统观点认为,如果点子有创意,但管理差,可能失去机遇;如果点子创意一般,但管理好,则可能争取机遇。当然,其中"好"的含义也是多方面的。

4) 提供有说服力的公司财务增长预测

提供有说服力的公司财务增长预测是创业者义不容辞的责任。要想吸引投资,创业计划书要写明自己企业的规模、计划、发展状况等。

5) 退出机制

风险投资者如何摆脱某种状态是影响其投资决策的重要因素,也就是说,风险投资者在决定进入之前,一定会事先找到退出之路。主要的退出方式有以下三种。

(1) 公司股票上市。这样,投资者可将自己拥有的该公司股权公开出售。

(2) 公司整体出售。将风险资本公司拥有的权益与其他人拥有的公司权益同时出售给有关公司,通常为大公司。

(3) 公司、个人或第三团体把投资者拥有的本公司权益买下或卖回,创业计划书对有关事项应详细说明。

7.2.4 创业计划书的完善

创业计划书有多种形式,目前被广泛使用的有PPT形式和Word形式,由于两者具有不同特点,为了应对不同的投资人,通常会为投资人提供两种版本,一种是完整版本(Word形式),一种是摘要式版本(PPT形式)。

在创业计划书编制完成之后,融资企业还应对计划书进行检查和完善,以确保计划书能准确回答投资者的疑问,增强投资者对企业的信心。通常,可以从以下几个方面对计划书加以检查。

(1) 创业计划书是否显示出创业者具有管理公司的经验。如果创业者缺乏管理公司的能力,那么一定要明确地说明公司已经雇用职业经理人来管理公司。

(2) 创业计划书是否显示出企业有能力偿还借款。要保证给预期的投资者提供一份完整的财务比率分析。

(3) 创业计划书是否显示出企业已进行过完整的市场分析。要让投资者坚信计划书中阐明的产品需求量是真实的。

(4) 创业计划书是否容易被投资者所领会。创业计划书应该有索引和目录,以便投资者方便地查阅各个章节。此外,还应保证目录中的信息是有逻辑的、现实的。

(5) 创业计划书中是否有摘要并放在了最前面,摘要是否写得引人入胜。

(6) 创业计划书是否在文法上全部正确。如果不能保证,那么最好请人帮助检查。

(7) 创业计划书能否打消投资者对产品、服务的疑虑。如果有需要,企业可以准备一件产品模型。

7.2.5 创业计划书写作的注意事项

融资用的创业计划书"七分策划,三分包装",可以说创业计划书是技术和艺术的统一体。

1. 尽量精练,突出重点

编制创业计划书的目的是让投资者了解商业计划,其内容必须紧紧围绕这一主题,开门见山,使投资者在最短时间内了解最多的关于商业计划的内容。例如,要第一时间让读者知道公司的业务类型,避免在最后一页才提及经营性质;要明确阐明公司的目标及为达到目标所制定的策略与战术;陈述公司需要多少资金,以及时间和用途,并给出一个清晰和符合逻辑的投资策略。一般以摘要2页,主体内容7~10页为佳。注重企业内部经营计划和预算的编制,而一些具体的财务数据则可留待下一步会见时面谈。

2. 换位思考

编制创业计划书的一个重要方法就是换位思考,即融资者要设身处地假设自己是一位战略合伙人或风险投资人,从这一角度考虑自己最关心的问题是什么,自己判断的标准是什么。也就是说,要按照阅读创业计划书的投资人的思路去写作创业计划书,这样就容易弄清哪些是重点应该具体描述,哪些可以简单描述,哪些是不必要的内容,从而获取投资者青睐。

就此来说,编制创业计划书应避免用过于技术化的词语来描述产品或生产营运过程,应尽可能用通俗易懂的条款,使读者容易理解。

3. 以充分的调查、数据、信息为基础

市场销售是投资获利的基础,对此,融资人要充分考察市场的现实情况,广泛收集市场现有的产品、现有竞争、潜在市场、潜在消费者等具体信息,使市场预测建立在扎实的调查和数据之上,否则后面的生产、财务、投资回报预测就成了"空中楼阁"。因此,创业计划书中不能用含糊不清或无确实根据的陈述或结算表。

同时,在收集资料时,一定要做到客观、公正,避免仅收集对自己有利的信息,而不去收集或者故意忽略对自己不利的信息。一般来说,战略投资者或风险投资家都是一些非常专业的人士,提出的问题会非常尖锐,如果只收集对自己有利的信息,在遇到质疑时就会显得考虑和准备不充分。

4. 实事求是,适度包装

创业计划书的作用固然重要,但它仍然只是一个敲门砖。过度包装是无益的,企业应在盈利模式打造、现场管理、企业市场开拓、技术研发等方面下功夫,否则,即使有了机会也把握不住。

5. 不过分拘泥于格式

创业计划书固然有很多约定俗成的格式,但很多资金供给方在实际运作中正在忽略这种格式,而直接关注几个关键点,关注他们想看到的东西。因此,企业在编制创业计划书

的过程中，不要过分拘泥于固定的格式，只需把企业的优势、劣势都告诉别人，就可能是最后的赢家。

部分资金供给方或其代理机构有时候会要求企业必须提供固定格式的计划书，在格式上做文章，这有可能是融资骗局。

7.3 创业计划书的内容与要点

7.3.1 摘要

摘要是为了吸引战略合伙人与风险投资人的注意而将创业计划书的核心提炼出来制作而成的，它是整个创业计划书的精华，涵盖计划书的要点。一般要在所有主体内容编制完毕后，再把主要结论性内容摘录于此，以求一目了然，在短时间内给投资人留下深刻的印象。

在摘要中，企业必须回答下列问题。

(1) 企业所处的行业，企业经营的性质和范围。

(2) 企业主要产品的内容。

(3) 企业的市场在哪里，谁是企业的顾客，他们有哪些需求。

(4) 企业的合伙人、投资人是谁。

(5) 企业的竞争对手是谁，竞争对手对企业的发展有何影响。

(6) 如何投资，以及投资数量和方式。

(7) 投资回报及安全保障。

摘要如同推销产品的广告，编制人要反复推敲，力求精益求精、形式完美、语句清晰流畅而富有感染力，以引起投资人阅读创业计划书全文的兴趣；要特别详细地说明自身企业的不同之处，以及企业获取成功的市场因素等。

7.3.2 企业介绍

企业介绍部分主要向战略合伙人或者风险投资者介绍融资企业或项目的基本情况。具体而言，如果企业处于种子期或创建期，现在也只是一个美妙的商业创意。那么，应重点介绍创业者的成长经历、求学过程，并突出其性格、兴趣爱好与特长，创业者的追求，独立创业的原因，以及创意如何产生等。

如果企业处于成长期，应简明扼要地介绍公司过去的发展历史、现在的状况及未来的规划。具体而言，包括公司概述、名称、地址、联系方式，公司的业务状况，公司的发展经历，对公司未来发展的详尽规划，公司与众不同的竞争优势，公司的法律地位，公司的公共关系，公司的知识产权，公司的财务管理情况，公司的纳税情况，公司的涉诉情况等。在描述公司发展历史时，好的和坏的经验都要写，特别不要回避以往的失误。要对失误进行客观的描述，中肯地进行分析，这样反而能够获得投资者的信任。

7.3.3 管理团队介绍

管理团队介绍部分主要是向投资者展现企业管理团队的结构、管理水平和能力、职业道德与素质，使投资者了解管理团队的能力，增强投资信心。该部分应主要介绍管理团队、技术团队、营销团队的工作简历、取得的业绩，尤其是与目前从事工作有关的经历。另外，可以着重介绍企业目前的管理模式，如果无特色，也可以不介绍。

在编写过程中，首先必须对公司管理的主要情况做一个全面介绍，包括公司的主要股东及股权结构、董事和其他高级职员、关键雇员，以及公司管理人员的职权分配和薪金情况。必要时，还要详细介绍他们的经历和个人背景。企业的管理人员应该是互补型，而且要具有团队精神。一个企业必须要有产品设计与开发、市场营销、生产作业管理、企业理财等方面的专业人才。

此外，在管理团队介绍部分，还应对公司组织结构进行简要介绍，包括公司的组织机构图、各部门的功能与责任、各部门的负责人及主要成员、公司的报酬体系等。应让投资者认识到，创业团队具有与众不同的凝聚力和团结精神，管理团队人才济济且结构合理，在产品设计与开发、财务管理、市场营销等方面均具有独当一面的能力，足以保证公司以后发展的需要。

最后需要清晰、明了地指出公司的全盘战略目标，表明盈利是商业公司的最终目的，使投资人充分了解其投资的创业公司，建立起必要的信任。只有投资人充分信任创业团队，一切的合作才有可能真正地展开。开诚布公是建立信任的基础。

7.3.4 技术产品(服务)介绍

产品(服务)是创业计划的具体承载物，是投资者最终能否得到回报的关键。产品(服务)要有商业价值，应以市场为导向，而不能以纯技术为导向。因为有市场机会的创意才最有价值，才能够满足目标市场的需求。创业者应对其进行尽可能详细且清晰的描述，应突出产品(服务)的特点和潜在的商业价值、技术的领先性、是否适应现有消费水平、对技术前景准确合理的判断、所有权状况等内容。对此，创业者应该充分信任风险投资者，不要过分担心自己的技术专利会被风险投资者所窃取而有所隐瞒。

通常，技术产品(服务)介绍一般包括以下内容：产品的名称、特性及性能用途；产品处于生命周期的哪个阶段，市场竞争力如何；产品的研究和开发过程；产品的技术改进、更新换代或新产品研发计划及相应的成本；产品的市场前景预测；产品的品牌和专利。

在技术产品(服务)介绍部分，创业者要对产品(服务)做出详细的说明，说明要准确，也要通俗易懂，使不是专业人员的投资者也能明白。一般情况下，产品介绍要附上产品原型、照片或其他介绍。具体来说，产品介绍必须回答以下问题。

(1) 顾客希望企业的产品能解决什么问题，顾客能从企业的产品中获得什么好处？

(2) 企业的产品与竞争对手的产品相比有哪些优缺点，顾客为什么会选择本企业的产品？

(3) 企业为自己的产品采取了何种保护措施，企业拥有哪些专利、许可证，或与已申请专利的厂家达成了哪些协议？

(4) 为什么企业的产品定价可以使企业产生足够的利润，为什么用户会大批量地购买企业的产品？

(5) 企业采用何种方式去改进产品的质量、性能，企业对发展新产品有哪些计划等？

此外，对于一些以技术研发为重点的高新技术企业来说，还要对相关技术及企业研发情况进行分析，包括企业技术来源、技术原理、技术先进性、技术可靠性，公司的技术研发力量和未来的技术发展趋势，公司研究开发新产品的成本预算及时间进度，技术的专利申请、权属及保护情况，技术发展后劲和技术储备等。使投资者对公司技术研发队伍的实力，以及公司未来竞争发展对技术研发的需要有所了解。

技术产品(服务)介绍的内容比较具体，因而写起来相对容易。虽然夸赞自己的产品是推销所必需的，但应该注意，创业者和投资者所建立的是一种长期合作的伙伴关系，空口许诺只能得意于一时，如果企业不能兑现承诺，不能偿还债务，企业的信誉必然要受到极大的损害。

7.3.5 行业和市场分析预测

俗话说"知己知彼，百战不殆"，创业者只有对市场竞争情况及各自优势认识清楚、透彻分析，并部署出明确的竞争战略，才能使创业获得成功，因此创业企业必须要对行业和市场进行分析。

行业和市场分析主要对企业所在行业的基本情况、企业的产品或服务的现有市场情况及未来市场前景进行分析，使投资者对产品或服务的市场销售状况有所了解。这是投资者关注的重点问题之一。

行业分析主要介绍行业发展趋势、行业发展中存在的问题、国家有关政策、市场容量、市场竞争情况、行业主要盈利模式、市场策略等。

市场分析主要介绍已有的市场用户情况、新产品或者服务的市场前景预测等几个方面。

介绍已有的市场用户情况时，要分析公司在以往经营中拥有的用户情况、市场占有率、市场竞争情况，以及是否已经建立完整的市场营销渠道等。

市场前景预测，首先要对需求进行预测，包括：市场是否存在对这种产品的需求；需求程度是否可以给企业带来所期望的利益；新的市场规模有多大；需求发展的趋势及状态如何；需求的影响因素有哪些；新产品的潜在目标顾客和目标市场是什么；等等。

市场前景预测还要介绍市场竞争的情况，即对企业所面对的竞争格局进行分析：市场中主要的竞争者有哪些；是否存在有利于本企业产品的市场空档；本企业预计的市场占有率是多少；本企业进入市场会引起竞争者怎样的反应；这些反应对企业会有什么影响；等等。

为此，企业首先应尽量扩大收集信息的范围，重视对环境的预测，并采用科学的预测手段和方法。其次要注意自己所假设的一些前提条件(特别是宏观经济发展趋势、消费者偏好、消费能力等)应切合实际，并且要根据前提条件可能发生的变化对市场前景预测做出必要的调整，千万不能单凭想象做出不切实际的美好前景估计。

7.3.6 市场营销策略

企业的赢利和发展最终都要由市场来检验，营销成败直接决定了企业的命运。

营销策略的内容应包括营销机构和营销队伍的建立、营销渠道的选择和营销网络的构建、广告策略、促销策略、价格策略、市场渗透与开拓计划、市场营销中意外情况的应急对策等。

在介绍市场营销策略时，创业者要讨论不同营销渠道的利弊，要明确哪些企业主管专门负责销售，主要使用哪些促销工具，以及促销目标的实现和具体经费的支出等。

一般来说，中小企业可选择的市场营销策略有以下几种。

(1) 集中性营销策略，即企业只为单一的、特别细的市场提供一种类型的产品(如制造汽车配件)。这种方法尤其适用于那些财力有限的小公司，或者是在为某种特殊类型的顾客提供服务方面确实有一技之长的组织。

(2) 差异性营销策略，即为不同的市场设计和提供不同类型的产品。这种策略大多被实力雄厚的大公司所采用。

(3) 无差异性营销策略，即只向市场提供单一品种的产品，希望它能引起整体市场上全部顾客的兴趣。当人们的需求比较简单，或者并不被人们认为很重要时，该策略较为适用。

7.3.7 生产计划

生产计划旨在使投资者了解产品的生产经营状况。这一部分应尽可能把新产品的生产制造及经营过程展示给投资者，主要内容如下。

(1) 公司现有的生产技术能力，企业生产制造所需的厂房、设备情况。
(2) 质量控制和改进能力。
(3) 新产品的生产经营计划，或将要购置的生产设备及其成本。
(4) 现有的生产工艺流程，生产周期标准的制定及生产作业计划的编制。
(5) 物资需求计划及其保证措施，供货者的前置期和资源的需求量。
(6) 劳动力和雇员的有关情况。

同时，为了提高企业的评估价值，企业家应尽量使生产计划更加详细、可靠。

7.3.8 财务分析与预测

财务是风险投资者最敏感的问题，所以清晰、明了的财务报表是对创业者最基本的要求。创业者应对资金需求的额度具备足够的认识，必要时还可以请教专业人士，这部分内容包括公司过去若干年的财务状况分析、今后3年的发展预测，以及详细的投资计划，旨在使投资者据此判断企业未来经营的财务状况，进而判断其投资能否获得理想的回报。因此，它是决定投资决策的关键因素之一。

(1) 过去3年的财务状况，包括过去3年的现金流量表、资产负债表，以及损益表和每年度的财务总结报告。如果公司刚刚成立，应该介绍创业者对财务管理重要性的认识。

(2) 今后3年的发展预测，主要明确说明财务预测的依据、前提假设和预测方法，然后给出公司未来3年预计的资产负债表、损益表和现金流量表。

财务预测的依据、前提假设是投资者判断企业财务预测准确性和财务管理水平的标尺,也是投资者关注的焦点,其主要依据是企业的经营计划、市场计划的各项分析和预测。也就是说,在这部分要明确回答以下问题。

(1) 产品在每一个时期的销售量是多少?
(2) 什么时候开始产品线扩张?扩大的规模是多少?
(3) 每件产品的生产费用是多少?
(4) 每件产品的定价是多少?
(5) 使用什么分销渠道,所预期的成本和利润是多少?
(6) 需要雇用哪几种类型的人员?雇用何时开始,工资预算是多少?

由于财务分析预测在公司经营管理中的重要地位,企业需要花费较多的精力来做具体分析,必要时最好与专家顾问进行商讨。

对于中小企业来说,财务预测既要为投资者描绘出美好的合作前景,同时又要使这种前景建立于坚实的基础之上,否则投资者会怀疑企业管理者的诚信或财务分析、预测及管理能力。

7.3.9 融资计划

融资计划主要是根据企业的经营计划提出企业资金需求数量、融资的方式和工具,投资者的权益、财务收益及其资金安全保证,以及投资退出方式等,它是资金供求双方共同合作前景的计划分析。

融资计划的主要内容如下。

(1) 融资数额是多少?已经获得了哪些投资?希望向战略合伙人或风险投资人融资多少?计划采取哪种融资工具,是以贷款、出售债券的形式筹集,还是以出售普通股、优先股的形式筹集?
(2) 公司未来的资本结构如何安排?公司的债务情况如何?
(3) 公司融资所提供的抵押、担保文件,包括以什么物品进行抵押或者质押,什么人或者机构提供担保?
(4) 投资收益和未来再投资的安排如何?
(5) 如果以股权形式投资,双方对公司股权、控制权、所有权比例如何安排?
(6) 投资者介入公司后,公司的经营管理体制如何设定?
(7) 投资资金如何运作?投资的预期回报怎样?投资者如何监督、控制企业运作等?
(8) 对于风险投资,风险投资的退出途径和方式是什么,是企业回购、股份转让还是企业上市?

在融资计划部分,企业既要对融资需求、用途提出令人信服的理由,又要有令人心动的投资回报和投资条件,同时要注意维护企业自身的利益。融资计划的基础是企业的财务分析与预测。

由于与投资者合作的模式可能有多种,因此还需设计几种备选方案,给出不同盈利模式下的资金需要量及资金投向。

7.3.10 风险分析

风险分析部分主要是向投资者分析企业可能面临的各种风险隐患、风险的大小,以及融资者将采取何种措施来降低或防范风险、增加收益等,主要包括以下几个方面的内容。

(1) 企业自身各方面的限制,如资源限制、管理经验的限制和生产条件的限制等。

(2) 创业者自身的不足,包括技术上的、经验上的或者管理能力上的欠缺等。

(3) 市场的不确定性。

(4) 技术产品开发的不确定性。

(5) 财务收益的不确定性。

(6) 针对每种可能存在的风险,企业进行风险控制与防范的对策或措施。

对于企业可能面临的各种风险,融资者最好采取客观、实事求是的态度,不能因为其产生的可能性小而忽略不计,也不能为了提高获得投资的机会而故意缩小、隐瞒风险因素。应该对企业所面临的各种风险都认真地加以分析,并针对每一种可能发生的风险做出相应的防范措施,这样才能取得投资者的信任,也有利于引入投资后双方的合作。

7.3.11 附件和备查资料

附件主要是对创业计划书中涉及的一些问题的细节和相关的证书、图表进行描述或证明,包括企业的营业执照、公司章程、验资审计报告、税务登记证、高新技术企业(项目)证书、专利证书、鉴定报告、市场调查数据、主要供货商及经销商名单、主要客户名单、场地租用证明、公司及其产品的介绍、宣传等资料、工艺流程图、各种财务报表及财务预估表、专业术语说明等。它与创业计划书主体部分一起装订成册。

备查资料只需列出清单,供投资者查询。

创业计划书框架样本

[公司或项目名称]

创业计划书

[指定联系人]
[职务]
[电话号码]
[传真机号码]
[电子邮件]
[地址]
[国家、城市]
[邮政编码]
[网址]

保密须知

本计划书属商业机密，所有权属于[公司或项目名称]，其所涉及的内容和资料只限于已签署投资意向的投资者使用。收到本计划书后，收件人应即刻确认，并遵守以下规定。

(1) 若收件人不希望涉足本计划书所述项目，请按上述地址尽快将本计划书完整退回。

(2) 在没有取得[公司或项目名称]书面同意前，收件人不得将本计划书全部和/或部分予以复制、传递给他人，或者影印、泄露、散布给他人。

(3) 应该以对待贵公司的机密资料一样的态度对待本计划书所提供的所有机密资料。

本计划书不可用作销售报价，也不可用作购买时的报价。

目录

第一章 摘要
　一、宗旨及商业模式
　二、我们的产品和服务
　三、市场定位(目标市场)
　四、竞争
　五、管理
　六、资金需求
　七、销售汇总

第二章 公司介绍
　一、宗旨(任务)
　二、公司简介
　三、公司战略
　　1. 产品及服务A
　　2. 产品及服务B
　　3. 客户合同的开发、培训及咨询等业务
　四、技术
　　1. 专利技术
　　2. 相关技术的使用情况(技术间的关系)
　五、价值评估
　六、公司管理
　七、组织、协作及对外关系
　八、知识产权策略
　九、场地与设施
　十、风险

第三章 市场分析
  一、市场介绍
  二、目标市场
  三、顾客的购买准则
  四、销售策略
  五、市场渗透和销售量

第四章 竞争性分析
  一、竞争者
  二、我们的优势和劣势
  三、竞争策略或消除壁垒

第五章 产品与服务
  一、产品品种介绍
  二、研究与开发
  三、未来产品和服务规划
  四、生产和储运
  五、包装
  六、实施阶段
  七、服务与支持

第六章 市场与销售
  一、市场计划
  二、销售策略
    1. 实时销售方法
    2. 产品定位
    3. 多层次的销售策略
  三、销售渠道与伙伴
  四、销售周期
  五、定价策略
    1. 产品及服务A
    2. 产品及服务B
  六、市场联络
    1. 贸易展销会
    2. 广告宣传
    3. 新闻发布会
    4. 年度会议/学术讨论会
    5. 国际互联网促销
    6. 其他促销因素
    7. 贸易刊物、文章、报道
    8. 直接邮寄

七、社会认证

第七章　财务计划
　　一、财务汇总
　　二、财务年度报表
　　三、资金需求
　　四、预计收入报表
　　　　1. 假设条件
　　　　2. 财务报告
　　　　3. 收入报告
　　五、资产负债预期表
　　六、现金流量表

第八章　附录
第九章　图表

创业计划书样本

第一章　摘要

一、宗旨及商业模式

本公司的宗旨是[插入公司宗旨说明]。

本公司的法定经营形式是[独资/合伙或有限合伙/专业公司/直属分社/专业分公司/有限责任公司]，法定地址：[标明主要营业地址]。

本公司的商业模式是[介绍公司的商业模式、盈利点等]。

二、我们的产品和服务

[公司名称]目前提供[具体数量]种产品：[列出产品名称和资源名称]。

我们的主导产品包括[列出上述产品的编号]。

在[产品生产过程或延伸服务范围的过程]中，主要的关键因素是[列出主要因素]。

三、市场定位(目标市场)

我们把市场定位在[界定市场导向]。

四、竞争

主要竞争对手分析。

五、管理

我们的管理层有下列人员可保证实现我们的计划。

[姓名]，[男/女]，[具体职位]。[他/她]具有[具体年数]年的工作经验，有[具体年数]年的市场经验，有[具体年数]年的产品开发经验，有[具体年数]年的[其他训练科目]的经验。

[姓名]，[男/女]，[具体职位]。[他/她]具有[具体年数]年的工作经验，有[具体年数]年的市场经验，有[具体年数]年的产品开发经验，有[具体年数]年的[其他训练科目]的经验。

六、资金需求

我们正在寻求[资金的具体数量]万元的[分期贷款、权益或其他融资方法]资金支持，这笔资金用于[详述资金用途及为何本项目能赚钱]。我们采用[利润分红、二次融资、出卖公司或者公开上市]等方法，在[时间]之内偿还这笔贷款或投资。

以下说明资金筹措方法。

七、销售汇总

财务历史数据

	前四年	前三年	前年	去年	今年
销售额					
税前利润					

财务预计

	明年	后年	第三年	第四年	第五年
销售额					
税前利润					

资产负债总表

固定资产	流动资产
负债	
净资产	

第二章 公司介绍

一、宗旨(任务)

我们的目标是将公司变成[阐述最终目标或插入任务说明]。

我们立志于……，为达到此目标，我们采取……方式来实现。

为贯彻我们的目标和既定方针，我们决心以[阐述公司希望达到的声誉]的态度对待资金监护人、顾客及其他社会团体。

二、公司简介

[公司名称]成立于[具体时间]，其业务范围包括[介绍公司商业活动]。商业法定名称是[公司全称]，法定地址是[公司注册地址]。

本公司是一个[指出公司性质，如分公司、合作公司、合伙人、专有独资公司、股份公司等]。我们的主要办事机构位于[列出主要地址及其他有关场所]。我们的办公楼面积为[具体数值]平方米，工厂或仓库面积约[具体数值]平方米。我们目前的月生产能力为[具体数值，要包含计量单位]。

三、公司战略

探讨公司所面临的主要机遇等。[公司或项目名称]的市场战略是[阐述市场战略]。

四、技术

1. 专利技术

我们的产品属于[阐述专利技术]，并对下列范围的权益加以保护[列出有关专利技术、版权、商标等]，同时采用规范的技术转让方针。

2. 相关技术的使用情况(技术间的关系)

列举相关技术的使用情况及技术间的关系。

五、价值评估

阐述向顾客提供的产品和为客户带来的利益，要有具体数值。

六、公司管理

介绍管理团队，包括业务负责人、关键雇员及股份分配，说明重要股东的名称、持股量、股份单价、占总股份的比例等，说明外部支持和董事会情况。

七、组织、协作及对外关系

阐述公司的内部组织结构和管理程序。

[公司名称]已经与[行业名称]行业中的主要公司发展了重要的利益关系。

八、知识产权策略

本公司对核心专利技术[详述于此]实行严格的保护措施。这项工作需要依靠有关法律的帮助，如《中华人民共和国著作权法》《中华人民共和国商标法》和商业机密保护法规等。同时还需要制定有关商品的合同限制条款，以便保护我们的知识产权。本公司目前拥有[或没有]这些技术的专利[但很可能在将来选择申请专利归档]。下面对任何可能发生的法律上的、技术上的或竞争上的冲突进行说明。

九、场地与设施

说明场地与设施情况。

十、风险

需要评估业务的主要风险(包括管理问题，市场状况，技术状态和财政状况)。

对明确可能产生的风险的防范说明如下。

第三章 市场分析

一、市场介绍

简述市场的基本情况及市场主要组成等。

二、目标市场

针对市场组成阐述我们的目标市场有哪些，原因是什么？

三、顾客的购买准则

界定顾客的类型和其购买的标准。

目前购买公司产品最典型的顾客是谁？是什么动机激发人们去购买产品？

四、销售策略

阐述如何进行销售，包括销售体系、销售目标、销售管理制度等。

五、市场渗透和销售量

深入市场的各个层面，你是怎样接近顾客(购买者)的？对于每种销售渠道，均应制定五年期的销售目标和假定销售量。

每种销售渠道的假定销售数据举例如下。

- ◆ 直接(或间接)销售计划(五年计划)
- ◆ 广告宣传/出版物上宣传的数量目标

- ◇ 有效销售率
- ◇ 实际完成率
- ◇ 市场份额
- ◇ 潜在的购买者/用户(每年数量)
- ◇ 每个购买者的购买量
- ◇ 总销售量
- ◇ 平均购买价格

第四章　竞争性分析

一、竞争者

阐述产品、价格、市场份额、地理位置、推广方式、管理、个性化、融资能力等方面的主要竞争对手的特点、优势、劣势。

二、我们的优势和劣势

阐述产品或服务的优势和劣势。

三、竞争策略或消除壁垒

讨论会在目标市场中遇到的壁垒，说明这些壁垒的特性，并阐述如何消除这些壁垒。

第五章　产品与服务

本公司提供下列产品/服务：[将产品名称列此处，按产品生产线最畅销或最有意义的产品顺序列出]。

说明产品开发历史、产品介绍，以及发展到今天这种形势的改革过程等事实。用图表形式说明也许更为适合。

一、产品品种介绍

介绍产品品种。

二、研究与开发

说明研究与开发情况。

三、未来产品和服务规划

为适应市场需求，我们计划扩大[具体产品/服务]生产，内容包括[具体的工作步骤]。

此外，还[设想/计划]开发[下一代]产品，包括[具体产品或技术]。

四、生产和储运

介绍可能建立组织机构的地点、建设情况、许可证、决策部门、设施及后勤保障部门的情况。

我们的产品生产手段是[描述具体手段]。[开发/生产/储运服务]过程中的主要影响因素是[具体影响生产和储运的因素]。

生产中所需要的[原料/预制/工艺包软件/硬件][材料/部件]是[列出具体名称表]。

请说明并列出基建设备、材料和劳动力的数量。以上所说的项目目前有现成的吗？你是否有多种供应源头(渠道)？请列出质量和技术标准规范、库存需求，说明安全条例、危险材料或其他重要的安全因素。有没有其他可供选择的资源或材料？若有，请说明。

本公司[建设/安装/承包]过下列[软件/主要部件/零部件/分装件]：列出组装件等名称，包括客户的情况、主导生产线和成本等情况。

五、包装

包装工作对最终用户来说尤为重要。包装工作需要使仓储方和最终买方都相信产品会安全离开货架。请说明为什么商品的包装是独特的，怎样包装？

我们的产品出厂包装原则是[解释方针或策略]。我们的竞争者也使用[具体包装方式]，但是我们的产品有别于他们[请说明显明特点]。包装工作是制造过程中的最后一道工序[如何包装/谁来做此工作]，也是非常关键的一环，它可使产品在顾客的心目中建立十分理想的形象。

六、实施阶段

请阐明公司现在是怎么做的，将来要发展到哪一步，为什么。解释要顺利实现这一过程，当前和未来的计划是什么。

产品的问世是达到顾客满意的一个重要组成部分。[公司]利用[外部支持者的名称，如某大集团/外部渠道]来监控和管理产品的储运、制定单证、日常养护和保险，这样可令顾客满意，实现销售的持久性。

我们的实施方案可以[满足/未能满足]未来的需求，原因在于[解释原则和证明未来计划]。

七、服务与支持

对顾客的服务：我们的顾客都认为服务与技术支持是他们最关心的事情。他们常常对我们所提供的服务与技术支持发表意见。我们建立了[维修/支持]程序，向全体顾客提供热线服务(请说明服务类型和现状)。

反馈与调节政策：[公司或项目]提供全面的售前和售后技术支持与服务。售前活动主要由位于现场的系统工程师来完成。售后活动主要是通过设在[具体地点][公司或项目]的热线来完成的。这两种服务体系保证了我们的技术可以成功应用，并使顾客满意。这些机构为我们提供对全线产品的技术支持，可以保证技术的成功使用和快速解答顾客问题。[公司或项目名称]主要采用电子方式进行服务与支持，这样可以有效地节约时间，降低日常开支。这些服务包括使用电子邮件、传真反馈和电子邮递技术服务，还包括产品更新或改革方面的自动电子邮件确认服务。

可以进一步描述即将举办的一个活动，如正在计划开展一项技术/开发/国际厂商联谊活动。它的目的是提供一个自由的环境，让人们对我们的[产品/服务]有更深刻的认识。公司还将提供一个面向开发人员的技术支持奖金，该奖金可让管理者从研发人员的视角来观察公司的产品。在商品正式投放市场前，就产品的特征、优点、公众印象加以评价。研发人员也可以通过合伙人的邮件影响和参与公司的研发设计决策。

第六章 市场与销售

一、市场计划

你想构筑的业务类型；你想达到的市场层面；达到市场层面所利用的分销渠道，如零售、批发、OEM、电子媒体等；你希望占有的市场份额等。

本公司产品的市场总计划是以下列因素为基础的：[列出主要因素]。

本公司将综合考虑直销、电话销售、建立分销渠道等方式来促进销售。与此同时，我们将致力于建立全球化的销售网络。投资于[具体的销售方式，如全球直销方式]的销售组织将对[什么样的]市场产生积极影响[说明有何影响因素，为什么]。[公司或项目]已开始建设一个[具体销售形式，如电话]组织，以支持[产品/服务]的实施战略。

[具体销售方式，如直接销售方式]已委托出去，原因是[说明为什么将权利转移出去，如销售方面的技术问题、公司产品的高价位]，在某种情况下的影响购买量，某些组织对公司产品存在长期禁锢[或者对具有某种特点的产品没有其他的销售渠道]。在[具体国家]，[公司或项目]没有雇用当地的销售人员。目前，[公司或项目]在[具体国家]已在当地开设了销售机构。

二、销售策略

1. 实时销售方法

请介绍用什么样的销售策略销售你的产品，如何促销？如通过打电话、广告宣传、邮件、广播、电视等渠道进行销售。请在服务支持文件中提供各类样品的说明文字、广告语、声明或其他促销刊物。进行销售预测时，要详细说明销售过程中要保持的安全库存。

[具体商品名称]应视为一种[长期/短期]销售的商品。

2. 产品定位

相对竞争对手而言，顾客是如何评价你的产品和你的公司的？

可以设计一套销售步骤来检验是否能实现公司的销售目标，这种方法十分有效。顾客对具体产品的评论是[说明具体评论内容]。我们产品的[具体产品的独特性，如技术上、质量上、性能上的]优点吸引了顾客，得到消费者[具体评价，如物美价廉]很高评价。

就市场定位而言，我们能利用[广大的消费者/生产目标]来满足不同顾客的要求。

3. 多层次的销售策略

我们的销售步骤分[具体分几步，如一、二、三、四步]。

第一是市场渗透。

第二是[具体的销售渠道]。传统客户是我们产品的主要目标。[公司或项目]目前正与[具体公司]商谈以OEM(贴牌生产)方式进行销售的可能性。

第三是发展合作伙伴关系，如[说明合作特点]。[公司或项目]目前正与[具体公司]开展传统意义上的合作，以便[明确合作目的]。[公司或项目]正与[具体产品生产商]合作，将我们产品的试用包装随他们的商品销售送到用户手中以宣传我们产品的[具体性能，如硬件质量、软件易于使用]。

三、销售渠道与伙伴

分销商：确定分销商是我们市场计划中的重要环节。我们将首先选择那些从前就已经建立起来的销售渠道，这些销售渠道相对来说人员专业性强、队伍稳定、热情高。

直接销售：是否计划或已经形成了一个有力的直销体系？请说明这支队伍的运行机制及将来的计划。如果实际的合同金额低，直接销售就不会赚钱。一定要使直接销售利润率达到或超过生产率及销售率。

零售商：交易商想从制造商那里得到什么？

价格观念：有吸引力，合理。

盈利：强调营销价值。

技术支持：需要准确而迅速地反馈。

设计：制造与包装。

广告宣传与公共关系：需要最大限度地提高顾客的理解度和需求。

有效的销售(宣传)资料：可使销售过程加快和简易化。

竞争优势：具有特点而有效益。

储运：当需要产品时可立刻发货。

市场稳定性：保持利润和市场占有率。

制造商的代表：由于制造商的代表掌握着与我们的产品相兼容的其他品种的产品，最好是选择与[产品1和产品2]具有互补性和兼容性的产品制造商作为我们的制造商代表。

产品销售：请阐述主要的或效益较好的产品的直接销售额。

OEM：有了OEM这样的条件，我们就可以将我们的[具体产品]纳入他们的产品生产线[说明如何将产品融于他们的产品中]。

国际市场：一开始就应该考虑国际化的问题，这一点十分重要。请按优先级顺序列出目标销售国家，可以按比例份额划分、按语言划分、按产品用途划分、按兑换率划分、按专业性需要划分。同时设计一个撤退计划，毕竟不是事事顺利的。

电子化市场：有些电子化服务也处理咨询问题或采用800服务项目，还要研究竞争对手的做法。

邮购：我们将在[具体时期]内对邮购的利润增长进行调查。由于我们加强了处理邮购业务的力度，所以预计会增加利润。我们能够科学地达到这一步，是因为我们改善了客户的需求标准。我们建议[具体计划]，如[邮购两组5万件运动服，每组寄出前先用5000件做测试]。[具体购买群]确定目标。

销售方法：产品是怎样分销的(或者使用什么方法使你的产品销售出去)？请制作一张图表来显示产品是怎样到达最终用户手中的。

下列单位或组织与[公司或项目]有销售关系，他们强化了现有的分销关系，是增强分销增值能力的主要对象。

[A公司]：[A公司]是[具体产品或技术]的主要供货商，与[公司或项目]签有分销协议，此协议即可向[A公司]提供单独的产品，还可以结合[A公司的其他有关产品]集中统一销售，并将各种品牌产品混合统一处理。这是一种[有限的，不付专利费]的协议，用来支持[公司或项目]的[培育、研究和开发]工作。

[B公司]：[B公司]是由[组建人名单]组建的，是[具体产品]的重要供应商。在[公司或项目]与[B公司]共同努力下，于[具体时间]签署了共同使用[按优先权名义]许可的协议书。这种[非独家的]协议向[公司或项目]提供了充分的权利。协议规定，在不支付专利费的前提下，在[具体应用方面]可以利用[原码]进行生产。

请说明这些渠道的作用、功能和优点，包括产品/服务在销售渠道方面的广告宣传、促销活动中的参考资料等。

四、销售周期

将市场进行区块划分，并根据每个区块中买主的教育水平、实施业务的复杂性，或其他在时间方面和推广应用方面的影响因素，说明销售周期的平均长度。为避免销售周期的长度引起乐观的误解，因此应提出关键证据、参考性实例等。请考虑所做的所有准备工作是否能增强[公司或项目]可信度？

五、定价策略

如何设定价格标准，是否有政策依据，价格有没有竞争性，价格是根据成本还是市场增长额来确定的，价格高于或低于竞争对手的原因是什么，这些产品的市场弹性强度如何(对产品需求的定价效应)，买方如何使效用弹性变得更具优势。

是否存在一种固有的高价值观念，认为高价格是天经地义的(成本越高产品越好)？能否利用定价原则作为一种战略性竞争武器迅速获得市场份额？

我们的定价策略是[请说明你的政策或原则]。这种定价原则是依据[具体依据，如成本核算]。

我们的最终定价原则是[成本、毛利目标、市场价格形势、公认性价格]。

我们按[月、季度、年度]来审查价格，以保证基本利润不受损失。顾客对我们的产品和服务愿意支付的价格高至[具体价格]，原因是[请解释]。

我们感到顾客愿意花[具体金额]购买，原因是[请解释他们的购买原则]。我们计划每[具体的时间段，如3个月]审查我们的定价情况和产品库存或短缺的情况。

是否应该对一项新的价格政策进行调查，以免损失最基本的利润？

1. 产品及服务A

我们的[产品/服务名称]定价策略是一种排他策略从而实现市场渗透。我们相信[具体产品/服务][在企业中或桌面上]与其他竞争产品相比较还不是一种特价的商品。[公司或项目]的产品当前的价格范围[高于或低于]竞争对手的水平，其中的原因在于[请解释与该产品的比较，说明产品市场定位]。例如，我们的[具体产品系列]产品价格范围为x～y元，而竞争对手将他们的销售价定在y～z元。

[公司或项目]目前要从总产值中拿出[具体比例]作为[专利费]费用。[公司或项目]计划拿出[具体数额]用于产品开发。为了克服小型顾客市场的对抗情绪，或限制社会上的开发商，我们将拨出一定数量的款项作为[优惠定价/竞争费用]来平衡公司间的规模差距，当高于[具体数量]时就应协商解决。

2. 产品及服务B

当需要在短期内建立最大规模的分期付款销售基地时，[公司或项目]实行一种市场渗透策略。这种策略的定价范围是对[具体产品]从免费培育计划到[具体产品]的x元控制价开始。

六、市场联络

当产品已经上市，并且表现极佳时，目标应该是加强、促进、支持，使这种情况持久。拥有丰富资源的企业家会发现不同的宣传方式，使用各种各样的方法来获取免费的广告宣传和促销效果。

本公司知道走向胜利的关键是什么，此时需要扩大促销力度。为达到此目的，必须采取[进攻性/主动性]广泛扩大选择性销售的范围。为了达到我们的销售目标，我们需要一个[特别有能力的/专业化程度高的顾问、广告代理商或者公共关系公司]。本公司[计划]在主要贸易杂志上,如[具体杂志名称]上发布[广告/现已发布]。资金落实后,就可选择代理商,在代理商的协助下,综合性广告宣传内容和促销计划就可以制订出来。我们以两种方式发布广告,第一种是由我们自己发布,第二种是联合与我们有[市场/销售]关系的分销商、OEM商、零售商及其他公司共同发布。

由于我们在公共关系上的努力,我们在[具体行业或市场区域]中提供的产品具有领先地位。我们的极高声誉和[名牌产品],使公司和产品形象在[管理人员/买方/顾客]的心目中不断提高,对公司的[前景/工业发展/市场繁荣]起到举足轻重的作用。

我们将按正常的方式广泛地联系下列各部门:主要贸易刊物的编辑部门,商务和地方出版机构,现有顾客所在公司的主要管理人员、雇员组织、用户集团、顾客、竞争对手、销售代表等。

1. 贸易展销会

展销会的目标观众是谁?展销会能给目标市场带来某种信息吗?

地区展销:目的在于将[具体国家]的各类展销有机地结合在一起,以便进入[市场区域]。

时间框架:每[月、年]展销次数/学术讨论会次数最好不多于[具体次数]。

过去的经验(如果有的话):是否在别人的展销会上设过摊位?

本公司参加过[具体数值]种类型的展销会[具体类型]。

[具体时间],本公司将致力于开发和生产[产品1]从而取代[产品2]。在确定我们的贸易展销会时,我们考虑以下几个因素:[具体列表说明]。

根据以上考虑,这些展销活动被选定在[具体时间]进行。

本公司将参加各类活动来提高公司和产品的知名度,这些活动包括:[具体列表说明]。

2. 广告宣传

[公司或项目]正在开展印刷品广告宣传活动,主要发表在杂志上,配有突出重点的论述和宣传,同时还设计出宣传手册,增加宣传效果。目前涉及的杂志主要有[列出贸易杂志名称]。[宣传手册的名称]出版日期号[时间期限],其发行量达到[具体发行量],发行对象主要是目标顾客。宣传手册还包括对[具体产品名称]的整页广告宣传。

3. 新闻发布会

[公司或项目]的情况一直由媒体进行采访、新闻发布,参阅附录中有关采访与新闻发布的介绍。[公司或项目]计划聘请一位全日制的公共关系经理来继续从事这一项有效的工作。

4. 年度会议/学术讨论会

[公司或项目]目前已参加几个主要工业项目的学术会议,包括在[具体国家]的[具体项目]。[公司或项目]还成功地与市场伙伴合作,无须购买展销摊位就增加了我们的知名度。其中的因素就包含对[年会、展销会、学术会]的参与。

5. 国际互联网促销

根据最近的新闻或特别报道,[公司或项目]的互联网站每天的点击率为[具体数量]。我们的国内信息已成为行业内可靠的、及时的、对分销及顾客有影响的资料,是对行业景气情况进行预测的重要来源。

6. 其他促销因素

[公司或项目]正在寻求更多的机遇[举例说明]与[具体公司或其产品]共同拓展市场。

7. 贸易刊物、文章、报道

[公司或项目]的负责人[列出姓名]经常作为[具体行业]的专业人士参与许多有关本行业的讨论，经常就有关产品和市场问题发表意见。[具体的人]还在[具体杂志]就[具体讨论题目]发表过专题报道。

8. 直接邮寄

[公司或项目]还进行商业信函和邮购活动。该活动在一定范围内[列出订阅者名单或者以用户为基础对象]发布一定数量的信息，旨在获得迅速的客户反应和寻求销售机遇。

除上述之外，[公司或项目]还拥有专业性的附加资料，包括产品数据表、白皮书和背景资料等。

七、社会认证

社会上对公司的技术、产品的实效性、新闻发布的策略，以及对计划等的评论是一种重要的销售工具，它可以增进公司的认可度，缩短销售周期。要找一些工业领袖、分析家、主要顾客或大学生，作为产品与服务的评论者。这些人士必须愿意在他们的领域内公开发表他们的支持意见。

阐述公司的社会认证计划。

第七章　财务计划

一、财务汇总

五年的损益表包括以下内容：第三年的投资回报率为X%。可以假定早在[具体时间]为[具体金额]元，而在第一年中它的回报率是负数。公司可望在[具体时间]达到现金流平衡。

二、财务年度报表

以下是从[具体时间]起五年期的年度产品收入汇总表。此计划是根据目前[公司或项目]的[自筹资金计划，无其他外部投入][第一/第二轮基金]制订的。此外，产品产值假定是在[具体时间范围]，这些假定值支持着那段时期的产值计划。

三、资金需求

我们正在寻找[具体金额]元的[商业贷款、分期贷款或长期贷款]主要用于未来[2年、1年、1个月、1天、任何时限]本公司的发展。到那时，我们还需要增加[具体金额]元的资金使我们度过现金平衡关。

初期投资将用于[完成开发任务、购买设备、引进新的/下一条产品生产线、流动资金的投入、寻找竞争对手]。资金使用明细如下。

完成开发项目：[具体金额]元。

购买设备：[具体金额]元。

引进新/下一条生产线：[具体金额]元。

流动资金投入：[具体金额]元。

资金使用计划：说明如何使用贷款/或投资资金。

回报/偿还计划：需要确定多长时间能偿还贷款，或者投资者可将投资收回。

结论：根据我们的预计，我们认为[投资于/贷款给]我们公司，是一件非常理想的投资活动。为使本项目能够贯彻实施，我们需要在[具体时间]前得到[具体金额]元的[投资/贷款]。

四、预计收入报表

1. 假设条件

向投资者介绍财务假设条件是如何制定的(指的是商业假设,不是记入财务记录单的数字)。

2. 财务报告

应该简单介绍一下创业计划中每份财务报告所叙述的汇总分析结果,以及销售增长率和各种大宗消费项目,还应对销售经济学问题加以解释。总量调整测定法有助于投资者增加对讨论课题的准确把握。财务报告的内容包括销售收入百分比量的累计数、库存量、应收账款、当日应付账款平衡量、投资回报率等。

3. 收入报告

对各类大型收入项目或各种较大的变动做出评论,如研发活动或市场消费等。这些事项往往在运作的头几个月显示出较大的不平衡性,特别是以销售百分比的方法审视时,更是如此。不过这种现象过一段时间就会逐渐消失。

要考虑建立两种收入报表:第一种报表按月反映第一年的收入;第二种报表应反映5年中的逐年收入。

五、资产负债预期表

对资产负债表中任何一个较大的或不正常的项目进行评估,如现有其他资产、其他应付账款或逐渐递增的负债等。

应考虑建立两种资产负债表:第一种按月反映第一年的负债情况;第二种反映5年中逐年的负债情况。

收支平衡分析:我们可以在[具体的月份]月达到收支平衡,届时我们的销售额可望达到[具体金额]元。

六、现金流量表

应考虑在财务计划中建立两种财务状况变化报表(现金流量表):第一种反映第一年状况;第二种反映5年中资金流动情况。

第八章 附录

附录的内容包括[公司或项目]的背景与机构设置、市场背景、管理层人员简历、董事会、行业关系、竞争对手的文件资料、公司现状、顾客名单、新闻剪报与发行物、市场营销、专门术语等。

第九章 图表

图表包括市场区域分析表、购买者类型分析表、产品或服务使用情况调查、财务计划表、资产负债表、产值预测图等。

【实训练习】

根据上述创业计划书的内容与要点、创业计划书的写作原则和程序、创业计划书样本,针对拟创建的公司,撰写一份创业计划书。

【复习与思考】

1. 简述创业计划书对创业企业的必要性。
2. 简述创业计划书的基本格式。
3. 简述创业计划书的内容要点。
4. 简述编制创业计划书应注意的事项。

案例讨论

生生不息——生物质碳封存新能源装备技术领跑者

——第七届中国国际"互联网+"创新创业大赛国赛金奖项目

在创业的过程中，一定要耐得住寂寞，要吃得了苦，然后踏实地去做实验，反复地去总结，再得出自己的一些结论或者心得，最后会得到一个好的成果。创业的过程从不会一帆风顺，但坚持一定能赢。将来，团队会继续致力于研究生物质，以期用生物质替代减排，在碳中和目标的道路上发挥生物质的无限可能。

——马欢欢

1. 挖掘行业痛点

马欢欢是材料科学与工程学院木材科学与技术专业的在读博士生，主要从事农林生物质热解气化及炭材料研究，有着充分的专业知识储备，在科学研究和相关行业企业的交流过程中，他发现由于生物质原料的组成特性、收集的分散性及使用技术落后，生物质原料的成本偏高，同时在设备上存在加工工艺差、热效率低、排烟污染严重等缺点，导致生物质能源企业运行举步维艰。为改善这种状况，其团队决定致力于生物质高值能源转化技术、稳定环保低成本的关键设备，以及高附加值的固碳产品的研发。

2. 扎实科学研究

面对"传统生物质气化、生物质炭行业产品单一、经济效益差，运营举步维艰"这些难题，马欢欢没有退缩，而是直面问题，带领团队先后前往江西吉安、江苏兴化、河北承德、湖南宁乡、安徽阜阳等工程一线，参与稻壳、杏壳、木竹块、木竹屑等典型生物质原料热解气化的工程建设和设备运行调试，创新农林生物质气化城镇清洁供暖联产炭材料关键技术，以清洁再生的农林生物质制备木质活性炭有效替代煤质活性炭，减少煤炭使用。

生物质资源总量多，但成分差异大、热反应复杂、产物调控难，考虑到这些，马欢欢选择对生物质原料热解动态特性进行分析，通过研究不同升温速度条件下生物质原料热裂解产物的组成和分布情况，揭示生物质气化多联产调控机制。研究阐明了热解活化能在生物质原料脱水、半纤维素/纤维素/木质素分解、炭化各阶段的演变规律，还利用密度泛函理论和动力学模型，构建了生物质组分化学结构与定向热裂解之间的关联机理，以及生物质气化多联产反应机制，希望可以为多联产技术创新提供依据。

经过大量的实验，项目团队成功推出了生物质固碳气化多联产装备，可以不需要外加能源、化学药品和助剂，就能将农林生物质同时转化成生物质可燃气、生物质炭，实现了能源+固碳的同时输出，每吨生物质原料产生3吨蒸汽的同时，能够得到0.3t高价值的生物炭，可以实现企业用热零成本。

团队采用挤压工艺将炭基肥料造粒成型，研究出了适当配比使成型不需加胶黏剂，这种黏剂生产工艺简单，实现了秸秆能源+固碳高值利用，2021年11月入选农业农村部减排固碳十大技术模式。

3. 创赛创业过程

2021年马欢欢带领团队参加了第七届中国国际"互联网+"创新创业大赛，团队成员不辞辛苦，经过4个月不间断的打磨、百余次线上线下讨论、熬夜甚至通宵修改，项目最终获得了大赛评委的认可，取得了国赛金奖的优异成绩。

创赛、创业的过程没有人会一帆风顺。在创业初期，马欢欢遇到很多难题：由于长期在实验室做研究，对市场的分辨能力不强；获取市场第一手资源时，信息捕捉能力不足；客户的不信任也使得企业很难挖掘到大客户等。在经历和克服重重困难之后，企业和团队慢慢成长起来了。作为一个创业者，马欢欢已经具备创业者应有的素质和能力——对整个市场行业的精准把握、深厚的专业知识储备及较强的管理能力，他的创业之路变得顺畅起来。

【思考与讨论】
1. 通过案例，分析如何挖掘市场、客户的需求。
2. 科技创新和市场创业之间存在什么样的关系？
3. 通过马欢欢的创业、创赛过程，你学到了什么？

课后习题

一、单选题

1. 创业计划书的主要作用包括(　　)。
   A. 2个方面　　　B. 3个方面　　　C. 4个方面　　　D. 5个方面
2. 创业计划书的编制包括(　　)。
   A. 2个阶段　　　B. 3个阶段　　　C. 4个阶段　　　D. 5个阶段
3. 创业计划书的摘要又可称为(　　)。
   A. 附录　　　　B. 主体　　　　C. 计划摘要　　D. 正文

二、多选题

1. 创业计划书的主体部分具体包括(　　)。
   A. 公司的基本情况　　　　　　B. 管理团队的介绍
   C. 产品/服务介绍　　　　　　　D. 行业及市场预测等
2. 创业计划书的编制是一个循序渐进的过程，可以分成(　　)完成。
   A. 创业计划的构想阶段　　　　B. 市场调查阶段
   C. 财务分析阶段　　　　　　　D. 撰写和修改阶段
3. 一份完整的创业计划书通常包括(　　)。
   A. 封面　　　　　　　　　　　B. 保密要求(保密协议)
   C. 目录　　　　　　　　　　　D. 正文、附录

4. 创业计划书的撰写原则包括( )。
   A. 目标明确：创业的目标明确、清晰
   B. 完整一致：内容完整、前后一致
   C. 市场导向：明确项目的市场机会
   D. 团队协作：展现团队能力和潜力
5. 创业计划书应能充分展现( )。
   A. 创业团队人员的互补作用　　　B. 尽可能突出专家的作用
   C. 高管人员的优势　　　　　　　D. 专业人才队伍的水平，并明确领军人物
6. 创业计划书的真实性可以体现在( )。
   A. 顾客分析的真实性　　　　　　B. 市场分析的真实性
   C. 竞争性分析的真实性　　　　　D. 收入计划的真实性
7. 创业计划书正文各部分内容应尽可能详细地说明( )。
   A. 企业在潜在顾客并未真正买单的情况下如何有效竞争
   B. 在现有企业用现有产品构筑竞争屏障的情况下如何参与竞争
   C. 企业如何赚钱
   D. 企业如何发展

三、判断题

1. 市场分析的真实性是指现实性市场分析，应该恰当描述市场规模。　　　　( )
2. 一份成熟的创业计划书，不仅能够描述创业公司的成长历史，展现未来的发展方向，还能够量化潜在的盈利能力。　　　　　　　　　　　　　　　　　　( )
3. 摘要里的财务部分需要重点说明企业业务发展的资金需求、资金筹措计划，并对业务的盈利能力做简要说明。　　　　　　　　　　　　　　　　　　　　　　( )
4. 创业者撰写创业计划书的过程，也是把该项目推销给投资者的过程，是对企业整体发展过程的再确定过程。　　　　　　　　　　　　　　　　　　　　　　( )
5. 创业计划书在内容和结构上要完整，前后基本假设或预估一定要相互呼应，逻辑合理。　　　　　　　　　　　　　　　　　　　　　　　　　　　　　　( )
6. 创业计划书应呈现项目在资源、经验、产品、市场及经营管理能力等方面的优势，明确指出项目的市场机会与竞争威胁。　　　　　　　　　　　　　　　( )
7. 在撰写创业计划书的过程中，可以检验不同战略和战术所产生的效果，以及新创企业对人员和财务的要求，便于及时针对不同方面的问题进行协商并解决。　( )
8. 一项完善的创业计划，不仅是创业者创业的蓝图，而且是创业者的创业行动大纲，也是创业者筹措创业资金和寻找创业合作者的必要工具。　　　　　　　( )
9. 创业计划书是创业者在创业前准备的一份书面计划，在这份计划里全面说明了创业者的创业构想及实施构想的具体方案。　　　　　　　　　　　　　　　( )
10. 创业计划书本质上是新创企业对自身经营情况和能力的综合总结与展望，是新创企业全方位战略定位和战术执行能力的体现。　　　　　　　　　　　　( )
11. 在任何有效的创业计划书中，创业者都必须认真解决的问题是产品的开发和生产。　　　　　　　　　　　　　　　　　　　　　　　　　　　　　　　( )

第 8 章

创业融资

知识目标

- 掌握创业融资渠道及特点；
- 掌握创业融资成本的构成、评估及控制；
- 了解创业融资决策的基本原则。

案例导入

资金对创业企业的重要性

在第二次世界大战期间，宾夕法尼亚大学的普雷斯波·艾克特和约翰·莫奇带领一个小组从事计算机研制工作。1946年，他们开发出了第一台具有工作用途的计算机，紧接着成立了艾克特莫奇公司，将计算机商业化，并在1948年将它推向市场，这比IBM公司的第一台商用计算机整整早了6年。但由于艾克特莫奇公司承担不了庞大的研究开发费用，缺乏财务资源的支持，最终被其他公司兼并。

这是一个典型的创业企业因缺乏资金支持而导致创业失败的案例。

创业不是一次偶尔为之的即兴行为，而是一个包括创业动机产生、创业机会识别、创业组织设立、企业成长及创业收获的长期渐进过程，这个过程离不开资金的支持。根据统计资料，平均每个新兴高科技企业在其创始的最初5年之内，大约需要200万～1000万美元的启动资金，而10年后这个数字又会增长一倍。可见，资金是创业企业创立、发展与壮大所必备的战略资源之一。任何一位创业者都必须站在战略制高点来理解资金对创业的战略意义，并扎实地做好创业融资工作，这样才能促进创业活动的顺利开展。

【思考与讨论】

你对创业融资有怎样的认识？作为创业者，你能想到的创业资金来源有哪些？创业融资过程中需要考虑的问题有哪些？

8.1　创业融资概述

融资是资金融通的简称,是指企业根据其生产经营、对外投资及调整资金结构的需要,通过一定的渠道,采取适当的方式获取所需资金的一种行为。广义的融资既包括资金的融入,又包括资金的融出。对于新创企业来说,融资仅指资金的融入,是指企业根据自身经营、资金运用及未来经营发展需要,通过一定的渠道或方式筹集资金的行为,如购置设备、引进技术、进行技术与产品开发等。

对于多数创业者来说,资金仍然是稀缺的资源。在市场经济中,成立一个企业需要有一定数量的注册资本、缴纳注册费用、购买设备、招聘员工等,这一切都离不开资金的支持,而运营一个企业更是需要有源源不断的资金支持。资金是企业的"血液",是企业最基本的要素之一。我国创业企业融资目前仍存在较大困难,主要表现在融资渠道狭窄、融资成本高、融资风险大等方面。同时,融资难的原因也是错综复杂的,有国内宏观的金融制度、政策方面的原因,例如,缺乏多层次的资本市场体系、商业银行未形成专业分工、信用制度不完善、金融债权维护难、抵押担保制度落实困难、商业银行信贷管理体制不适合创业企业的特点等;也有创业企业自身的原因,例如,信息不透明、创业企业自身资产信用不足、财务制度不健全、报表不实、竞争力不强、缺乏融资专业经验和知识等。

寻找创业资金是创业者的主要任务之一,因此,创业者需要掌握获取资金的有关知识和技能,包括创业资金的来源、收益与代价、资金的使用和管理、融资与财务计划等。

8.2　创业融资渠道

创业融资渠道可以解决创业资金来源问题。创业融资渠道可以分为债权融资与股权融资、内部融资与外部融资、直接融资与间接融资等几个类型。创业者需要全面了解各种资金来源的优点与不足、获取条件、融资成本等,才能提高创业者的创业融资能力。

8.2.1　债权融资与股权融资

1. 债权融资

债权融资是指企业从外部借款并承担按期还本付息的义务,其主要包括向政府借贷、向银行借贷、向亲朋好友借贷、向民间借贷、向社会公众发行债券等形式。向亲朋好友借贷是债权融资的最初阶段,发行债券则是最高阶段。

债权融资的特点:融资企业必须根据借款协议按期归还本金并支付利息,一般不影响企业的股东及股权结构。

2. 股权融资

股权融资是指企业通过公开发行股票或者私募的方式增加资本,借以融资,无须还本付息，但需要分配红利。其主要包括创业者自己出资、争取国家财政投资、与其他企业合资、吸引投资基金投资、公开向社会发行股票等形式。创业者自己出资是股权融资的最初阶段，公开向社会发行股票是最高阶段。

股权融资的特点：引入资金而无须偿还，但同时企业引入新股东，使企业的股东构成和股份结构产生变化；不需要支付利息且不必按期还本，但需按企业的经营状况支付红利。

股权融资与债权融资体现了不同的产权关系。股权融资体现的是所有权与控制权的关系，投资者是企业的股东，享有企业的剩余索取权和最终控制权；债权融资体现的是债权债务关系，银行作为信用中介，拥有对企业的相对控制权，即企业只有不能按合同履约时，其控制权才会转移到银行手中。

8.2.2 内部融资与外部融资

1. 内部融资

内部融资是指企业依靠其内部积累进行的融资，具体包括资本金、折旧基金转化为重置投资和留存收益转化为新增投资。

内部融资具有资本形成的原始性、自主性、低成本性和抗风险性等特点。相对于外部融资，内部融资不仅可以减少信息不对称带来的问题，还可以节约交易费用，降低融资成本，增强企业剩余控制权。但是，内部融资能力要受到企业盈利能力、净资产规模和未来收益预期等方面的制约。

2. 外部融资

外部融资是指企业通过一定的方式从外部融入资金，具体包括银行借款、发行债券、融资租赁和商业信用等负债融资方式，以及吸收直接投资、发行股票等权益融资方式。外部融资具有高效性、灵活性、大量性和集中性等特点。从实际来看，外部融资是成长中的企业获取资金的重要渠道。

8.2.3 直接融资与间接融资

1. 直接融资

直接融资是指资金供需双方直接融通资金的方式，具体包括资金盈余部门在金融市场购买资金短缺部门的直接证券，如商业期票、商业汇票、债券和股票等。另外，政府拨款、占用其他企业资金、民间借贷和内部集资也属于直接融资范畴。

直接融资具有直接性、长期性、不可逆性(指股票融资无须还本)和流通性(指股票与债券可在证券二级市场上流通)。

采用直接融资的方式时，企业处于主动地位，对融资的时间、数量、成本等均可主动做出选择，且在总量上不受资金来源的限制。但直接融资也存在局限性，主要表现为易受融资双方资信的限制，同时其融资成本要高于间接融资。

2. 间接融资

间接融资是指企业通过金融中介机构间接向资金供给者融通资金的方式，通常由金融机构充当信用媒介来实现资金在盈余部门和短缺部门之间的流动，具体的交易媒介包括货币和银行券、存款、银行汇票等。此外，融资租赁、票据贴现也都属于间接融资。

间接融资具有与直接融资截然相反的特性，如间接性、集中性、安全性、周转性。采用间接融资的方式时，资金的供应者和资金的需求者不直接进行资金的融通，而是由中介机构把众多供应者的资金集中起来贷给需求者。由于银行或非银行金融机构资金实力雄厚，内部管理严格，可有效分散和管理融资风险，因此融资风险相对较小、信誉度高、稳定性强。

8.3 创业融资成本

"天下没有免费的午餐"，创业融资也是有成本的，创业资金来源不同，其成本也不相同。如果创业者忽略了融资成本，盲目进行融资，则其结果可能是白白为"资本"打工。

融资成本是指使用资金的代价，包括融资费用和使用费用。前者是指企业在筹集资金过程中发生的各种费用，如银行融资时的抵押物评估费用、登记费、公证费、担保费、贴现费、手续费等，发行股票、债券时支付的注册费、代办费、审核费、承销费，企业在融资过程中发生的差旅费、交际费等；后者是指企业因使用资金而向其提供者支付的报酬，如向股东支付的股息、红利，向债权人支付的利息、债息，向出租人支付的租金等。

8.3.1 融资成本的表现形式及估算

融资成本是资金的使用权和所有权相互分离的产物，是指企业在取得资金之后需要付出的代价，又叫用资成本。

融资成本分为两部分：前一部分是融资过程中发生的费用，可以称为融资费；后一部分是资金使用方给予投资方的报酬费用，可以称为融资使用费。两者之间的差额为融资净额，即企业实际能使用的资金。在财务管理理论中，融资成本通常以融资成本率来表示，融资成本率的计算公式为

$$融资成本率 = \frac{融资使用费}{融资净额}$$

下面按照财务管理理论来分析股权融资成本、债权融资成本和内部融资成本。

1. 股权融资成本

对于股权融资来讲，财务管理理论认为股权融资具有机会成本，企业使用股权融资必须达到投资者要求的最低报酬率，其理论表达式为

$$投资者要求的最低报酬率 = \frac{每股净收益}{每股价格}$$

投资者要求的最低报酬率还不完全是股权融资的成本,这只是表示了股权融资的融资使用费。相对于债权融资和内部融资,股权融资还包括较多的融资费,所以总体来说,股权融资成本率的计算公式为

$$股权融资成本率 = \frac{投资要求的最低报酬率}{1 - 发行费用率}$$

由于发行费用率较高,所以股权融资成本率一般来说相对较高。

2. 债权融资成本

债权融资成本通常是指企业向社会发行债券的成本或者向银行等机构借款时直接支付的利息费用。在财务管理理论中,债权融资产生的利息费用属于费用科目,可以在税前利润中扣除,对于企业来讲具有税盾效应,因此债权融资成本计算如下。

首先计算向银行借款的成本,公式为

$$KI = \frac{I(1-T)}{L(L-F)}$$

其中,KI 表示借款成本;I 表示银行借款利率;L 表示银行借款融资总额;T 表示所得税率;F 表示银行借款融资费率。

然后计算发行债券的成本,债券融资成本中的利息费用就是融资使用费。

债券融资的费用较高,但是由于可以在税前支付,因此同样具有减税效应,债券融资成本率的计算公式为

$$债券融资成本率 = \frac{(1-所得税率) \times 债务利息}{融资总额 \times (1-融资费用率)}$$

债券融资具有较高的融资费,如发行费等,因此债券融资成本一般高于向银行借款的成本。

3. 内部融资成本

企业在进行利润分配时,一般不会将所有的利润全部用于分配股利,而会将一部分利润留存作为留存收益,此部分留存收益可以作为企业的内部融资。内部融资属于留存收益的一部分,而留存收益属于股东,所以内部融资的成本与股权融资成本计算方法相似,但是由于内部融资没有融资费,因此要低于股权融资的成本,其计算公式为

$$内部融资成本 = 股权融资成本 \times (1-融资费用率)$$

可见,内部融资是成本最低的融资方式。

8.3.2 融资成本的比较

通过对融资成本的评估可以了解,股权融资成本是最高的,债权融资成本次之,内部融资成本最低。股权融资中,上市融资成本大于直接的股权融资成本;债权融资中,发

行债券的融资成本比直接向银行借款的融资成本高，而项目融资和贸易融资形式多样且都以债权融资为主，融资成本介于债券融资和向银行借款之间，融资成本较低的是向银行借款；内部融资中，因为是利用企业内部留存收益，所以融资成本是最低的。外部融资中，债权融资的成本一般低于股权融资的成本。这是因为，一方面，股权投资者所获股利是一种税后收益，而债权人所获利息可作为营业利润扣除项目；另一方面，股东收益的不确定性高，又是企业破产的最后索偿人，风险大，自然要求更高的报酬率。债权融资中，短期债权的融资成本一般低于长期债权。这是因为资金的时间价值不同，长期债权使债权人面临更高的经济周期波动及信用或违约风险。此外，外部融资的政策性融资也是成本较低的融资方式，包括政策性贷款、担保、财政贴息、专项扶持基金等形式。

融资成本关系融得资金的实际数额和企业经营成本及利润，最终影响企业的经济效益。一般来说，各种融资方式的成本排序如下：内部融资＜政策性融资＜银行贷款融资＜债券融资＜股权融资(上市融资)。

8.3.3 融资成本的控制

控制并降低融资成本是降低创业风险、提高创业成功率的一个有效途径。创业企业在创业融资过程中应树立注重融资成本的观念，并积极采取各种措施降低融资成本。

对于创业企业来说，当选定了融资渠道和方式后，融资成本就是刚性的，因此融资成本控制的重点应该集中在下述三个方面：一是提高融资的效率，尽早融到资金就可以尽早获得收益，从而弥补融资成本；二是减少融资的盲目性，提高分辨能力，以免上当受骗；三是贷款时应货比三家，合理选择贷款期限，及时享受银行和政府的低息待遇，可以向亲朋好友借款，并注意提高资金使用效率。创业者可以委托一家专业融资顾问机构，将融资费用包干或风险代理，以弥补融资团队和关系资源的不足。

8.4 创业融资决策

创业融资决策是指创业者在面对多种资金来源和融资方式时做出何种选择的问题。各种融资渠道具有不同的特点，创业者在选择时要考虑这些特点并结合企业自身特点选择合适的融资方式。在满足基本融资需求(规模)的情况下进行融资决策时，创业者需要从融资方式的自身特点和创业企业的自身特点两个角度考虑，主要考虑融资渠道特点、融资成本、融资风险、融资机动性、融资方便程度，以及创业企业的类型、创业企业的发展阶段、创业企业的资金需求特点等因素。

8.4.1 融资决策的基本原则

融资决策的基本原则如下。

(1) **融资总收益大于融资总成本**。企业需要分析并确定利用筹集到的资金所产生的预期总收益大于融资的总成本时，才有必要考虑融资。

(2) 融资规模要量力而行。融资过多会造成资金闲置浪费，并导致负债过多，增加风险；而融资不足又会影响企业投资计划及其他业务的正常开展。因此，应根据资金需求、企业自身条件，以及融资的难易程度和成本情况，确定合适的融资数量。

(3) 尽可能降低融资成本。融资成本是决定企业融资效率的关键因素，对于企业选择哪种融资方式有着十分重要的意义。

(4) 确定恰当的融资期限。融资期限的选择主要取决于融资的用途和融资人的风险偏好。原则上，对于流动资产，适合选择各种短期融资方式；对于长期投资或购置固定资产，适合选择各种长期融资方式。

(5) 选择最佳融资机会。融资决策要有超前预见性，融资人应及时掌握各方面的信息，科学预测政策、市场、环境等方面的变化趋势，积极寻求并及时把握各种有利时机。

(6) 尽可能保持企业的控制权。企业控制权和所有权决定企业的战略、方向，以及生产经营、利润和股东利益，放弃控制权一定要慎重，但也不能一味固守控制权不放。

(7) 选择最有利于提高企业竞争力的融资方式。不同的融资方式对于企业的信誉、产品市场份额乃至获利能力的影响大不相同，因此，应选择最有利于提高企业竞争力的融资方式。

(8) 寻求最佳资本结构。不同融资方式形成的不同资本结构直接影响资本成本，进而影响企业的市场价值。一般来说，只有当预期普通股利润增加的幅度将超过财务风险增加的幅度时，融资才是有利的。

8.4.2 融资决策应考虑的因素

1. 融资渠道自身的特点

1) 股权融资与债权融资的选择

股权融资与债权融资的选择主要涉及企业控制权的分散甚至转移。控制权的改变不仅直接影响企业生产经营的自主性、独立性和原有股东的利益分配，而且当失去企业控制权时，还可能会影响企业的效益与长远发展。因此，在可能的情况下，应尽量考虑采用债权融资。

当然，在下述几种情形下，企业采取股权融资也是一种明智的选择：一是企业难以满足债权融资的要求(包括信用、资产、抵押等条件)；二是企业经营风险和预期收益均较高，原有股东希望分散风险、共享收益，而债权人要求的收益率超出企业的承受能力；三是引入股权投资者有利于提高企业的竞争能力。例如，与一些拥有强大技术或市场营销力量的大企业合作，可使企业迅速做大做强。

2) 内部融资与外部融资的选择

企业融资是一个随自身发展而交替进行内部融资和外部融资的变换过程。创业之初，主要依靠内部融资来发展。随着企业逐步成长，抗风险能力增强，内部融资难以满足要求，外部融资就成为企业扩张的主要手段。当企业具备相当规模后，自身有了较多的积累，则又会逐步缩小外部融资总量，转而依靠自身雄厚的积累资金来发展。

考虑到外部融资的成本代价，创业企业在资金筹措过程中，一定要高度重视内部积累。辩证地讲，内部融资是外部融资的保证，外部融资的规模和风险必须通过内部融资的能力来衡量。通常在内部融资不能满足要求的情况下，才考虑通过外部融资渠道来解决。

3) 直接融资和间接融资的选择

在直接融资中，由于信息不对称，一方面，投资者要求资金使用者的经营活动具有较高的透明度，不管规模大小，企业为达到较高的透明度所需支付的信息披露、社会公证等费用差别不大，因而创业企业筹集单位资金的费用相对就很高；另一方面，信息不透明程度越高，资金提供者所要求的风险补偿就越高，除了高科技企业，大量劳动密集型的创业企业都难以达到投资者的收益要求。

在间接融资中，金融媒介能够以较低的成本事先对资金的使用者进行甄别，并通过合同对资金使用者的行为进行约束，在事后则继续对资金使用者进行监督，这种融资方式对资金使用者信息透明度的要求相对较低。因此，银行信贷方式就成为创业企业进行外部融资的主要方式。

一般情况下，可以根据国外企业融资的融资优序理论来指导融资选择，以不对称信息理论为基础，并考虑交易成本的存在，认为权益融资会传递企业经营的负面信息，而且外部融资要多支付各种成本。因此，企业融资一般会遵循内部融资、债权融资、股权融资这样的先后顺序。

2. 融资成本

融资成本对企业融资决策的影响表现在三个方面：一是融资成本是投资决策的依据，融资成本是一项投资是否可行的取舍标准；二是融资成本会影响企业对于融资渠道和方式的选择；三是企业资本结构直接取决于企业的融资成本，企业只有通过改变主权资本和债务资本的比重才能找到最低加权平均的融资成本，从而确定最佳资本结构。

3. 融资风险

企业对外融资都面临风险，特别是当出现收益不足以偿还债务的情况时，企业将陷入危机之中。在其他条件相同的情况下，企业融资负债的比例越高，其面临的风险也将越大。各种融资方式的风险从小到大的排序如下：股权出让、商业信用、票据贴现、发行债券、银行贷款等。

4. 融资机动性

融资机动性是指创业企业在需要流动资金时能否及时通过融资获得，而不需要资金时能否及时偿还所融资金，并且提前偿还资金是否会给企业带来相应的损失等。显而易见，各种融资方式的机动性从优到差的排序如下：内部融资、票据贴现、商业信用、银行贷款、债券、股权出让。

5. 融资的方便程度

融资的方便程度，一方面是指企业有无自主权通过某种融资方式取得资金，以及这种自主权的大小；另一方面是指借款人是否愿意提供资金，以及提供资金的条件是否苛刻、手续是否烦琐。各种融资方式的方便程度从易到难的排序如下：内部融资、商业信用、票据贴现、股权、银行贷款、债券等。

根据国外企业融资的结构理论，企业融资一般遵循的规律如下：先是内部融资，企业内部留利不足时再向银行贷款或发行债券，最后发行股票融资。

6. 创业企业的类型

(1) 制造型企业，大多数处于劳动密集型的传统行业，从业人员多，劳动占用大，产品附加值低，资本密集度小，技术含量不高。一般投资收益率较低，但资金需求相对也较小。大多数制造型企业融资要依赖信贷资金，直接融资难度较大。

(2) 高科技型企业，具有高投入、高成长、高回报和高风险的特征。高科技企业的资金来源主要是天使投资和各种风险投资基金，性质多数属于权益资金。

(3) 服务型企业，其资金需求主要是存货的流动资金占用和促销活动上的经营性开支，资金需求数量小、频率高、周期短、随机性大，但风险相对也较小，其主要资金来源是商业银行贷款。

(4) 社区型企业，具有一定的社会公益性，如街道手工工业企业，这类企业比较容易获得政府的扶持性资金。此外，社区共同集资也是社区型企业的一个重要资金来源。

7. 创业企业的不同发展阶段

(1) 种子期。创业者可能只有一个创意或一项尚停留在实验室的科研项目，所需资金不多，主要靠自有资金和向亲朋借贷，吸引天使投资者，也可向政府寻求一些资助。

(2) 创建期。企业需要一定数量的"门槛资金"，主要用于购买机器、厂房、办公设备、生产资料、后续研究开发和初期销售等，所需资金往往较大。由于没有经营和信用记录，从银行申请贷款的可能性极小。这一时期的融资重点是吸引股权性的机构风险投资。

(3) 生存期。产品刚投入市场，市场推广需要大量的资金，现金的流出经常大于流入，此时要充分利用债权融资，同时还需要通过融资组合多方筹集资金。

(4) 扩张期。企业拥有较稳定的顾客、供应商，以及良好的信用记录，向银行贷款或信用融资比较容易。但由于发展迅速，需要大量资金以进一步进行产品开发和市场营销。因此，企业要在债权融资的同时进行增资扩股，并为上市做好准备。

(5) 成熟期。企业已有较稳定的现金流，对外部资金需求不再特别迫切。此时企业的重点是完成股票的公开发行上市(IPO)工作。

创业企业的不同阶段对资金的需求特点不同：初创企业的启动资金可以来自创业者自有资金，也可以来自一些自由投资者或非正式风险投资机构的天使资金，甚至可以来自职业金融家或专业投资机构的风险资本；创业初期，企业维持运营的资金可以来自合作伙伴(商业融资)、创业投资(风险资金)、抵押贷款(银行融资)、融资租赁等方式；创业成长期，企业的扩张发展资金可以来自企业自身(利润留存、成本费用控制、存货和应收账款的周转)，也可以继续引入风险资本，企业发展到一定阶段就可以采用资本运营融资方式(引入战略投资、上市融资、股权结构优化、资产债务重组)。此外，政策性融资也是一种非常有利的融资渠道，包括政策性贷款、担保、财政贴息、专项扶持基金、政策性投资等，都是低成本、低风险的融资方式。

创业企业不同发展阶段的主要融资渠道如表8-1所示。

表8-1 创业企业不同发展阶段的主要融资渠道

融资渠道	种子期	创建期	生存期	扩张期	成熟期
创业者	✓				
朋友及家庭	✓				
天使投资	✓	✓			
战略伙伴	✓	✓	✓	✓	
创业投资		✓	✓	✓	
资产抵押贷款		✓	✓	✓	
设备租赁		✓	✓		
贸易信贷					
IPO					✓
公募债券					✓
管理层收购					✓

8. 创业企业的资金需求特点

(1) 资金需求的规模较小时，可以利用员工集资、商业信用融资、典当融资；资金需求的规模较大时，可以吸引权益投资或银行贷款。

(2) 资金需求的期限较短时，可以选择短期拆借、商业信用、民间借贷；资金需求的期限较长时，可以选择银行贷款、融资租赁或股权出让。

(3) 资金成本承受能力低时，可以选择股权出让或银行贷款；资金成本承受能力强时，可以选择短期拆借、典当、商业信用融资等。

融资渠道的选择也要考虑资金供给方的特点。要了解、收集各类潜在资金供给方的基本情况，这样才能有的放矢，有针对性地做好各项融资准备工作。一般可通过以下问题进行了解。

(1) 可能的资金供给方有哪些？各类资金供给方之间有哪些区别和联系，包括资本存量和流量的大小、提供资本的使用期长短等。

(2) 每一类资金供给方的资金来源有什么特点？投资方向是什么？

(3) 每一类资金供给方对项目或融资企业有哪些要求？

(4) 每一类资金供给方进行风险控制的手段有哪些？

(5) 每一类资金供给方的工作程序有哪些？

(6) 如何与资金供给方打交道？

在这些问题的基础上，对各类资金供给方按照融资可能性进行分类，如最可能提供资金者、经过努力可能提供资金者、不可能对本企业提供资金者。

选择金融机构时应重点考虑的有：对本企业发展感兴趣并愿意投资的金融机构；能提供经营指导的金融机构；分支机构多、交易方便的金融机构；资金充足、费用较低的金融机构；员工素质好、职业道德良好的金融机构等。

创业企业也要以实绩和信誉来赢得金融机构的信任与支持，而不应以各种违法或不正当的手段套取资金。应与金融机构保持良好关系，主动与合作的金融机构沟通企业的经营方针、发展计划、财务状况，说明遇到的困难，减少信息不对称，从而增强企业吸引力。

8.5 创业融资案例

创业企业在融资时，首先应以科学、正确的融资理念来指引融资活动，具体包括以下几个方面。

(1) 资本经营的理念。要将资本当作一种商品，并以赚取利润为目的对其进行买卖(经营)，要求融资的收益大于融资成本。成本包括客观上的筹集、使用资本的费用(如股利、利息、融资费用等)和主观上的机会成本，收益是指经营活动的结果即息税前利润。

(2) 重视现金流量管理。现金流动是企业资产流动性和变现性的基础与具体体现。企业的所有经营活动，其财务本质都是现金流动的过程。现金流量不足将直接导致企业财务危机甚至破产。现金流量管理一般通过编制现金流动计划、现金流量表来进行。

(3) 重视资金的时间价值。资金的时间价值是指由于时间的因素而使资金的内在价值含量发生改变。基于这一差异，不同时间点上的价值不具有可比性，必须通过现值计算或终值计算将其调整折算至同一时点上才能进行比较。

(4) 重视风险与收益的权衡。市场经济中，收益与风险总是形影不离，高收益活动必然伴随高风险。因此，企业必须在收益和风险之间进行权衡，既追求收益又重视风险。

案例8-1

林峰本科毕业后进入国家机关工作，1994年年初，他辞职进入一家食品机械公司做销售代表，凭借自己的勤奋和努力，在业内渐渐有了名气，几年后便被公司提升到销售部经理的位置。林峰期望能够创立自己的企业，做出一番大事业。他首先考虑到资金总量问题，几个朋友的资金加起来也就300万元左右，于是，林峰决定做最熟悉的食品机械产品。时下，随着人们生活水平的提高，林峰发现烧烤店的生意十分红火，烧烤机的需求量较大，他与几位志同道合的朋友决定做烧烤机生意。经过林峰的测算，300万元是能够将烧烤机生意运转起来的。一切都策划好后，林峰于2003年9月辞职。辞职后的林峰马不停蹄地筹备烧烤机的生产，成立了公司，租赁了厂房，资金也基本募集到位，他希望产品赶在2004年元旦前上市。因为林峰出资额较多，而且是全职投入企业，自然出任法人代表。

然而，事情并不像林峰想象的那么简单，首先在产品设计和生产过程中遇到了诸多难题。由于对餐饮机械行业的产品管理规则不太熟悉，公司走了许多弯路，耽误了很多时间。另外，环保专利产品的申报工作也非常麻烦，虽然样机生产出来了，但环保专利、产品批号等都批不下来，原计划年底回笼资金的愿望成了泡影。林峰等人加紧公关、申请产品批号，等到申请批下来已是2004年7月。2004年9月，第一批共300台产品生产出来，林峰召开了隆重的新产品发布会，希望对内鼓舞士气，对外制造声势，以利于市场推广，然而效果非常不理想。接下来的市场销售更是不顺畅，由于是新产品，许多客户根本不认可，最多答应可以留下来免费试用。由于销售不畅，销售人员情绪低落，队伍很不稳定。于是，林峰加大了第一批产品的提成力度，连续两三次提高产品销售提成后，公司所得收入还不够产品的制造成本，但为了打开市场只能是先赔本销售了。终于，产品于10月下旬卖出去12台，购买者是一家新开的烧烤店。由于对方资金紧张，只支付了60%的款项，余下的产品货款商量好在开张后支付。开业当天，烧烤店请了林峰和销售部经理去捧场，然而第二天销售部经理就接到烧烤店老板的投诉，列举了烧烤机的四大问题，这些问题导致烧烤店食客投诉比较多，影响了他们的生意。林峰赶紧派人去现场察看，有些机械故障可以维修，但有些根本是设计的问题，确实不方便食客就餐使用，甚至影响客人的安全。几经协调和道歉，烧烤店仍不依不饶，最终以抵销余款了事。

新的产品设计很快出来了，样机也出来了，然而新的问题又出现了。原来筹集的300万元此时基本用尽，预留的30万元预备金也都用完了，第一批赊欠的原材料钢板钱还没有还，临近年底，对方的销售老总找上门来要账了。

资金紧张引发了一系列问题，首先是员工的工资发不出来，林峰开始拖欠员工工资。不仅如此，原来答应的销售人员的外勤通信补助、交通补助也都不能兑现，销售代表不仅领不到工资，自己还得贴交通费和通信费用，甚至包括请客户吃饭的费用。问题还远不止这些，按照协议2005年上半年的房租该付了，这是一笔不小的数目，大约16万元，还有水电费和管理部门的费用。临近年底，有些关系需要打点，也需要费用。越是这时，企业内部的管理问题越多，几乎所有的规章制度都失效了，林峰急得如热锅上的蚂蚁。

于是，林峰把其他3位股东叫到一块开会商量对策，最后决定按比例再投入一笔资金，共计50万元，这次林峰几乎把家底全掏出来了。50万元真是杯水车薪，除了必须交的房租、日常水电费及其他办公开支，也就剩下30多万元。临近春节年关，再把拖欠员工的工资发了60%，余下只有十五六万元。钢板公司的销售老总听说林峰有了钱，立即上门来要账，软磨硬泡就是不走，最后林峰实在是没办法，给他开了一张2万多元的支票，其实这只是欠款20多万元的零头。

林峰非常清楚，剩下的10多万元，不要说开展生产，就连公司的日常运营都维持不了一个月，所以春节期间他又召集几位股东商量对策。其中有两位股东明确表示不能再继续投资了，也投不起了，林峰清楚自己也投不起了，只有融资这条路了。于是，大家商量了一个大致的融资办法，分头找投资商。

春节过后，正常报到上班的员工不到一半，林峰也想动员员工出点资金，私下与几位核心骨干沟通，明确表示不出资的就有好几位，说考虑或回家商量的也有几位。至此，林峰明白这条道行不通。2005年3月初，员工陆续离职，只剩下两位财务人员、一位办公室职员和两位看门的库管员，其他两三位核心人员也是三天打鱼两天晒网。

林峰尽量压缩开支，整天四处寻找资金，谈了很多，除了吃饭花了不少钱，几乎没有成效。在融资没什么希望的情况下，他和几位股东通了电话，商量着干脆把公司卖掉。最初有人有意向以150万元全盘接收，不负担债务，但几位股东商量几次都没有取得一致意见，一星期后买主反悔了。过了两个星期，几位股东都知道不是那么好卖的，而且新的债务不断生成，干脆最后委托给林峰全权处理，然而真正下决心处理的时候反而找不到买家了。在朋友圈中卖，在网上卖，也有人出价20万元、10万元，真正一谈又都变卦了。最后，林峰跟几位股东通了电话，开了一个散伙会。大家决定申请破产，不再参加年检了，让林峰随便处理，大家也不分钱了。林峰的创业梦想就此烟消云散。

从这个案例不难看出，如果忽视财务融资规划，对创业过程需要多少资金、成本收益如何、后续资金如何筹集等重大财务事项没有一个清晰的规划，将导致步步被动。

案例8-2

2000年，郑海涛带着自筹的100万元资金在中关村创办以生产数字电视设备为主的北京数码视讯科技有限公司(以下简称数码视讯)。在公司成立之初，郑海涛将全部资金投入研发。不料，2001年互联网泡沫破灭，投资形势急转直下，100万元的资金很快用光，而后续资金还没着落。此时，郑海涛只得亲自拿着周密的创业计划书四处寻找投资商，一连找了20家都吃了闭门羹。投资商拒绝的理由是：互联网泡沫刚刚破灭，选择投资要谨慎，况且相关产品还没有研发出来，投资种子期公司风险太大，因此风险投资商们宁愿做中后期投资或短期投资，甚至希望跟在别人的后面投资。

1. 来之不易的第一次融资

2001年4月，公司研制的新产品终于问世，第一笔风险投资也因此有了着落。清华创业园、上海运时投资和一些个人投资者共投资260万元人民币。郑海涛回忆说，这笔资金对公司十分重要。在当时没有现实的产品休想拿到合理风险投资的情况下，公司能凭借的就是过硬的技术和领先的产品。

谈到创业初期的第一笔融资，郑海涛认为选择投资者十分重要。他举了一个例子：2000年春节前，曾经有一个投资机构愿意投资，但条件十分苛刻，要求对企业控股50%。在当时资金十分紧张的情况下，郑海涛明明知道这是一个不合适的交易，但也不得不同意合作，唯一的条件是资金必须在两周内到位。结果由于种种原因，投资方的资金没有按时到位，合作协议也就终止了。郑海涛说，这是公司的一次幸运，如果当时被别人控股，公司将不会按照自己原有管理团队的意愿发展，能不能发展到现在的规模就很难说了。所以对于初期的创业者来说，选择投资者要十分慎重，哪怕是在资金最紧张的时候。

2. 水到渠成的第二次融资

2001年7月，国家广电总局为四家公司颁发了入网证，允许它们生产数字电视设备的编码器、解码器。这四家公司除了两家国外领先企业和国内知名的华为公司，还有一家就是成立一年多的北京数码视讯科技有限公司。郑海涛自豪地介绍，在当时参加测试的所有公司中，数码视讯的设备测试结果是最好的。也正是因为这个原因，随后的投资者蜂拥而至。

2001年7月，清华科技园、中国信托投资公司、宁夏金蛛创业投资公司又对数码视讯投入资金450万元人民币。郑海涛说，他看中的不仅是这些公司肯掏钱，更重要的是，这些公司能够为数码视讯在财务、法律、IPO等方面出谋划策，为以后公司上市奠定好的基础。

拿到第二笔投资款之后，公司走上了快速发展之路。2001年10月，在湖北牛刀小试地拿到10万元订单后不久，公司就参与了江西省电视台的竞标。虽然招标方开始并没有将数码视讯列在竞标单位之内，但在郑海涛的再三游说下，还是决定给他一个机会。结果几乎和广电总局的测试一样，数码视讯又在测试中拿到了第一。公司因此很顺利地拿到第一笔大订单，价值450万元。此后，公司产品进入了29个省市，2002年盈利达730万元，2003年盈利1200万元。

3. 扩大发展的第三次融资

在公司取得快速发展之后，郑海涛又开始筹划第三次融资，这次融资的金额高达2000万元人民币。郑海涛认为，数字电视行业是一个具有巨大潜力的市场，在全球都还处于起步阶段。

这个案例告诉我们,一个企业要想得到快速发展,产品和资本同样重要,产品与资本是相互促进、相互影响的。产品市场和资本市场都不能放弃,必须两条腿走路。

案例8-3

江南春1991年考入华东师范大学中文系,大学三年级时自筹资金100万元创办永怡传播公司,并用10年时间率领永怡传播公司成为国内知名的本土广告公司之一。

2003年,江南春创立分众多媒体技术(上海)有限公司和分众传媒(中国)控股有限公司。2003年6月,国际著名投资机构SOFT BANK(软银)和UCI维众投资宣布对分众传媒投入巨资。2004年3月,UCI维众投资、鼎晖国际投资、TDF基金,以及美国知名投资机构DFJ、WI-HARPER中经合、麦顿国际投资等企业联手注资分众传媒数千万美元。2004年11月16日,分众传媒控股有限公司与UCI维众投资、美国高盛公司和英国3i公司在人民大会堂召开新闻发布会,宣布UCI、高盛和3i共同投资3000万美元入股分众传媒。2005年10月,分众传媒以1亿美元的价格收购框架媒介的100%股权。2006年1月,分众传媒以3.25亿美元的价格合并中国第二大楼宇视频媒体运营商——聚众传媒。2006年3月,分众传媒以3000万美元收购手机广告商——凯威点告,正式进军手机广告新领域。2006年6月,由解放日报集团和分众传媒联合投资的直效传播平台"解放分众直效"正式运营,目前已覆盖北京、上海、广州和深圳800座高端写字楼中的15000家公司,直接影响150万名商务人士。2006年8月31日,分众传媒宣布收购影院广告公司ACL,同时,ACL公司的网络更名为分众传媒"影院网络"。2007年3月1日,分众传媒宣布并购中国最大的互联网广告或互动营销服务提供商——好耶广告网络,全面进军网络广告营销市场。2007年12月10日,分众传媒以1.684亿美元现金并购卖场数字广告网络运营商——玺诚传媒,通过这一交易,分众传媒将进一步扩展旗下数字广告网络在中国大型连锁超市的覆盖范围。2008年1月21日,分众传媒与炎黄健康传媒举行了正式的入股签约仪式。根据双方签署的协议,分众传媒将向炎黄健康传媒投资500万美元现金,并将目前覆盖国内31座城市的所有医院和药品连锁店的医疗健康联播网所有权转让给炎黄健康传媒。经过短短5年的发展,分众传媒已打造成为围绕中国都市主流消费人群的生活轨迹,无时不在、无处不在的数字化媒体平台,是中国最大的数字化媒体集团之一。

从这个案例可以看出,分众传媒的快速发展与其早期三次私募股权融资密切相关。

案例8-4

国家为了鼓励人们自谋职业和自主创业,出台了许多鼓励政策,如下岗再就业小额扶持贷款、科技型中小企业技术创新基金、中小企业国际市场开拓资金等,这些都是创业企业资金的来源。除此之外,还有优惠政策,如政策性担保融资、国家对各地高新技术产业开发区的相关优惠政策、进入归国留学生创业园区、进入由各地政府主办或由企业主办而由国家"给政策"的创业孵化器等。

北京北航天汇科技孵化器有限公司(以下简称天汇公司)就是利用国家相关政策,成功申请科技型中小企业技术创新基金的企业之一,有效地解决了创业初期资金匮乏这一难题。

1999年，国家启动科技型中小企业技术创新基金，该创新基金的宗旨是通过无偿拨款和贷款贴息两种方式支持科技型中小企业的发展。一般处在研发和中试阶段的企业可以申请无偿拨款，创业企业不需要偿还拨款。产品已经进入市场且有一定规模的企业则可以申请贷款贴息，创业企业申请到银行贷款之后，利息由创新基金来支付，申请的最高额度一般为100万元人民币。

天汇公司当时正处于初创阶段，他们觉得"新型工业化棒材打捆包装机器人"项目符合有关部门的要求，因此决定申请创新基金的无偿拨款。这个项目急需资金，也曾谈过几家风险投资公司，却出于种种原因而未能吸引到风险投资。创新基金的成功申请让天汇公司重新获得了发展。

这是一个成功获得政府基金的案例。

案例8-5

张朝阳在创立搜狐网的时候，正是获得了其导师、《数字化生存》的作者尼古拉斯·尼葛洛庞帝的资金而发展起来的。张朝阳于1981年考入清华大学物理系，在1986年大学毕业前夕，又申请到"李政道奖学金"，获得去美国麻省理工学院(MIT)的留学资格，在美国一住就是7年。在这7年里，他获得了物理学博士学位，并从事了两年的博士后研究。1994年，张朝阳在MIT的实验室里被当时的互联网所震撼。"事实上，那时是一些校园内部网之间的互联，也不叫互联网，而叫信息高速公路。"张朝阳回忆说，"我们已经可以通过UNIX代码和电子邮件进行网上交谈，虽然不像现在有图文界面，但即便如此简单的应用也有着独特的魅力。我下定决心，不走正常的道路，而是去创办网络公司，回国创业。"

"那时我就觉得，应顺应我们这个时代最伟大的两个潮流：一个是信息高速公路时代的到来，另一个是中国作为全球大国的崛起。"这两个潮流被张朝阳写在他的第一份商业计划书——"中国在线"的封面上。但是那个时候他并不知道自己创业能够做什么，并且在中国也没有任何资源。

当时，张朝阳有机会多次往返于美国和中国，其间在一家美国互联网公司ISI的短暂工作经历更加坚定了他自己创业的决心。ISI从事一些基于互联网的封闭式服务，即收集一些信息，如金融信息及各种数据，并把它们在互联网上出售。张朝阳曾是这家公司的中国区首席代表，在加盟ISI之初，他已经与ISI有过"只干一年，然后自己创业"的"君子协定"。于是一年后，张朝阳在自己31岁生日那天回国开始了自己的创业生涯。

1996年7月，张朝阳正式开始了他的融资之旅。"那两三个月里，我经常往返于中国和美国。"张朝阳无比感慨地说，那个时候美国的风险投资人根本不相信远在中国的创业。为了给投资人打电话，他在美国大街上的公用电话亭排队，他甚至尝到过被投资人赶出办公室的狼狈滋味。这个时候的张朝阳为了拿到融资而忍受了颇多美国投资者的耍弄。"他们把我耍得团团转。"张朝阳说。经过持续努力，张朝阳见到了MIT媒体实验室主任、《数字化生存》的作者尼古拉斯·尼葛洛庞帝，这位风云人物在与张朝阳会谈之后答应给他的爱特信公司进行天使投资。张朝阳说："最终经过很长时间的接触才确定了三个比较有兴趣的投资人，而我已经被折磨得很厉害了。可能是因为当时我很年轻，气势很强，做事情也很专注,他们三位投资人可能是被我眼中流露出的对成功的欲望所吸引,才给我机会。事实上,正是在麻省理工学院教授的引荐下,我才得到了第一笔天使投资。"

1996年8月,爱特信电子技术公司(北京)有限公司正式注册。10月13日,张朝阳终于在自己的账户上看到了15万美元,这是爱特信公司获得的第一笔风险投资,投资者包括麻省理工学院的教授尼古拉斯·尼葛洛庞帝和斯隆管理学院的教授爱德华·罗伯特,尼葛洛庞帝的另外2万美元在1997年到位。这笔对张朝阳来讲极为重要的投资共有22.5万美元,尽管最终只有17万美元供他创业,但他终于可以开始做他想做的事了。

1997年9月,筹集的资金已经消耗大半,张朝阳又开始了长达半年的融资之旅。1998年4月,搜狐公司获得第二笔风险投资,投资者包括英特尔公司、道琼斯、晨兴公司、IDG等,共220多万美元。

这个案例中,张朝阳的第一笔风险投资来源于个人的天使投资。天使投资是由自由投资者或非正式风险投资机构对原创项目构思或小型初创企业进行的一次性的前期投资,投资额相对较少。

案例8-6

从1998年注册资本仅为50万元人民币的腾讯计算机(腾讯控股的前身)到今天价值约60亿港元的腾讯控股,国际投资机构功不可没。2000年4月,IDG和中国香港盈科共投入220万美元风险投资,分别持有腾讯控股总股本的20%,马化腾及其团队持股60%。正是这220万美元的风险资金,为腾讯日后的迅速崛起奠定了基础。2004年6月16日,腾讯正式在中国香港挂牌上市,简称腾讯控股。在此次上市中,其超额认购的首次公开募股(IPO)将带来总计14.4亿港元的净收入,拥有公司14.43%股权的马化腾个人资产接近9亿港元。腾讯此次IPO无疑是国内民营企业牵手境外资本的成功范例。

这个案例告诉我们,上市融资能广泛吸收社会资金、迅速扩大企业规模、提升企业知名度、增强企业竞争力,同时使企业获得直接融资渠道,企业可以通过资本市场获得更多的低成本资金,为大规模的生产解决融资问题。另外,企业上市也是对治理结构的完善之路,因为上市企业必须建立完善的董事会和监事会,所有权和经营权分离,接受股东和其他投资者的监督。

案例8-7

王佳原来在一家计算机公司做推销员,后来一位当老板的朋友多次鼓动他创业并许诺,如果需要贷款他可以为其提供担保。有好友的鼎力相助,他便辞去了收入不菲的工作,自己注册了一家计算机公司。在好友帮助下,他顺利地从当地信用社取得了30万元贷款。信用社的服务非常完善,但是贷款利率比法定贷款利率上浮30%。另外,还要从贷款中扣除两笔莫名其妙的"咨询费"和"理财顾问费",这样,他实际贷款的年利率达7%以上。最初,王佳没有过多地考虑贷款成本,而且由于计算机行业竞争激烈,他只能微利经营,到年底一算账,偿还贷款本息后正好不赚不赔,用他的话说,等于白白给信用社打了一年工。

这个案例告诉我们，创业者在进行创业资金融资时，应在考虑融资成本的基础上，确定预期利用筹集资金达到的总收益大于融资的总成本时，才可考虑融资。

案例8-8

2001年6月4日，纳斯达克股市闭市时，新浪网股价收盘于1.85美元，涨幅达6.32%，在6只中国概念股中涨幅第一。半年之后，爆出一大新闻，事件的主角并不是以往一直处于新闻漩涡中的网易和搜狐，而是领跑三大门户、步子迈得最稳的新浪。王志东不仅辞去公司首席执行官、总裁职务，甚至连董事会董事都不再担任，拥有新浪网超过6%股份的他现在的新头衔是"新浪网首席顾问"，一个让人无法说清的职务。业界专家分析王志东的离职是不情愿的，尽管有关媒体说他的离职是个人原因。8848老总王峻涛回忆说："在几个礼拜前召开的中国香港财富论坛上，我们还相约坚持到底。"然而，事情的发展总是具有戏剧性，由于资本的意志和市场的变化，王志东像当年离开新天地一样，再次黯然离开自己一手创办的企业。

王志东辞职后，新浪网董事会立即指派现任首席运营官茅道林接任首席执行官，这位新浪元老和实力派人物也将出任新浪网董事会的董事，而原新浪网中国总经理汪延也同时被提升为新浪网总裁，继续负责中国新浪网的营运。在新浪网发布的新闻上，董事长姜丰年对王志东的离职感到惋惜，同时，他将新浪的融资主力、实力派人物茅道林推上前台。在新浪，茅道林一直是至关重要的人物，虽然他并不经常在国内露面，但正是在茅道林和他所在的华登集团的帮助下，美国3家风险投资公司于1997年10月对四通利方(新浪网前身)投资650万美元，王志东也因此成为国内IT界引入风险投资的第一人。此后，华登集团与新浪网就一直牢牢地绑在了一起。

作为华登集团驻新浪的负责人，茅道林如今出任首席运营官，显然用意不在网站运营。一位风险投资家分析，华登集团对新浪投资的目的是套现获利，但是受股票上市发行人与承销商之间通常约定的长达半年的"禁售期"的限制，失去了在上市之际及随后新浪股票在纳市走高时套现获利的大好时机。

一位知情人士说，即使王志东没有做出好的业绩，也不至于辞去董事会董事的职务。他认为，就像当年的王峻涛离开8848一样，是风险投资商革了王志东的职。

另外有人分析，王志东离开新浪的原因可能有两个：首先是上季度公司未能给出一个圆满的财务报表，董事会认为王志东的动作还不够有力，股市需要故事，投资商需要尽快回收投资；其次是管理层的内部对新浪网未来发展的方向及发展速度意见相左，具体来说，就是王志东对新浪网与其他网站的合并持反对态度，影响了董事会对他的信任。

有人打了这样一个比喻：新浪对于王志东，就像他自己的孩子一样，在王志东的心中，孩子永远是自己的，尽快长大、长得健康是唯一心愿；而在投资人眼中，别人的孩子并不需要永远留在身边。因此，王志东离职便被业界看作新浪网与某网站合并的序曲。

据中华网有关人士介绍，新浪与中华网之间的接触已经很久了，传言应该不是空穴来风。这位消息人士称，不久前，新浪董事会突然决定将让出新浪的股份，双方由合作的关系变成了新浪被中华网收购。他说："决定在新浪董事会议之前就已经做出，6月1日的新浪董事会的主要内容已经变成重新分配新浪网员工在被收购后的职务。"而王志东以持有新浪6%以上股份的身份，极力主张和中华网通过股权置换进行合作，但董事会已经没有耐心等待王志东大显身手了。从国内互联网收购或合并的惯例来看，合并后一方的最高层或创始人离开是一种必然：搜狐收购ChinaRen以后，陈一舟走了；天极收购ChinaByte后，宫玉国也走了。如果中华网真的收购新浪，王志东肯定不愿意做新公司的副总。因此，作为被收购方，王志东在新公司已经没有了他的职位，离开自然是最好的出路。

事实上，这是王志东第二次被迫离开自己一手创办的企业。在离开新大地8年后，在别人都认为他一帆风顺、功成名就之时，王志东再次以创业者的身份离职。与离开新大地不同，这次让自己离职的是自己当年赖以迅速发展的风险投资。4年前，王志东接受投资顾问的建议引入风险投资，那时他认为可以为公司储备足够的资金，保证持久发展，同时改造股权结构，引进国际管理体制。他所希望的是由一家绝对控股变为多家分散持股，从而使股权结构更加稳定，使创业者地位更加牢固，而绝没有想到资本的意志最终会让自己下台。

这个案例告诉我们，创业者在股权融资过程中往往会忽视股权的控制，总认为股权融资不需要还本付息，是不需要成本的，因此更偏向于股权融资。在融资过程中，股权释放过快，忽视了公司控制权问题，导致创业者由创始人变成小股东，最后在与投资方意见不合时，被股权控制方所辞退，使创业者创业受阻。新浪网创业人王志东、中国企业网创始人张冀光等人的案例都警示创业者在融资过程中要注意各种形式的融资成本。

【复习与思考】

1. 谈谈为什么融资成为创业的一大难题？
2. 创业融资的渠道主要有哪些？
3. 债券融资与股权融资各有什么优缺点？
4. 要想顺利地获得创业资金，创业者在平时需要注意哪些事项？

案例讨论

金蝶国际软件集团有限公司(以下简称金蝶公司)是我国财务软件产业的卓越代表，是我国最大的财务软件及管理软件的开发者、供应商之一。它是第一个Windows版财务软件及小企业管理软件——金蝶KIS的缔造者，第一个基于互联网平台的三层结构的ERP系统——金蝶K/3的缔造者，第一个发布基于互联网提供在线管理和电子商务服务——友商网的缔造者。金蝶公司取得的成就与风险投资的介入是密不可分的。

1991年，金蝶公司的总裁徐少春创办了深圳爱普电脑公司，于1992年7月成功开发爱普财务软件。1993年8月，深圳爱普电脑公司、中国香港招商局保险公司及某美籍华人三方合资，成立了现在的深圳金蝶软件科技有限公司，注册资本为500万元人民币。

金蝶公司所处的软件产业是一个高效益、高投入、高风险的行业，软件的商品化需要大量的资金不断地投入。企业在软件开发过程中，需要召集大量的人才进行开发；在软件向市场推介的过程中，需要大量的市场宣传和售后服务。而这一切，都需要一定资金的先期投入。随着改革的深入，国内的财务制度与国际标准逐步接轨，国内在几年内先后成立了200余家大大小小的财务软件公司。如何在众多的财务软件公司中脱颖而出，使用户了解并使用自己的产品，是金蝶公司的当务之急。金蝶公司为了抓紧战略时机，扩大自身规模，实现规模化、产业化，1997年前后在国内先后设立了20家分支机构。自1993年金蝶公司成立以来，其营业收入和利润等主要经济指标以每年300%的速度增长。随着规模的扩大，仅仅靠金蝶公司自身的积累已不能实现金蝶的战略需要和可持续增长，金蝶公司必须实现依靠资本市场来完成高效率的积累。

从公司成立到1997年的五年间，金蝶公司数次向银行申请贷款，也有银行主动上门来洽谈，但由于没有足够的资产作抵押，最终只获得80万元贷款。这些因素促使金蝶公司积极探索其他融资途径。

金蝶公司在财务管理软件、企业综合管理软件等软件开发方面的业绩吸引了风险投资者的注意力。1998年5月18日，享誉世界的国际数据集团(IDG)在中国的风险投资公司——广东太平洋技术创业有限公司，向金蝶公司投资2000万元人民币，以支持该公司的科研开发和国际性市场开拓工作，这是当时IDG对华软件产业风险投资中最大的一笔投资。

广州太平洋技术创业有限公司对金蝶公司进行考察时，十分注重对风险企业家和他的管理团队的评估。被投资人的能力、知识、经验、个人人品和团体协作能力是风险投资者所特别看重的，投资人很欣赏以思想开放的徐少春总裁为首的管理团队。这个团队的特点是具备超前的战略眼光和企业战略设计能力，始终保持着稳固的务实风格和创新精神。1998年3月，IDG董事长麦戈文先生亲自到金蝶公司进行考察，他对金蝶公司总裁徐少春先生给予了高度的评价，并认为金蝶公司是一个有远见、有潜力的高新技术企业，金蝶公司的管理团队是一支年轻而优秀的人才队伍。另外，IDG看中了金蝶公司作为一个典型的民营企业，企业机制灵活，在思想观念上比较开放，善于接受新事物，同时非常欢迎风险投资形式的投资注入。

IDG以参股形式对金蝶公司进行投资后，折价入股，成为金蝶公司的股东之一，享有股东的权利，但对金蝶公司不控股、不参与经营，只是不断地做一些有益的辅助工作，如介绍和引进专家做报告、开研讨会、帮助企业做决策咨询、提供开发方向的建议等。第一笔资金到位后，IDG委派王树担任金蝶公司的董事，对金蝶公司进行监控，不过问金蝶公司的经营。在看似宽松的合作之下，风险投资带给金蝶公司的风险意识和发展压力却是陡然增加的。因为按照金蝶公司与IDG的合作协议，金蝶公司必须在获得第一笔投资后的一年内，达到双方规定的目标，即1998年要在1997年的基础上取得200%的增长，才有资格获得IDG的第二笔1000万元的投资。正是这种压力促使金蝶公司迅速地调整自己，取得了快速的发展。2005年7月20日在我国香港联合交易所主板成功上市，为金蝶公司下一步快速发展奠定了基础。

【思考与讨论】

这个案例中，金蝶公司正是在风险投资资金和各方面的支持下取得了快速的发展。金蝶公司为何能获得风险投资？说说风险投资基金的特点和优点。

课后习题

一、单选题

1. 除了对资金供给方进行考察，同时，创业企业也要结合企业自身特点进行融资决策，这里主要从( )方面来权衡。
   A. 企业类型   B. 发展阶段   C. 资金需求   D. 以上都是
2. ( )是资金融通的简称，是企业通过一定的渠道和方式获取所需资金的行为。
   A. 融资   B. 投资   C. 投机   D. 集资
3. 选择融资方式时，主要考虑的融资因素包括( )个方面。
   A. 一   B. 二   C. 三   D. 四

二、多选题

1. 风险投资者看重的是( )。
   A. 技术   B. 市场
   C. 管理团队   D. 以上资源整合起来而产生的盈利模式
2. 一旦达成投资意向，双方将就( )展开谈判。
   A. 投资金额   B. 投资方式
   C. 投资回报如何实现   D. 投资后的管理和权益保证
3. 内部融资具体包括( )。
   A. 企业自有的资本金   B. 折旧基金转化为重置投资
   C. 企业留存收益转化为新增投资   D. 股东重新投资
4. 外部融资包括( )。
   A. 银行借款   B. 发行债券   C. 融资租赁   D. 商业信用
5. 内部融资具有资本形成的( )特点。
   A. 原始性   B. 自主性   C. 低成本性   D. 抗风险性
6. 股权融资的具体形式包括( )。
   A. 创业者自己出资   B. 争取国家财政投资
   C. 可以与其他企业合资   D. 吸引投资基金投资
7. 选择融资方式时，主要考虑的因素包括( )。
   A. 融资成本   B. 融资风险   C. 融资机动性   D. 融资方便性
8. 创业企业要结合企业自身特点进行融资决策，这里主要从( )方面来权衡。
   A. 企业类型   B. 发展阶段   C. 资金需求   D. 企业发展

三、判断题

1. 融资渠道，也就是如何获得创业资金。 ( )
2. 融资决策，也就是如何选择合适的融资方式。 ( )
3. 政策性融资是一种高成本、低风险的融资方式。 ( )
4. 融资成本是指企业使用资金的代价，也就是企业向提供资金的机构或他人(也包括自己)所支付的报酬。 ( )

5. 各种融资方式中，资金成本从低到高的排序如下：政策性融资、商业信用融资、票据贴现、银行贷款、债券、典当、股权等。（ ）

6. 各种融资方式的方便程度从易到难的排序如下：内部融资、商业信用、票据贴现、股权、银行贷款、债券等。（ ）

7. 内部融资是外部融资的保证，外部融资的规模和风险必须通过内部融资的能力来衡量。（ ）

8. 除了政府专项基金支持，各地政府会推出地方性优惠政策以支持创业企业发展。（ ）

9. 创业者不仅可以通过股权融资得到资金，很多时候还可以得到投资者所拥有的创业企业所需要的各种资源。（ ）

第 9 章

创业企业的设立与注册

📖 知识目标

- ○ 了解企业组织形式及特点；
- ○ 了解创业企业注册、登记的基本流程及注意事项；
- ○ 掌握关于创建新企业的法律法规。

📖 案例导入

法庭为什么关闭Napster公司

1999年5月，两位大学生肖恩·芬尼和肖恩·帕克共同创立了Napster公司，不久该网站就成为互联网的热门站点之一。使用Napster公司的软件，互联网用户可以获得存储于其他上网用户计算机中MP3格式的音乐文件。而Napster公司自身并不提供歌曲库，只是向用户提供搜索引擎，列出其他用户计算机中的歌曲名字和计算机地址，使音乐文件可以互相交换，因此用户可以免费获取那些有版权的歌曲。在高峰时期，每月有5000多万用户通过Napster公司的软件分享超过30亿首歌曲。

一段时间以来，唱片行业已经开始关注版权音乐的在线交换问题。在Napster公司创立之前，在线交换仅限于一些业余爱好者的网站，而Napster公司开发的软件将音乐交换变得更专业，达到了新层次。Napster公司用户的持续增加，引起了唱片行业的关注。很明显，虽然人们每天分享上百万首歌曲，但唱片行业没有从中得到任何收益。为了结束这种局面，1999年12月，世界上最大的几家唱片公司在美国唱片行业联合会的带领下向法庭起诉Napster公司。重金属乐队和说唱歌手Dr. Dre也加入诉讼，重金属乐队进一步提交了一份通过Napster下载重金属乐队歌曲的30万名用户的名单，要求他们停止侵权。Napster公司辩称公司没有从事任何非法活动，不仅网站完全合法，而且这种传播行为实际上宣传了艺人，促进唱片销售，从而给唱片行业带来了利益。它还声称对那些不以营利为目的的消费者来说，分享音乐是合法的。毕竟，谁没有从朋友或家人那里借过录音带或其他唱片，并且进行复制以供自用呢？Napster公司认为自己只是使这种分享过程更方便、范围更广泛而已。2001年2月12日，联邦上诉法庭，法庭宣布唱片行业胜诉，尽管法庭没有直接将Napster公司称作版权侵害者，但认为Napster公司应为其参与违反联邦版权法的版权侵害活动承担责任，法庭宣判Napster公司"有意地鼓励和帮助他人进行版权侵害活动"。

尽管开发用于互联网上互换文件的软件程序本身没有任何不合法之处，但通过软件传输的大量文件却是受美国版权法保护的歌曲。Napster公司参与了帮助用户非法获得歌曲的活动，法庭别无选择，只能否决Napster公司的辩护。在这种局势下，Napster公司无法继续从事这种互换活动。因此，在法庭裁决后，Napster公司遵从裁决，关闭了文件交换服务器。稍后，它宣布计划在贝塔斯曼(一家德国音乐公司)的支持下开展合法的音乐下载服务。令人遗憾的是，Napster公司与主要唱片公司之间关系恶化，难以开展新的合作，最终Napster公司遭到清算。

具有讽刺意味的是，以开发允许用户自制光盘的软件而知名的Roxio公司，于2002年11月以500万美元购买了Napster的名称和商标，现在以Napster的名义开通了合法的音乐下载网站。但Roxio公司指出，服务不再基于Napster原来的文件交换技术。2004年，在新东家Roxio公司的领导下，Napster在英国开展了付费下载服务，与各个公司(如百代(EMI)集团、PLC公司和维旺迪(Vivendi)环球音乐集团等)达成了合法使用协议。该项服务增长迅速，已达到70多万首歌曲，最初的订阅费为每月9.95美元。

【思考与讨论】
Napster公司为何被其他几家唱片公司起诉，最后被法院关闭？这说明了什么问题？

9.1 企业组织形式的选择

不论是初次创业还是已经有过创立公司的经验，选择合适的公司类型进行注册都是创业者首先要考虑的问题。这是由于我国法律法规对不同类型的公司有不同的注册要求，同时公司类型也会对其经营方式和方法产生重要影响。

根据我国相关法律的规定，创业者可以选择有限责任公司、合伙企业、个人独资企业、个体工商户和股份有限公司等企业形式。其中，股份有限公司由于对注册资本要求较高，不为大部分创业者所采用。一般来说，大多数创业者比较倾向于选择有限责任公司、合伙企业、个人独资企业、个体工商户等企业形式，而其中尤其以有限责任公司居多。在以上几种企业形式中，有限责任公司属于公司制的企业形式，在法律上具有法人地位，其余的几种企业形式均不属于公司制，不具备法人资格。

9.1.1 有限责任公司

1. 公司的特点与分类

根据《中华人民共和国公司法》(以下简称《公司法》)的规定，有限责任公司是指由2个以上50个以下股东共同出资，每个股东以其所认缴的出资额对公司承担有限责任，公司以全部资产对其债务承担责任的社会经济组织。公司的主要特点如下。

(1) 公司是企业法人。公司与其他商事组织如个人独资企业、合伙企业的主要区别在于，公司具有法人属性。公司的法人属性使公司财产与公司成员的个人财产完全分开，从而使公司能够以自己的名义独立地从事民事活动、享受民事权利和承担民事义务。

(2) 公司以营利为目的。所谓营利，就是获取经济上的利益。对利益的追求是公司的目的所在，也是公司与机关、事业单位和社会团体法人的主要区别。

(3) 公司应依法成立。公司的依法成立包括以下三层含义：一是公司成立应依据专门的法律，即《公司法》和其他有关的特别法律、行政法规；二是公司成立应符合《公司法》规定的实质要件；三是公司成立须遵循《公司法》规定的程序，履行规定的申请和审批登记手续。

按照不同的标准，公司有不同的分类方法。其中，按照股东对公司的责任形式进行分类是最常用的一种分类标准，依此标准，公司主要分为以下两种形式。

(1) 有限责任公司，是指2个以上50个以下股东共同出资，股东以其出资额为限对公司承担责任，公司以其全部资产对公司的债务承担责任的企业法人。

(2) 股份有限公司，是指将公司全部资本分为等额股份，股东以其所持股份为限对公司承担责任，公司以其全部资产对公司的债务承担责任的企业法人。

有限责任公司和股份有限公司是当今世界各国普遍采用的公司类型，是最基本、最典型的两种公司形式。《公司法》第二条明确规定，本法所称公司是指依照本法在中国境内设立的有限责任公司和股份有限公司。可见，《公司法》仅规定和确认了有限责任公司和股份有限公司这两种公司类型。

2. 有限责任公司的设立条件

根据《公司法》规定，设立有限责任公司，应当同时具备以下条件。

(1) 股东符合法定人数。一般情况下，有限责任公司由2个以上50个以下股东出资设立。

(2) 由符合公司章程规定的全体股东认缴的出资额。有限责任公司的注册资本为在公司登记机关登记的全体股东认缴的出资额。法律、行政法规以及国务院决定对有限责任公司注册资本实缴、注册资本最低限额另有规定的，从其规定。2018年修订后的《公司法》放宽了注册资本登记条件，除了法律、行政法规以及国务院决定对公司注册资本最低限额另有规定的情况，取消了有限责任公司最低注册资本限制。同时，不再限制公司设立时股东的首次出资比例，也不再限制股东的货币出资比例。

(3) 股东共同制定公司章程。公司章程是公司最重要的法律文件，是公司内部组织与行为的基本准则。有限责任公司的公司章程必须由股东共同制定，所有股东应该在章程上签名盖章。《公司法》对公司章程必须载明的法定事项做出了明确规定。

(4) 有公司名称，并建立符合有限责任公司要求的组织机构。有限责任公司名称是公司的标志，公司依法享有名称权，经注册的公司名称受法律保护。有限责任公司应依法设立股东会、董事会或执行董事、监事会或监事等组织机构。

(5) 有公司住所。

3. 有限责任公司的设立程序

根据《公司法》规定，设立有限责任公司，应按下列程序进行。

(1) 制定公司章程。有限责任公司章程应当载明下列事项：公司名称和住所；公司经营范围；公司注册资本；股东的姓名或者名称；股东的出资方式、出资额和出资时间；公司的机构及其产生办法、职权、议事规则；公司法定代表人；股东会会议认为需要规定的其他事项。公司章程形成后，股东应当在公司章程上签名、盖章。

(2) 依法报经政府部门审批。法律、行政法规规定需要经有关部门审批的，应当在设立登记前报请政府主管部门审批。例如，设立经营保险业的金融机构，必须报请中国人民银行批准；设立经营桑拿、KTV等特种行业的公司，需要政府有关部门审批。

(3) 股东缴纳出资。股东可以用货币出资，也可以用实物、知识产权、土地使用权等可以用货币估价并可以依法转让的非货币财产作价出资；但是，法律、行政法规规定不得作为出资的财产除外。对作为出资的非货币财产应当评估作价，核实财产，不得高估或者低估作价。法律、行政法规对评估作价有规定的，从其规定。股东以货币出资的，应当将货币足额存入有限责任公司在银行开设的账户；以非货币财产出资的，应当依法办理其财产权的转移手续。股东不按照上述规定缴纳所认缴的出资，除应当向公司足额缴纳外，还应当向已按期足额缴纳出资的股东承担违约责任。

有限责任公司成立后，如果发现作为设立公司出资的非货币财产的实际价额显著低于公司章程所定价额的，应当由交付该出资的股东补足其差额，公司设立时的其他股东承担连带责任。

(4) 验资机构验资并出具证明。股东认足公司章程规定的出资后，由全体股东指定的代表或者共同委托的代理人向公司登记机关报送公司登记申请书、公司章程等文件，申请设立登记，进行工商注册。

(5) 签发出资证明书。有限责任公司成立后，应当向股东签发出资证明书。出资证明书应当载明公司名称，公司成立日期，公司注册资本，股东的姓名或者名称、缴纳的出资额和出资日期，以及出资证明书的编号和核发日期。出资证明书须由公司盖章。

4. 有限责任公司的组织机构

公司组织机构是公司法人治理结构的核心部分。依照《公司法》规定，有限责任公司应设立股东会、董事会或执行董事、监事会或监事等组织机构。

1) 股东会的性质与职权

股东会是公司的权力机构，由全体股东组成。股东是指公司的出资人，是公司存在的基础，由出资人组成的股东会是公司的最高决策机构。

股东会只对公司重大事项进行决策，依照《公司法》规定，股东会行使下列职权：决定公司的经营方针和投资计划；选举和更换由非职工代表担任的董事、监事，决定有关董事、监事的报酬事项；审议批准董事会的报告；审议批准监事会或者监事的报告；审议批准公司的年度财务预算方案、决算方案；审议批准公司的利润分配方案和弥补亏损方案；对公司增加或者减少注册资本做出决议；对发行公司债券做出决议；对公司合并、分立、解散、清算或者变更公司形式做出决议；修改公司章程；公司章程规定的其他职权。

如果股东对以上所列事项以书面形式一致表示同意的，可以不召开股东会会议，直接做出决定，并由全体股东在决定文件上签名、盖章。

2) 股东会的议事规则

首次股东会会议由出资最多的股东召集和主持，并依照《公司法》规定行使职权。

股东会会议分为定期会议和临时会议。定期会议应当按照公司章程的规定按时召开。代表十分之一以上表决权的股东，三分之一以上的董事、监事会或者不设监事会的公司的监事提议召开临时会议的，应当召开临时会议。

《公司法》规定了股东会的议事方式和表决程序。

(1) 召开股东会会议，应当于召开15日以前通知全体股东，但公司章程另有规定或者全体股东另有约定的除外。股东会应当对所议事项的决定做成会议记录，出席会议的股东应当在会议记录上签名。

(2) 设立董事会的，股东会会议由董事会召集，董事长主持；董事长不能履行职务或者不履行职务的，由副董事长主持；副董事长不能履行职务或者不履行职务的，由半数以上董事共同推举一名董事主持。有限责任公司不设董事会的，股东会会议由执行董事召集和主持；董事会或者执行董事不能履行或者不履行召集股东会会议职责的，由监事会或者不设监事会的公司的监事召集和主持；监事会或者监事不召集和主持的，代表十分之一以上表决权的股东可以自行召集和主持。

(3) 股东会会议由股东按照出资比例行使表决权，但是，公司章程另有规定的除外。

(4) 股东会会议做出修改公司章程的决议，以及公司增加或减少注册资本、分立、合并、解散或变更公司形式的决议，必须经代表三分之二以上表决权的股东通过。

3) 董事会的性质与职权

董事会是公司的执行机构，向公司股东负责。《公司法》规定，有限责任公司董事会成员为3~13人，股东人数较少或者规模较小的有限责任公司可以设一名执行董事，不设董事会。执行董事可以兼任公司经理，其职权由公司章程规定。两个以上的国有企业或者两个以上的国有投资主体投资设立的有限责任公司，其董事会成员中应当有公司职工代表；其他有限责任公司董事会成员中可以有公司职工代表。董事会中的职工代表由公司职工民主选举产生。

董事会设董事长一人，可以设副董事长。董事长、副董事长的产生办法由公司章程规定。董事长为公司的法定代表人，公司不设董事会的，执行董事为公司的法定代表人。

根据《公司法》规定，董事会行使下列职权：召集股东会会议，并向股东会报告工作；执行股东会的决议；决定公司的经营计划和投资方案；制定公司的年度财务预算方案、决算方案；制定公司的利润分配方案和弥补亏损方案；制定公司增加或者减少注册资本的方案以及发行公司债券的方案；制定公司合并、分立、解散或者变更形式的方案；决定公司内部管理机构的设置；决定聘任或者解聘公司经理及其报酬事项，并根据经理的提名，决定聘任或者解聘公司副经理、财务负责人及其报酬事项；制定公司的基本管理制度；公司章程规定的其他职权。

董事任期由公司章程规定，但每届任期不得超过三年。董事任期届满，连选可以连任。董事在任期届满前，股东会不得无故解除其职务。

董事任期届满未及时改选,或者董事在任期内辞职导致董事会成员低于法定人数的,在改选出的董事就任前,原董事仍应当依照法律、行政法规和公司章程的规定履行董事职务。

4) 董事会的议事方法和表决程序

除《公司法》有规定的外,由公司章程规定。董事会会议由董事长召集和主持。董事长因特殊原因不能履行职务或者不履行职务的,由董事长指定副董事长或者其他董事召集和主持。此外,三分之一以上董事可以提议召开董事会会议。董事会应当对所议事项的决定做成会议记录,出席会议的董事应当在会议记录上签名。董事会决议的表决,实行一人一票。

5) 有限责任公司的经理

有限责任公司的经理由董事会聘任或者解聘。经理可以列席董事会会议,并对董事会负责。经理行使下列职权:主持公司的生产经营管理工作,组织实施董事会决议;组织实施公司年度经营计划和投资方案;拟订公司内部管理机构设置方案;拟订公司的基本管理制度;制定公司的具体规章;提请聘任或者解聘公司副经理、财务负责人;聘任或者解聘除应由董事会聘任或者解聘以外的管理人员;董事会授予的其他职权;公司章程对经理职权另有规定的,从其规定。经理列席董事会会议。股东人数较少或者规模较小的有限责任公司,执行董事可以兼任公司经理。

6) 监事会

有限责任公司的监事会是公司的内部监督机构。《公司法》规定,有限责任公司经营规模较大的,设立监事会,其成员不得少于三人。监事会应在其组成人员中推选一名召集人。股东人数较少或者规模较小的有限责任公司,可以设一至二名监事,不设监事会。

监事会应当包含股东代表和适当比例的公司职工代表,其中职工代表的比例不得低于三分之一,具体比例由公司章程规定。监事会中的职工代表由公司职工通过职工代表大会、职工大会或者其他形式民主选举产生。董事、高级管理人员不得兼任监事。监事会设主席一人,由全体监事过半数选举产生。监事会主席召集和主持监事会会议;监事会主席不能履行职务或者不履行职务的,由半数以上监事共同推举一名监事召集和主持监事会会议,监事的任期每届为三年。监事任期届满,连选可以连任。

根据《公司法》规定,监事会或者监事行使下列职权:检查公司财务;对董事、高级管理人员执行公司职务的行为进行监督,对违反法律、行政法规、公司章程或者股东会决议的董事、高级管理人员提出罢免的建议;当董事、高级管理人员的行为损害公司的利益时,要求董事、高级管理人员予以纠正;提议召开临时股东会会议,在董事会不履行《公司法》规定的召集和主持股东会会议职责时召集和主持股东会会议;向股东会会议提出提案;对董事、高级管理人员提起诉讼;公司章程规定的其他职权。

监事可以列席董事会会议,并对董事会决议事项提出质询或者建议。监事会或者监事发现公司经营情况异常,可以进行调查,必要时,可以聘请会计师事务所等协助其工作,费用由公司承担。监事会会议每年度至少召开一次,监事可以提议召开临时监事会会议。监事会会议的议事方式和表决程序,除《公司法》有规定的外,由公司章程规定。监事会应当对监事会会议所议事项的决定做成会议记录,出席会议的监事应当在会议记录上签名。监事会决议应当经半数以上监事通过。

5. 一人有限责任公司的特别规定

一人有限责任公司(以下简称"一人公司")是有限责任公司的一种,是指只有一个自然人股东或者一个法人股东的有限责任公司。

一个自然人只能投资设立一个一人有限责任公司,该公司不能投资设立新的一人有限责任公司;一人有限责任公司应当在公司登记中注明自然人独资或者法人独资,并在公司营业执照中载明;公司章程由股东制定;公司不设股东会,股东做出公司的经营方针决定和投资计划决定时,应当采用书面形式,并由股东签名后置于公司;公司应当在每一会计年度终了时编制财务会计报告,并经会计师事务所审计;公司的股东不能证明公司财产独立于股东自己的财产的,应当对公司债务承担连带责任。

6. 有限责任公司的优势和劣势

1) 有限责任公司的优势

(1) 有限责任。由于拥有法人资格,所有责任由法人承担,股东个人承担的责任仅以所出的股本为限,其他个人资产不受牵连,降低了个人投资风险。

(2) 运行稳定。注册有限责任公司时,要求拥有完善的管理和财务制度,同时股东入股后不得抽回资金,这就在法律上保证了充裕的资金和健全的运行机制,股东变动小,不会因为个别股东的变故而使企业产生动荡。

2) 有限责任公司的劣势

(1) 股权转让不易。股东一旦出资就不能撤回资金,股东只能享受收益,不能随便转让股本。

(2) 信贷信誉不高,发展空间有限。因为公司一般自有资本较少,且全体股东均只负有限责任,所以在公司因经营管理不善等原因造成亏损以致破产时,债权人将蒙受巨大的损失,对债权人利益保护较差。

据统计,我国有2/3的企业采用公司的形式。如果考虑到综合成本与收益,年营业额3万元以下可以选择个体工商户或独资企业的形式;年营业额3万~10万元可以选择合伙企业的形式;年营业额10万~50万元可以选择合伙企业和有限责任公司的形式。

9.1.2 合伙企业

合伙企业是指自然人、法人和其他组织按照《中华人民共和国合伙企业法》(以下简称《合伙企业法》)在中国境内设立的普通合伙企业和有限合伙企业。普通合伙企业是指由普通合伙人组成,合伙人对合伙企业债务承担无限连带责任;有限合伙企业由普通合伙人和有限合伙人组成,普通合伙人对合伙企业债务承担无限连带责任,有限合伙人以其认缴的出资额为限对合伙企业债务承担责任。合伙企业是一种灵活、简便又不失一定规范和规模的企业组织形式。

1. 合伙企业的设立条件

设立合伙企业,应当具备以下条件。

(1) 合伙人应当为两个或两个以上的具有完全民事行为能力的人。合伙企业设立时，无民事行为能力的人与限制民事行为能力的人不得作为合伙人；法律、行政法规禁止从事营利性活动的人不得成为合伙企业的合伙人，如国家公务员。合伙人都应当依法承担无限责任，不存在承担有限责任的合伙人。

(2) 合伙企业必须有书面合伙协议。合伙协议是由各合伙人协商一致，明确各合伙人权利和义务的法律文件。合伙协议应采取书面方式订立，经全体合伙人签名、盖章后生效。合伙人依照合伙协议享有权利、承担义务。合伙协议生效后，全体合伙人经协商一致，可以修改或者进行补充。

合伙协议应当载明下列事项：合伙企业的名称和主要经营场所的地点；合伙目的和合伙企业的经营范围；合伙人的姓名及其住所；合伙人出资的方式、数额和缴付出资的期限；利润分配和亏损分担办法；合伙企业事务的执行；入伙与退伙；合伙企业的解散与清算；违约责任。

(3) 有各合伙人实际缴付的出资。合伙协议生效后，合伙人应当按照合伙协议约定，履行出资义务。根据《合伙企业法》的规定，合伙人可以用货币、实物、土地使用权、知识产权或者其他财产权利出资。上述出资应当是合伙人的合法财产及财产权利。对货币以外的出资是需要评估作价的，可以由全体合伙人协商确定，也可以由全体合伙人委托法定评估机构进行评估。经全体合伙人协商一致，合伙人也可以用劳务出资，其评估办法由全体合伙人协商确定。

(4) 有合伙企业的名称、经营场所和从事合伙经营的其他必要条件。

2. 合伙企业的财产

1) 合伙企业财产的性质

合伙企业存续期间，合伙人的出资和所有以合伙企业名义取得的收益均为合伙企业的财产。

合伙企业的财产由全体合伙人依照法律共同管理和使用。在合伙企业存续期间，除非出现退伙等法定事由，否则合伙人不得请求分割合伙企业的财产。

对货币以外的出资需要评估作价的，可以由全体合伙人协商确定，也可以由全体合伙人委托法定评估机构进行评估。

2) 合伙企业财产的转让

合伙企业存续期间，合伙人向合伙人以外的人转让其在合伙企业中的全部或者部分财产份额时，须经其他合伙人一致同意。

合伙人之间转让在合伙企业中的全部或者部分财产份额时，应当通知其他合伙人。合伙人依法转让其财产份额的，在同等条件下，其他合伙人有优先受让的权利。经全体合伙人同意，合伙人以外的人依法受让合伙企业财产份额的，经修改合伙协议即成为合伙企业的合伙人，依照修改后的合伙协议享有权利、承担责任。

合伙人以其在合伙企业中的财产份额出资的，须经其他合伙人一致同意。未经其他合伙人一致同意，合伙人以其在合伙企业中的财产份额出资的，其行为无效，或者作为退伙处理；由此给其他合伙人造成损失的，依法承担赔偿责任。

3. 合伙企业事务的执行

合伙企业不像公司企业那样有完整的组织机构，合伙企业事务的执行有其自身特点。

(1) 合伙事务执行的方式。合伙企业事务的执行可以采取两种方式：一是由全体合伙人共同执行合伙企业事务；二是由合伙协议约定或者全体合伙人决定，委托一名或者数名合伙人执行合伙企业事务。委托一名或者数名合伙人执行合伙企业事务的，其他合伙人不再执行合伙企业事务。

(2) 合伙人在执行合伙事务中的权利包括：各合伙人对执行合伙企业事务享有同等的权利；执行合伙企业事务的合伙人对外代表合伙企业；不参加执行事务的合伙人有权监督执行事务的合伙人，检查其执行合伙企业事务的情况；合伙人为了解合伙企业的经营状况和财务状况，有权查阅账簿。

合伙人可以对其他合伙人执行的事务提出异议。提出异议时，应暂停该项事务的执行，如果发生争议，可由全体合伙人共同决定。被委托执行合伙企业事务的合伙人不按照合伙协议或者全体合伙人的决定执行事务的，其他合伙人可以决定撤销该委托。

(3) 合伙人的义务。根据《合伙企业法》的规定，由一名或者数名合伙人执行合伙企业事务的，应当依照约定向其他不参加执行事务的合伙人报告事务执行情况，以及合伙企业的经营状况和财务状况。

合伙人不得自营或者与他人合作经营与本合伙企业相竞争的业务。除合伙协议另有约定或者经全体合伙人同意外，合伙人不得与本合伙企业进行交易，合伙人不得从事损害本合伙企业利益的活动。

(4) 合伙事务执行的决议办法。合伙人依法或者按照合伙协议对合伙企业有关事项做出决议时，除合伙企业另有约定外，经全体合伙人决定可以实行一人一票的表决办法。

根据《合伙企业法》的规定，合伙企业的下列事务必须经全体合伙人同意：处分合伙企业的不动产；改变合伙企业名称；转让或者处理合伙企业的知识产权和其他财产权利；向企业登记机关申请办理变更登记手续；以合伙企业名义为他人提供担保；聘任合伙人以外的人担任合伙企业的经营管理人员；合伙协议约定的其他事项。

(5) 合伙企业的损益分配。合伙损益包括合伙企业的利润和亏损。《合伙企业法》规定，合伙损益由合伙人依照合伙协议约定的比例分配和分担；合伙协议未约定利润分配和亏损分担比例的，由各合伙人平均分配和分担。合伙协议不得约定将全部利润分配给部分合伙人或由部分合伙人承担全部亏损。

合伙企业存续期间，合伙人依照合伙协议的约定或者经全体合伙人决定，可以增加对合伙企业的出资，用于扩大经营规模或者弥补亏损。合伙企业年度或者一定时期的利润分配或者亏损分担的具体方案，由全体合伙人协商决定或者按照合伙协议约定的办法决定。

4. 入伙与退伙

1) 入伙

入伙是指在合伙企业存续期间，原合伙人以外的第三人加入合伙企业，取得合伙人的资格。《合伙企业法》规定，新合伙人入伙时，应当经全体合伙人同意，并依法订立书面入伙协议。订立入伙协议时，原合伙人应当向新合伙人告知原合伙企业的经营状况和财务状况。入伙的新合伙人与原合伙人享有同等权利,承担同等责任;入伙协议另有约定的,从其约定。入伙的新合伙人对入伙前合伙企业的债务承担连带责任。

2) 退伙

退伙是指合伙人退出合伙企业,丧失合伙人资格。根据《合伙企业法》的规定,退伙主要有两种情况:自愿退伙和法定退伙。

自愿退伙是指合伙人出于真实意愿而退伙。自愿退伙包括以下几种情况。

(1) 合伙协议约定合伙企业的经营期限,有下列情形之一出现:①合伙协议约定的退伙事由出现;②经全体合伙人同意退伙;③发生合伙人难于继续参加合伙企业的事由;④其他合伙人严重违反合伙协议约定的义务。

(2) 合伙协议未约定合伙企业的经营期限,合伙人在不给合伙企业事务执行造成不利影响的情况下,可以退伙,但应当提前30日通知其他合伙人。合伙人违反上述规定,擅自退伙的,应当赔偿由此给其他合伙人造成的损失。

法定退伙是指合伙人出现法定事由而退伙,包括当然退伙和除名两种情况。

《合伙企业法》规定,合伙人有下列情形之一的当然退伙:①死亡或者被依法宣告死亡;②被依法宣告为无民事行为能力人;③个人丧失偿债能力;④被人民法院强制执行在合伙企业中的全部财产份额。

合伙人有下列情形之一的,经其他合伙人一致同意,可以决议将其除名:①未履行出资义务;②因故意或者重大过失给合伙企业造成损失;③执行合伙企业事务时有不正当行为;④合伙协议约定的其他事由。

对合伙人的除名决议应当书面通知被除名人,被除名人自接到除名通知之日起,除名生效,被除名人退伙。被除名人对除名决议有异议的,可以在接到除名通知之日起30日内,向人民法院起诉。

合伙人死亡或者被依法宣告死亡的,对该合伙人在合伙企业中的财产份额享有合法继承权的继承人,依照合伙协议的约定或者经全体合伙人同意,从继承开始之日起,即取得该合伙企业的合伙人资格。合法继承人为未成年人的,经其他合伙人一致同意,可以在其未成年时由监护人代行其权利。

合伙人退伙的,其他合伙人应当与该退伙人按照退伙时的合伙企业的财产状况进行结算,退还退伙人的财产份额。退伙时有未了结的合伙企业事务的,待了结后进行结算。退伙人在合伙企业中的财产份额的退还办法,由合伙协议约定或者由全体合伙人决定,可以退还货币,也可以退还实物。退伙人对其退伙前已发生的合伙企业债务,与其他合伙人承担连带责任。

5. 合伙企业的解散

合伙企业解散是指合伙人解除合伙协议,终止合伙企业的行为。《合伙企业法》规定,合伙企业有下列情形之一时应当解散:①合伙协议约定的经营期限届满,合伙人不愿继续经营的;②合伙协议约定的解散事由出现;③全体合伙人决定解散;④合伙人已不具备法定人数;⑤合伙协议约定的合伙目的已经实现或者无法实现;⑥被依法吊销营业执照;⑦出现法律、行政法规规定的合伙企业解散的其他原因。

6. 合伙企业的清算

合伙企业解散后，应当进行清算，程序如下。

(1) 通知和公告债权人。

(2) 确定清算人。合伙企业解散，清算人由全体合伙人担任；未能由全体合伙人担任清算人的，经全体合伙人过半数同意，可以自合伙企业解散后15日内指定一名或数名合伙人，或者委托第三人，担任清算人。15日内未确定清算人的，合伙人或者其他利害关系人可以申请人民法院指定清算人。

《合伙企业法》规定，清算人在清算期间执行下列事务：①清理合伙企业财产，分别编制资产负债表和财产清单；②处理与清算有关的合伙企业未了结的事务；③清缴所欠税款；④清理债权、债务；⑤处理合伙企业清偿债务后的剩余财产；⑥代表合伙企业参与民事诉讼活动。

(3) 财产清偿。《合伙企业法》规定，合伙企业财产在支付清算费用后，按下列顺序清偿：合伙企业所欠招用职工的工资和社会保险费用、合伙企业所欠税款、合伙企业的债务、返还合伙人的出资。

合伙企业财产按上述顺序清偿后仍有剩余的，由合伙人依照合伙协议约定的比例进行分配；合伙协议未约定比例的，由各合伙人平均分配。合伙企业清算时，其全部财产不足清偿其债务的，由合伙人以个人财产按照合伙协议约定的比例进行清偿；合伙协议未约定比例的，由各合伙人平均承担清偿责任。

合伙企业解散后，原合伙人对合伙企业存续期间的债务仍应承担连带责任，但债权人在5年内未向债务人提出偿债请求的，该责任消灭。

需要注意的是，我国法律意义上的合伙企业仅限于由工商行政管理部门登记的、以自然人为合伙人的企业，不包括法人之间的合伙。另外，目前采用合伙制的律师事务所、会计师事务所、医生诊所等也都不属于合伙企业，它们归各自的行政主管机关登记管理。所以，《合伙企业法》的适用范围在一定程度上受到了限制。

9.1.3 个人独资企业

个人独资企业是指由一个自然人投资，全部资产为投资人个人所有，投资人以其个人财产对企业债务承担无限责任的经营实体。个人独资企业非法人型企业，其典型特征是个人出资、个人经营、个人自负盈亏和自担风险。个人独资的财产属投资人个人所有，在企业财产无法清偿债务时，由投资人以个人独资企业以外的财产承担。个人独资企业尤其适合初涉市场、资金实力有限的创业者。

1. 个人独资企业的设立条件

《中华人民共和国个人独资企业法》(以下简称《个人独资企业法》)规定，设立个人独资企业应当同时具备下列条件：①投资人为一个自然人；②有合法的企业名称；③有投资人申报的出资；④有固定的生产经营场所和必要的生产经营条件；⑤有必要的从业人员。

此外，个人独资企业的名称应当与其责任形式及从事的业务相符合。根据《个人独资企业登记管理办法》，个人独资企业的名称中不得使用"有限""有限责任"或者"公司"字样。个人独资企业不得从事法律、行政法规禁止经营的业务;从事法律、行政法规规定须报经有关部门审批的业务,应当在申请设立登记时提交有关部门的批准文件。

2. 个人独资企业的投资人与事务管理

除法律、行政法规禁止从事营利性活动的人,如国家公务员,不得作为投资人申请设立个人独资企业外,其他人都可以作为个人独资企业的投资人。个人独资企业投资人对本企业的财产依法享有所有权,其有关权利可以依法进行转让或继承。

个人独资企业投资人在申请企业设立登记时,明确以其家庭共有财产作为个人出资的,应当依法以家庭共有财产对企业债务承担无限责任。

个人独资企业投资人可以自行管理企业事务,也可以委托或者聘用其他具有民事行为能力的人负责企业的事务管理。投资人委托或者聘用他人管理个人独资企业事务的,应当与受托人或者被聘用的人签订书面合同,明确委托的具体内容和授予的权利范围。委托人或者被聘用的人员应当履行诚信、勤勉义务,按照与投资人签订的合同负责个人独资企业的事务管理。

3. 个人独资企业的解散与清算

个人独资企业有下列情形之一时应当解散:①投资人决定解散;②投资人死亡或者被宣告死亡,无继承人或者继承人决定放弃继承;③被依法吊销营业执照;④法律、行政法规规定的其他情形。

个人独资企业解散,由投资人自行清算或者由债权人申请人民法院指定清算人进行清算。投资人自行清算的,应当在清算前15日内书面通知债权人,无法通知的,应当予以公告。债权人应当在接到通知之日起30日内,未接到通知的应当在公告之日起60日内,向投资人申报其债权。个人独资企业解散后,原投资人对个人独资企业存续期间的债务仍应承担偿还责任,但债权人在5年内未向债务人提出偿债请求的,该责任消灭。

个人独资企业解散的,财产应当按照下列顺序清偿:①所欠职工工资和社会保险费用;②所欠税款;③其他债务。清算期间,个人独资企业不得开展与清算目的无关的经营活动。在按前述规定偿还债务前,投资人不得转移、隐匿财产。个人独资企业财产不足以清偿债务的,投资人应当以其个人的其他财产予以清偿。

9.1.4 个体工商户

根据《中华人民共和国民法典》(以下简称《民法典》)规定,自然人从事工商业经营,经依法登记,为个体工商户。个体工商户可以起字号。

1. 个体工商户的设立条件

个体工商户的设立条件较为简单,包括以下两个方面。
(1) 有经营能力的城镇待业人员、农村村民及国家政策允许的其他人员。
(2) 申请人必须具备与经营项目相应的资金、经营场地、经营能力及业务技术。

2. 个体工商户的优势和劣势

个体工商户的优势包括以下三个方面。

(1) 对注册资金实行申报制,没有最低限额的基本要求。

(2) 注册手续简单,费用低。

(3) 税收负担轻。

个体工商户的劣势包括以下三个方面。

(1) 信誉较低,很难获得银行大额贷款。

(2) 经营规模小,发展速度慢。

(3) 管理不规范,有的个体工商户甚至对经营所得和工资所得都不加以区分。

3. 个人独资企业与个体工商户的区别

虽然个人独资企业和个体工商户都是自然人出资,但是两者还是存在明显差别。

(1) 适用的法律不同。个人独资企业依照《个人独资企业法》设立,个体工商户依照《民法典》《城乡个体工商户管理暂行条例》的规定设立。

(2) 承担责任的财产范围不同。个人独资企业的出资人在一般情况下仅以其个人财产对企业债务承担无限责任,只是在企业设立登记时明确以家庭共有财产作为个人出资的才依法以家庭共有财产对企业债务承担无限责任。而个体工商户的债务,个人经营的,以个人财产承担;家庭经营的,以家庭财产承担。

(3) 法律地位不同。个人独资企业是经营实体,是一种企业组织形态;个体工商户则不采用企业形式。区分两者的关键在于是否进行了独资企业登记,并领取独资企业营业执照。

(4) 出资人不同。个人独资企业的出资人只能是一个自然人;个体工商户既可以由一个自然人出资设立,也可以由家庭共同出资设立。

9.1.5 股份有限公司

1. 股份有限公司的设立方式

股份有限公司的发起人是指依法办理筹建股份有限公司事务的法人或者自然人。依据《公司法》的规定,股份有限公司的设立可以采取发起设立或者募集设立两种方式。发起设立是指由发起人认购公司应发行的全部股份而设立公司。募集设立是指由发起人认购公司应发行股份的一部分,其余部分向社会公开募集或者向特定对象募集而设立公司。

2. 股份有限公司的设立条件

《公司法》规定,设立股份有限公司,应当同时具备下列条件。

(1) 发起人符合法定人数。根据《公司法》规定,设立股份有限公司,应当有两个以上200个以下的发起人,其中须有过半数的发起人在中国境内有住所。

(2) 有符合公司章程规定的全体发起人认购的股本总额或者募集的实收股本总额。

(3) 股份发行、筹办事项符合法律规定。股份有限公司采取发起设立方式设立的,注资本为在公司登记机关登记的全体发起人认购的股本总额。在发起人认购的股份缴足前，不得向他人募集股份。以募集设立方式设立股份有限公司的，注册资本为在公司登记机关登记的实收股本总额，发起人认购的股份不得少于公司股份总数的35%，法律、行政法规另有规定的，从其规定。

(4) 发起人制定公司章程，采用募集方式设立的须经创立大会通过。

(5) 须有公司名称和符合股份有限公司要求的组织机构。

(6) 有公司住所。

3. 股份有限公司的设立程序

《公司法》对股份有限公司设立的程序做了如下规定。

(1) 发起人发起。股份有限公司发起人承担公司筹办事务。发起人应当签订发起人协议，明确各自在公司设立过程中的权利和义务。

(2) 制定公司章程。股份有限公司章程应当载明下列事项：公司名称和住所；公司经营范围；公司设立方式；公司股份总数、每股金额和注册资本；发起人的姓名或者名称、认购的股份数、出资方式和出资时间；董事会的组成、职权和议事规则；公司法定代表人；监事会的组成、职权和议事规则；公司利润分配办法；公司的解散事由与清算办法；公司的通知和公告办法；股东大会会议认为需要规定的其他事项。

(3) 认购股份。以发起设立方式设立股份有限公司的，发起人应当书面认足公司章程规定其认购的股份；一次缴纳的，应即缴纳全部出资；分期缴纳的，应即缴纳首期出资；以非货币财产出资的，应当依法办理其财产权的转移手续；发起人不依照规定缴纳出资的，应当按照发起人协议承担违约责任。发起人向社会公开募集股份，必须公告招股说明书，并制作认股书。招股说明书应当附有发起人制定的公司章程，并载明下列事项：发起人认购的股份数；每股的票面金额和发行价格；无记名股票的发行总数；募集资金的用途；认股人的权利、义务；本次募股的起止期限及逾期未募足时认股人可以撤回所认股份的说明；发起人向社会公开募集股份，应当与银行签订代收股款协议。代收股款的银行应当按照协议代收和保存股款，向缴纳股款的认股人出具收款单据，并负有向有关部门出具收款证明的义务。

(4) 验资机构验资并出具证明。

(5) 募集方式设立必须召开创立大会。发起人应当在创立大会召开15日前将会议日期通知各认股人或者予以公告。创立大会应有代表股份总数过半数的发起人、认股人出席，方可举行。

(6) 申请登记注册。

(7) 建立公司的组织机构。在发起设立的情况下，发起人的出资到位并经法定验资机构验资后，由全体发起人选举公司的董事、监事，组成董事会、监事会。在募集设立的情况下，创立大会将选举出公司的董事、监事，组成董事会、监事会等公司组织机构。

4. 股份有限公司的组织机构

依照《公司法》规定，股份有限公司的组织机构包括股东大会、董事会、经理和监事会。

1) 股东大会

股份有限公司股东大会由全体股东组成。股东大会是公司的权力机构，依照《公司法》行使职权。

股东大会应当每年召开一次年会。有下列情形之一的，应当在两个月内召开临时股东大会：董事人数不足《公司法》规定人数或者公司章程所定人数的三分之二时；公司未弥补的亏损达实收股本总额三分之一时；单独或者合计持有公司百分之十以上股份的股东请求时；董事会认为必要时；监事会提议召开时；公司章程规定的其他情形。

股东大会会议由董事会召集，董事长主持；董事长不能履行职务或者不履行职务的，由副董事长主持；副董事长不能履行职务或者不履行职务的，由半数以上董事共同推举一名董事主持。董事会不能履行或者不履行召集股东大会会议职责的，监事会应当及时召集和主持；监事会不召集和主持的，连续90日以上单独或者合计持有公司百分之十以上股份的股东可以自行召集和主持。

2) 董事会

股份有限公司设董事会，其成员为5～19人。董事会成员中可以有公司职工代表。董事会中的职工代表由公司职工通过职工代表大会、职工大会或者其他形式民主选举产生。董事会设董事长一人，可以设副董事长。董事长和副董事长由董事会以全体董事的过半数选举产生。董事长召集和主持董事会会议，检查董事会决议的实施情况。副董事长协助董事长工作，董事长不能履行职务或者不履行职务的，由副董事长履行职务；副董事长不能履行职务或者不履行职务的，由半数以上董事共同推举一名董事履行职务。

董事会每年度至少召开两次会议，每次会议应当于会议召开10日前通知全体董事和监事。代表十分之一以上表决权的股东、三分之一以上董事或者监事会，可以提议召开董事会临时会议。董事长应当自接到提议后10日内，召集和主持董事会会议。董事会召开临时会议，可以另定召集董事会的通知方式和通知时限。

董事会会议应有过半数的董事出席方可举行。董事会做出决议，必须经全体董事的过半数通过。董事会决议的表决，实行一人一票。董事会会议，应由董事本人出席；董事因故不能出席，可以书面委托其他董事代为出席，委托书中应载明授权范围。董事会应当对会议所议事项的决定做成会议记录，出席会议的董事应当在会议记录上签名。

3) 经理

股份有限公司设经理，由董事会决定聘任或者解聘。公司董事会可以决定由董事会成员兼任经理。

公司不得直接或者通过子公司向董事、监事、高级管理人员提供借款。公司应当定期向股东披露董事、监事、高级管理人员从公司获得报酬的情况。

4) 监事会

股份有限公司设监事会，其成员不得少于三人。监事会应当包括股东代表和适当比例的公司职工代表，其中职工代表的比例不得低于三分之一，具体比例由公司章程规定。监事会中的职工代表由公司职工通过职工代表大会、职工大会或者其他形式民主选举产生。

监事会设主席一人，可以设副主席。监事会主席和副主席由全体监事过半数选举产生。监事会主席召集和主持监事会会议；监事会主席不能履行职务或者不履行职务的，由监事会副主席召集和主持监事会会议；监事会副主席不能履行职务或者不履行职务的，由半数以上监事共同推举一名监事召集和主持监事会会议。

董事、高级管理人员不得兼任监事。监事会行使职权所必需的费用，由公司承担。监事会每六个月至少召开一次会议。监事可以提议召开临时监事会会议。监事会决议应当经半数以上监事通过。监事会应当对所议事项的决定做成会议记录，出席会议的监事应当在会议记录上签名。

5. 股份有限公司的优势和劣势

股份有限公司的优势包括以下三个方面。

(1) 资本证券化。实行股份的等额化和转让自由化，对股东身份、人数都没有限制，因此能广泛筹集资金，有利于企业规模扩大。

(2) 个人财产与企业财产完全分离。

(3) 所有权与经营权分离，股东不参与经营，企业经营权由董事会和经理掌握。

股份有限公司的自身特点导致其要求较高的注册资本和较复杂的设立程序，不适合创业初期的小企业，这是股份有限公司的劣势。

9.1.6　选择企业类型时需要考虑的因素

不同的企业类型在法律地位、责任形式、出资额度、清算方式等方面都有各自的规定，作为创业者，应重点考虑自己选择的创业内容适合注册哪种企业类型，采用何种企业类型能促进自己的创业及今后的发展。下面从几个方面来说明选择企业类型时需要重点考虑的因素。

1. 所选行业

国家将产业划分为第一、二、三产业。第一产业是指农、林、牧、渔业。第二产业是指采矿业，制造业，电力、燃气及水的生产和供应业，建筑业。第三产业包括的内容比较广泛，是指除第一、二产业以外的其他行业，主要有交通运输、仓储和邮政业(可以认为是现代物流业)，信息传输、计算机服务和软件业，批发和零售业，金融业，房地产业，租赁和商务服务业，科学研究、技术服务和地质勘查业，水利、环境和公共设施管理业，居民服务和其他服务业，教育、卫生、社会保障和社会福利业，文化、体育和娱乐业，公共管理和社会组织、国际组织。对于刚刚毕业的大学生来说，初次创业的行业大多集中在第三产业，企业类型多集中在个体工商户、合伙企业、有限责任公司这几类。

一般个体工商户的行业主要是批发零售业，因为这种行业要求的资质不高，规模小、数量多、经营灵活。食品、烟草、药品及医疗器械等产品类型也需要注册公司，需要具有法人资格和获得其他的准入资格。另外，如果选择批发零售业创业，当经营规模达到一定程度后都会注册为有限责任公司，以利于企业的长远发展。其他的行业类型采用合伙企业和有限责任公司的比较多，常见的如律师事务所和会计事务所，国家对此有相关的规定。互联网的发展带动了网络购物的快速增长和发展，国家市场监督管理总局已将网络购物纳入监管范围，2010年7月1日实施的《网络商品交易及有关服务行为管理暂行办法》对网络商品经营做了一系列规定。

从正规性、信誉以及长远发展来看，对于初创型企业，在资金允许的情况下，推荐采用有限责任公司的形式来注册。

2. 注册难度

按照目前的相关政策和规定，股份有限公司和有限责任公司的注册流程相对比较复杂，对法人的资格、注册资金等要求都比较高，审查程序相对复杂。合伙企业和个体工商户的申请条件、资金要求和审批程序相对比较简单。

依据《国务院机构改革和职能转变方案》的规定，国家逐步放松了市场主体准入管制，优化营商环境，取消股份有限公司最低注册资本限制，实行注册资本认缴登记，工商部门只登记公司认缴的注册资本总额，无须登记实收资本，不再收取验资证明文件，一定条件下不实行先主管部门审批再工商登记的制度。这一系列制度和措施的实施大大减少了企业注册办理的环节，缩短了企业注册办理的周期，提高了企业注册的效率。

3. 税收政策

根据国家政策，对于不同企业类型有不同的征税规定，所需承担的赋税内容不同。个体工商户一般实行定期定额纳税，即按照所从事行业、地段、面积、设备等核定一个月应缴纳税款的额度，相对来说额度都较小。合伙企业必须缴纳增值税、个人所得税，无须缴纳企业所得税。有限责任公司必须缴纳增值税、企业所得税、城市维护建设税、教育费附加、印花税、个人所得税。总体来说，个体工商户和合伙企业所缴纳的税种较为单一，缴纳方式也较为简单。有限责任公司相对来说涉及的税种较多，而且往往同时涉及国税和地税。因此，在决定采取何种企业类型的时候也需要考虑税收政策的因素。

4. 其他因素

除了以上所述的几种因素，在选择企业类型时还应考虑合作伙伴、启动资金、风险等其他因素。

9.2 创业企业的命名、经营范围与组织结构设计

9.2.1 企业的命名

注册公司的第一步是要到当地的工商部门办理企业名称预先登记，办理程序如下。

第一步，咨询后领取并填写《名称(变更)预先核准申请书》《投资人授权委托意见》，同时准备相关资料；

第二步，递交《名称(变更)预先核准申请书》《投资人授权委托意见》及相关资料，等待名称核准结果；

第三步，领取《企业名称预先核准通知书》或《企业名称变更核准通知书》。

需要注意的是，最好多准备几个企业名称，以免出现相同或近似名称。企业名称一

般由四部分依次组成：企业所在地行政区划名称、字号(商号)、行业(或经营)特点、组织形式。

1) 企业所在地行政区划名称

企业名称中的行政区划是本企业所在地县级以上行政区划的名称或地名。具备下列条件的企业法人，可以将企业名称中的行政区划放在字号之后，组织形式之前：①使用控股企业名称中的字号；②该控股企业的名称不含行政区划；③使用外国(地区)出资企业字号的外商独资企业，可以在名称中间使用"中国"字样。

2) 字号(商号)

企业名称中的字号应当由两个及两个以上汉字组成，行政区划不得用作字号，但县以上行政区划地名具有其他含义的除外。企业名称可以使用自然人投资人的姓名做字号。

3) 行业(或经营)特点

企业名称中的行业表述应当是反映企业经济活动性质所属国民经济行业或者企业经营特点的用语。企业名称中行业用语表述的内容应当与企业经营范围一致。企业经济活动性质分别属于国民经济行业不同大类的，应当选择主要经济活动性质所属国民经济行业类别用语表述企业名称中的行业。

企业名称中不使用国民经济行业类别用语表述企业所从事行业的，应当符合以下条件：①企业经济活动性质分别属于国民经济行业五个以上大类；②公司注册资本(或注册资金)1亿元人民币以上或者公司是企业集团的母公司；③与同一工商行政管理机关核准或者登记注册的企业名称中字号不相同。

企业为反映其经营特点，可以在名称中的字号之后使用国家(地区)名称或者县级以上行政区划的地名。有些地名不视为企业名称中的行政区划，如北京×××四川火锅有限公司、北京×××韩国烧烤有限公司，"四川火锅""韩国烧烤"均视为企业的经营特点。企业名称不应当或者暗示有超越其经营范围的业务。

4) 组织形式

依据我国《公司法》《中外合资经营企业法》《中外合作经营企业法》《外资企业法》申请登记的企业名称，其组织形式为有限公司(有限责任公司)或者股份有限公司；依据其他法律、法规申请登记的企业名称，组织形式不得申请为有限公司(有限责任公司)或股份有限公司，非公司制企业可以申请用"厂""店""部""中心"等作为企业名称的组织形式，如"北京×××食品厂""南京××商店""杭州××技术开发中心"。

企业只准使用一个名字，在某一个工商行政管理局辖区内，冠以同一行政区划名称的企业不得与登记注册的同行业企业名称相同或近似。

企业名称的确立在不同国家和不同年代有不同的色彩，它与一个国家的政治制度、经济制度、思想文化的发展有很大关系。在生产资料私有制条件下，企业名称一般是企业创始人的名字或吉祥、响亮、含蓄、趣味的词语。计划经济时期，企业名称的构成绝大多数为"三段式"(地名+经营业务名称+企业组织形式，如上海汽水厂)或"四段式"(在"三段式"的基础上再加上财产责任形式，如国营南京无线电厂)。用这两种方法命名企业，不仅可以体现企业的所有制性质，而且可以体现企业的所在地及本企业生产什么产品，但不能体现企业产品的知名度与竞争力。

市场经济的发展使企业名称及其构成发生了重大变化，即在企业名称中出现了字号，如北京四通集团，其中"四通"是企业字号。用于区别不同企业的企业名称的基本构成变成"两段式"：地名+字号，如西安杨森；字号+经营业务名称，如春兰空调；字号+企业组织形式，如海尔集团。而无论哪种形式，字号都是必不可少的。

字号虽然只是几个汉字的组合，但表现的绝不仅是几个汉字所固有的含义。作为企业标识，它包含着企业资信及其产品的市场竞争力等信息，这就使其成为商誉的载体而具有财产价值。例如，万宝路的商誉价值已高达440亿美元，相当于其年营业额的两倍；家喻户晓的可口可乐，其商誉价值已超过334亿美元。早在1967年，可口可乐公司就宣称，即使公司一夜之间化为灰烬，照样可以起死回生。因为凭商誉立即就有大银行找上门来向其提供贷款，这就是著名字号所独有的魅力。

9.2.2 企业的经营范围

新公司进行登记审批时，应登记的事项包括名称、住所、经营范围、公司类型、法定代表人姓名、注册资本、实收资本、营业期限、有限责任公司的股东或股份有限公司的发起人姓名或名称，以及认缴和实缴的出资额、出资时间、出资方式。

《企业经营范围登记管理规定》第十三条规定，企业申请的经营范围中有下列情形的，登记机关不予登记：①属于前置许可经营项目，不能提交审批机关的批准文件、证件的；②法律、行政法规或者国务院决定特定行业的企业只能从事经过批准的项目而企业申请其他项目的；③法律、行政法规或者国务院决定等规定禁止企业经营的。

9.2.3 创业企业组织结构设计

组织结构是表明组织各部分排列顺序、空间位置、聚散状态、联系方式，以及各要素之间相互关系的模式，是整个管理系统的框架。组织结构是组织的全体成员为实现组织目标，在管理工作中进行分工协作，在职务范围、责任、权利方面所形成的结构体系。组织结构是组织在职、责、权方面的动态结构体系，其本质是为实现组织战略目标而采取的一种分工协作体系，组织结构必须随着组织的重大战略调整而调整。

组织结构设计的目的之一就是有序、有效的分工和协作，但许多企业里的普通员工和企业的客户并不十分清楚企业的组织结构和各部门的职责范围，不知道哪些事情该找哪个部门。与此同时，遇到需要跨部门协作的事务，由于缺乏明确的协作责任规定，各部门相互推诿、相互扯后腿的现象也极为常见。

对于初创企业来讲，正式和规范的组织往往有些可望不可即，一个三五人的小公司甚至根本不可能有什么组织结构，但是企业想要做大做强就必须合理设计组织结构。组织结构对于企业经营管理的重要性正如木桶上的一块木板，虽然不是唯一重要或者最重要的，却是不可或缺的。

1. 常见的组织结构类型

由于每个组织的目标、所处的环境和拥有的资源不同,因此其组织结构也必然会有所区别。但是,各种组织结构之间有很大的相似性,常见的组织结构类型有以下几种。

1) 直线制组织结构

直线制组织结构是一种最早也是最简单的集权式组织结构形式,其领导关系按垂直系统建立,不设专门的职能机构,自上而下形同直线。直线制组织结构的特点是企业各级行政单位从上到下实行垂直领导,下属部门只接受一个上级的指令,各级主管负责人对所属单位的一切问题负责,企业不另设职能机构,一切管理职能基本上都由行政主管自己执行。直线制组织结构要求行政负责人通晓多种知识和技能,亲自处理各种业务,在业务比较复杂、企业规模比较大的情况下,把所有管理职能都集中到最高主管一人身上,这显然是不现实的。因此,直线制组织结构只适用于规模较小、生产技术较简单的企业,并不适用于生产技术和经营管理比较复杂的企业。直线制组织结构如图9-1所示。

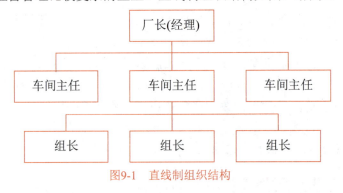

图9-1　直线制组织结构

2) 职能制组织结构

职能制组织结构是将行政组织同一层级横向划分为若干个部门,每个部门的业务性质和基本职能相同,但互不统属、相互分工合作的组织形式。职能制组织结构有利于行政组织按职能或业务性质分工管理,选聘专业人才,发挥专业特长;利于业务专精,思考周密,提高管理水平;同类业务划归同一部门,职有专司,责任确定,利于建立有效的工作秩序,防止顾此失彼和互相推诿,能适应现代化工业企业生产技术比较复杂、管理工作比较精细的特点;能充分发挥职能机构的专业管理作用,减轻直线领导人员的工作负担。但同时,职能制组织结构妨碍了必要的集中领导和统一指挥,形成了多头领导,不利于建立和健全各级行政负责人和职能科室的责任制,中间管理层往往会出现有功大家抢,有过大家推的现象。另外,在上级行政领导与职能机构的指导和命令发生矛盾时,下级会无所适从,从而影响工作的正常进行,造成纪律松弛、生产管理秩序混乱。而且,职能制组织结构不便于行政组织间各部门的整体协作,容易形成部门间各自为政的现象,不方便行政领导进行协调工作。因此,职能制组织结构通常要与层级制相结合。职能制组织结构如图9-2所示。

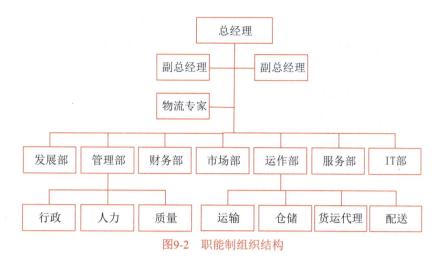

图9-2　职能制组织结构

3) 直线职能制组织结构

直线职能制组织结构是现实中运用得最为广泛的一个组织形式，它把直线制结构与职能制结构结合起来，以直线为基础，在各级行政负责人之下设置相应的职能部门，分别从事专业管理，作为该领导的参谋，实行主管统一指挥与职能部门参谋、指导相结合的组织结构形式。职能参谋部门拟订的计划、方案及发布的有关指令，由直线主管批准下达；职能部门参谋只起业务指导作用，无权直接下达命令，各级行政领导人实行逐级负责，实行高度集权。

直线职能制组织结构综合了直线制组织结构和职能制组织结构的优点，既能保持统一指挥，又能发挥参谋人员的作用；分工精细，责任清楚，各部门仅对自己应做的工作负责，效率较高；组织稳定性较高，在外部环境变化不大的情况下，易于发挥组织的集团效率。但是，这种结构的职能部门之间横向联系较差，信息传递路线较长，矛盾较多，上层主管的协调工作量大；系统刚性大，适应性差，容易因循守旧，不易及时对新情况做出反应。直线职能制组织结构如图9-3所示。

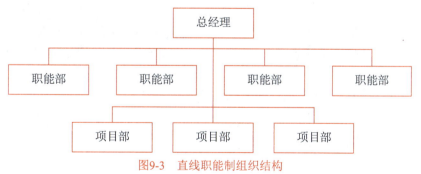

图9-3　直线职能制组织结构

4) 事业部制组织结构

事业部制组织结构是指以某个产品、地区或顾客为依据，将相关的研究开发、采购、生产、销售等部门结合成一个相对独立的单位的组织形式。事业部制组织结构表现为在总公司领导下设立多个事业部，各事业部有各自独立的产品或市场，在经营管理上有很强的自主性，实行独立核算，是一种分权式管理结构。事业部制组织结构又称M型组织结构，即多单位企业、分权组织或部门化结构。事业部制组织结构最早起源于美国的通用汽车公司。事业部制就是按照企业所经营的事业,或者按产品、地区、顾客(市场)等来划分部门,设立若干事业部。

事业部是在企业宏观领导下,拥有完全的经营自主权,实行独立经营、独立核算的部门,既是受公司控制的利润中心,具有利润生产和经营管理的职能,同时也是产品责任单位或市场责任单位,对产品设计、生产制造及销售活动负有统一领导的职能。事业部制组织结构主要适用于产业多元化、品种多样化、各产品均有独立的市场,而且市场环境变化较快的大型企业。事业部制组织结构如图9-4所示。

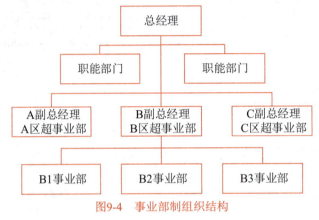

图9-4　事业部制组织结构

5) 矩阵制组织结构

矩阵制组织结构既有按职能划分的垂直领导系统,又有按产品(项目)划分的横向领导系统。矩阵制组织是为了改进直线职能制组织横向联系差,缺乏弹性的缺点而形成的一种组织形式。它的特点表现为围绕某项专门任务成立跨职能部门的专门机构,例如,组成一个专门的产品(项目)小组去从事新产品开发工作,在研究、设计、试验、制造各个不同阶段,由有关部门派人参加,力图做到条块结合,以协调有关部门的活动,保证任务的完成。矩阵制组织结构的形式是固定的,人员却是变动的,需要谁,谁就来,任务完成后就可以离开。项目小组和负责人也是临时组织和委任的,任务完成后就解散,有关人员回原单位工作。因此,这种组织结构非常适用于横向协作和攻关项目。矩阵制组织结构如图9-5所示。

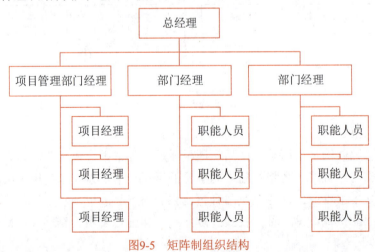

图9-5　矩阵制组织结构

2. 创业企业组织结构的设计特点

组织结构设计最直接的工作就是各部门的设置和职责的规定。初创企业的部门设置可以按照职能来划分，如生产、营销、研发、财务、行政人事等，也可以按照业务类别来划分。

创业企业的部门设置最好简单明了，避免过多的管理层级，一般有三个管理层级就足够了，并且要特别注意组织中信息沟通的渠道是否畅通，部门间的合作是否协调有效。创业企业组织结构设计要注意以下两个问题。

1) 营销部门和财务部门的设置

收入是企业的"命根"，开始三个月的销售情况常常可以决定初创企业的命运。如果说大企业是"管"出来的，那么初创企业就是"卖"出来的。因此，营销部门的组织结构设计尤为重要。是否把市场和销售两个职能分开，定价权和推广费用批准权怎么分配，各级员工对销售该负什么责任等，都是需要审慎考虑的问题。

研究表明，许多初创企业在一年内就倒闭的直接原因是财务管理不善，应收账款中的坏账太多，频频发生流动资金短缺问题。初创企业的财务部门只有一个会计、一个出纳，完全不足以应付如此众多的问题。创业者要特别注重财务监控问题，不能简单地把财务管理视作"记账"，要由有专业技能的专人来负责，并且有相应的激励机制和评估体系。

2) 因人设职还是因事设职

一般来讲，学术界更倾向于因事设职，而不少实际的管理者则不自觉地因人设职，因为他们更切实地感受到人才难得，不愿意放过稍纵即逝的机会。初创企业一般都面临人才短缺的问题，因为创业者一般不可能具备所有的专业管理知识，但又付不起专业营销经理、财务经理等的工资。与大企业相比，初创企业往往更依靠某一个或某几个人为企业创造收入。在这样的情形下，一定程度和范围内的因人设职是非常必要的，但需要注意的是，因事设职是主流，因人设职是特例。

9.3 创业企业注册流程及相关事项

9.3.1 创业企业注册

创业者注册公司需要按照一定的流程到当地工商管理部门办理相关手续，手续办理的具体流程如下。

(1) 预先登记公司名称(预先核准名称)。提供公司名称和大概经营范围，在工商管理部门查询和审核，预定公司名称。

(2) 开户入资。在银行开立资本金账户，支付开户费用，入资。

(3) 验资。以实物、无形资产出资的，须请会计师事务所进行评估；评估结束，注册资金到位后，请会计事务所进行验资，取得验资报告，支付验资费用。

(4) 办理、领取营业执照。到工商管理部门办理、领取营业执照，办理营业执照时需要带上以下资料：注册地址证明(租赁合同、房产证等)，股东会决议，股东、法人身份证，验资报告，公司章程，公司设立登记表，企业名称预先核准通知书。

(5) 刻章。凭营业执照到公安局指定地刻公章、财务专用章、法人章、合同章。

(6) 开立基本存款账户。持营业执照去银行开立基本存款账户。

(7) 办理税务登记。30日内到当地税务局办理税务报到。税务局将核定企业缴纳税金的种类、税率等事务。

(8) 办理税务登记。办理税务登记时，由税务局出具"应纳税税目表"，告知纳税时间和税率。

(9) 购置账簿，购买财务软件，建账。

9.3.2 入资

入资是创业过程中非常重要的一步，因为资金是企业起步的根基所在，所以创业者必须清楚企业入资的整个操作流程。

公司、股份合作制企业法人和集体企业设立登记、增加注册资本(金)，应将缴付或增加的注册资本(金)存入入资专户。应该按照以下程序办理入资、划资手续。

(1) 持《企业名称预先核准通知书》或营业执照到工商管理部门确认的入资银行(以下简称经办行)开立入资专用账户。

(2) 将认缴的出资存入经办行专用账户。

(3) 凭经办行出具的"交存入资资金凭证"到具有法定验资资格的机构进行验资(有实物出资的，须做资产评估)。

(4) 办理注册登记、领取营业执照、选择银行，开立企业的银行基本账户。

(5) 到工商管理部门办理划资手续，领取"划转入资资金通知书"。

(6) 到经办行办理将入资专用账户上的资金划转到企业的银行基本账户上的手续。

9.3.3 验资

对创业公司入资后就需要对资本进行检验，验资的具体程序如下。

(1) 到工商管理部门进行公司名称核准，领取公司名称核准通知书。

(2) 起草公司章程，并由各股东签字(章)确认。公司章程需明确规定各股东的投资金额、所占股权比例及出资方式(现金或实物资产、无形资产)。

(3) 凭工商管理部门的公司名称核准通知书到银行开设公司临时账户。

(4) 各股东全部以现金出资的，应根据公司名称核准通知书及公司章程规定的投资比例及投资金额，分别将投资款缴存公司临时账户，缴存投资款可采用银行转账或直接缴存现金两种方式。需注意的是，股东在缴存投资款时，应在银行进账单或现金缴款单的"款项用途"栏填写"××(股东名称)投资款"。

(5) 股东如以实物资产(固定资产、存货等)或无形资产(专利、专有技术)出资，则该部分实物资产或无形资产需经过持有资产评估资格的会计师事务所或资产评估公司评估，并以经评估后的评估价值作为股东的将投入额。以实物资产作价投入的，所作价投入的实物资产不得超过公司申请的注册资本额的50%；以无形资产作价投入的，所作价投入的无形资产不得超过公司申请的注册资本额的20%。

(6) 与会计师事务所签订验资业务委托书，委托会计师事务所验资。向会计师事务所提供验资资料。

(7) 协助会计师事务所到公司开户银行询证股东投资款实际到位情况。

(8) 1个工作日后到会计师事务所领取验资报告，并到工商管理部门专门登记备案。

9.3.4 办理工商注册登记

1. 工商注册的基本条件

企业法人申请开业登记程序是指有关法规、规章所规定的企业法人申请开业登记应遵循的步骤和过程，它有两个基本要求。

(1) 企业开业要符合国家规定的开业条件。根据《工商企业登记管理条例实施细则》的规定，创业企业申请登记时，应符合下列基本条件：有固定的生产经营场所和必要的设施；有固定的人员；有必要的资金；常年生产经营或季节性生产经营在3个月以上；有明确的生产经营范围并符合国家有关政策法令。

(2) 备齐相关法律文件，包括企业筹建人签署的申请登记书、政府部门或主管部门的批文、企业的章程、企业主要负责人的名单和身份证明(并附照片)。

2. 工商注册的基本程序

(1) 领取并填写工商注册登记表，提交相关文件、资料，办理入资、验资手续，登记主管机关受理、审查、核准、发照等环节完成之后，领取工商营业执照。营业执照分为正、副两种文本，正本为悬挂式，用于企业亮证经营；副本为折叠式，用于携带外出进行经营活动。创业者如果需要进行基本建设，还需向工商管理部门申请筹建登记并领取筹建许可证。

(2) 进行企业代码登记，刻公章，开设银行账户。企业应在取得工商管理部门核发的营业执照后前往公安局指定地点刻制公章。刻章需携带单位出具的规范介绍信、上级主管部门单位介绍信和营业执照；无上级主管部门的，须有营业执照副本，法定代表人身份证复印件备案，并由法人亲自办理。

企业应自领取营业执照或许可证照之日起30日内前往质量技术监督局办理组织机构代码证。办理时需携带相关证明材料。

(3) 创业者要到税务局领取并填写《申请税务登记报告书》，领取税务登记证和各种发票。此项工作必须在领取营业执照之日起30日内完成。

(4) 办理各种社会保险统筹及就业证。

9.3.5 税务登记

新创企业注册后应当向主管国家税务机关申报办理税务登记。税务登记程序如下。

(1) 持工商管理部门核发的营业执照到国家技术监督部门办理组织机构代码证(个体工

商户免办组织机构代码证)。

(2) 自领取营业执照30日内主动向税务机关提出办理税务登记书面报告,即填写《申请税务登记报告书》。

(3) 根据《税收征管法实施细则》的规定,提供相应有关证件和资料。

(4) 如实填写《税务登记表》。

(5) 税务机关审核后发给税务登记证,纳税人凭税务登记证办理以下税务事项:申请办理减税、免税、退税;申请办理外出经营税收管理证明;领购发票;申请办理税务机关规定的其他有关税务事项。

如果税务登记内容发生变化,企业还要办理变更登记手续。

9.4 新企业相关的法律问题

创业过程难以预测,具有不确定性和模糊性。在创建期,新企业必须处理好一些重要的法律问题。创业涉及的法律问题相当复杂,创业者不仅要提升技术才能以及管理才能,还应培育法律风险管理及防范意识,从创业之初就以法律法规为经营准则,规范创业团队及企业的行为,同时,还要懂得运用法律保护团队和企业的相关权益。

在企业的创建阶段,创业者面临的法律问题包括确定企业的形式、设立适当的税收记录、协调租赁和融资问题、起草合同,以及申请专利、商标或版权的保护等。当新企业创建起来并开始运营后,仍然面临与经营相关的法律问题。例如,人力资源或劳动法规可能会影响员工的雇用、报酬及工作的评定;安全法规可能会影响产品的设计和包装、工作场所和机器设备的设计与使用、环境污染的控制及物种的保护。

尽管许多法律可能在企业达到一定规模时才适用,但事实是,新企业都追求发展,这意味着创业者很快就会面临这些法律问题。

与创业有关的法律主要包括关于知识产权、竞争、质量和劳动等方面的法规,具体包括《中华人民共和国民法典》《中华人民共和国专利法》《中华人民共和国商标法》《中华人民共和国著作权法》《中华人民共和国反不正当竞争法》等。知识产权是人们对自己通过智力活动创造的成果所依法享有的权利,包括专利、商标、版权等,是企业的重要资产。知识产权可通过许可证经营或出售带来许可经营收入。知识资产现在已逐渐成为创业企业(尤其是技术型创业企业)中最具价值的资产,因此,为了有效保护自己的知识产权并且避免无意中侵犯他人的知识产权,了解知识产权的内容及相关法律对创业者来说就显得非常重要。

1. 专利与相关法规

专利是指某个政府机构根据申请颁布的文件,用来记述一项发明,并且创造一种法律状况,在这种状况下专利发明通常只有经过专利权所有人的许可才可以被利用。专利制度主要解决发明创造的权利归属与发明创造的利用问题。专利法可以有效地保护专利拥有者的合法权益。创业者对其个人或企业的发明创造应及时申请专利,以寻求法律保护,使自己的利益不受侵犯，或者在受到侵犯时，依据法律提出诉讼，要求侵害方予以赔偿。

2. 商标与相关法规

商标是指在商品或者服务项目上所使用的，由文字、图形、字母、数字、三维标志和颜色组合，以及上述要素的组合或者其组合构成的显著标志，用于识别不同经营者所生产、制造、加工、拣选、经销的商品或者提供的服务。商标是企业的一种无形资产，具有很高的价值。这种价值体现在独特性和所产生的经济利益上。保护和提高商标的价值可以为企业带来巨大的收益。商标包括注册商标和未注册商标，目前我国只对人用药品和烟草制品实行强制注册，通常所讲商标均指注册商标。注册商标包括商品商标、服务商标、集体商标和证明商标。注册商标的有效期为10年，可以申请续展，每次续展注册的有效期也为10年。商标注册申请人必须是依法成立的企业、事业单位、社会团体、个体工商户个人合伙，以及符合《中华人民共和国商标法》第九条规定的外国人或者外国企业。

3. 著作权与著作权法

著作权也称版权，是指作者对其创作的文学艺术和科学作品依法享有的权利。著作权包括发表权、署名权、修改权、保护作品完整权、复制权、发行权、出租权、展览权、表演权、放映权、广播权、信息网络传播权、摄制权、改编权、翻译权、汇编权，以及应当由著作权人享有的其他权利等17项权利。对著作权的保护是对作者原始工作的保护。著作权的保护期限为作者有生之年加上去世后50年。我国实行作品自动保护原则和自愿登记原则，即作品一旦产生，作者便享有版权，登记与否都受法律保护；自愿登记后可以起证据作用。国家版权局认定中国版权保护中心为软件登记机构，其他作品的登记机构为所在省级版权局。

【复习与思考】

1. 谈谈创业者应该了解哪些企业设立应注意的法律问题。
2. 新创企业组织形式的选择依据是什么？
3. 企业注册的一般流程是什么？

案例讨论9-1

在中国，星巴克仅用5年时间就从一个无名小卒成长为一位耀眼的明星，并迅速演变为一种代表流行时尚的符号。在都市的地铁沿线、闹市区、写字楼大堂、大商场或饭店的一隅，在人潮汹涌的地方，那墨绿色商标上的神秘女子总是静静地对你展开笑颜。

其实，星巴克选址的策略很简单，就是定位"第三生活空间"，认为家和办公室之外还应该有一个地方可以让大家休息、畅谈，包括进行商务洽谈，星巴克进入市场的切入点就是这一点。"第三生活空间"对我们来讲意味着什么呢？1999年星巴克没有开店以前，如果大家想谈一些事情会去哪里？麦当劳、肯德基或是一些中餐馆，如果在用餐时间去就没有问题，但是非用餐时间去哪里？这些确实是件让人困惑的事情，而星巴克当时的切入点就是给客人提供一个聊天的场所，这也决定了星巴克选址的理念，以及一些经营方法。

"星巴克给我的方便大于给我的味觉享受。"一位正在品尝咖啡的方小姐这样说道，

"它总是出现在繁华街道中最显眼的位置。于是当逛街逛到疲惫时,当双眼在电脑屏幕前感觉酸涩时,当朋友来了没地方说话时,我会自然而然地想到星巴克。"这正是星巴克想要的——任何时候都能够为热爱星巴克的人群提供服务,而支撑这份雄心的是一张目标明晰的选址图。

星巴克选址首先考虑的是商场、办公楼、高档住宅区等汇集人气、聚集人流的地方。此外,对星巴克的市场布局有帮助或者有巨大发展潜力的地点,星巴克也会把它纳入自己的版图,即使在开店初期的经营状况很不理想。星巴克对选址一直采取发展的眼光及基于整体规划的考虑,因为现在不成功并不等于将来不成功。星巴克全球最大的咖啡店是位于北京的星巴克丰联广场店,当初该店开业时,客源远远不能满足该店如此大面积的需要,经营前期一直承受着极大的经营压力。随着周边几幢高档写字楼入住率的不断提高,以及区政府对朝外大街的改造力度不断加大,丰联广场店逐渐成为该地区的亮点。现在,该店的销售额一直位于北京市场前列。

星巴克的选址流程分为两个阶段。第一阶段,当地的星巴克公司根据各地区的特色选择店铺。这些选择主要来自三个方面:公司自己的搜寻、中介介绍,以及各大房产公司在建商用楼盘的同时,也会考虑主动引进星巴克来营造环境。在上海,这三种选择方式的比例大概是1:1:2。第二阶段,总部的审核。一般来讲,星巴克的中国公司将店面资料送至亚太区总部,由他们协助评估。星巴克全球公司会提供一些标准化的数据和表格作为衡量店址的主要标准,而这些标准化数据往往是从由各地的选址数据建立的数据库中分析而来的。

事实上,审核阶段的重要性并不十分突出,主要决定权还是掌握在当地公司手中。如果一味等待亚太区总部审核结束,则很可能因为时间而错失商机。因此,往往在待批的过程中,地方店面就开始动手装修。

星巴克有独立的扩展部负责店面选址事宜,包括店面的选择、调查,以及设计和仪器装备等一系列工作。商圈的成熟和稳定是选址的重要条件,而选址的眼光和预测能力更为重要。

【思考与讨论】
星巴克为什么如此重视店面选址?选址成功的秘诀是什么?

案例讨论9-2

欣隆科技有限公司(以下简称欣隆公司)是一家中型中日合资企业,公司主要生产电子元器件、机电设备,以及手机电池和蓄电池等。按照产品类型的不同,欣隆公司成立了三个产品分部,三个分部总经理直接向执行副总裁汇报工作(欣隆公司组织结构见图9-6)。这三个产品分部的厂房比较集中,分布在以公司总部办公大楼为中心方圆3千米的整体厂区范围内。总部办公大楼是公司的神经中枢,公司总裁办公室、副总裁办公室、人力资源部门及财务部门等都集中在此。各产品分部总经理分别对利润负责,而且各自拥有独立的生产设施、内部营销机构等。三个产品分部的产品有所不同,但基本原料都是类似的共同性物料,尤其是一些化工原料和工装模具,而且消耗量都很大。但由于采购方面职权的分散,一直以来各产品分部都独立进行采购运作,从没有过协商,有时甚至还出现过相互抬价的情况，结果损失的还是公司的整体利益。

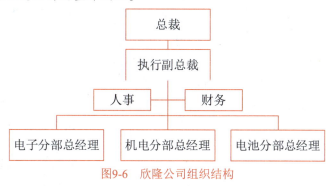

图9-6　欣隆公司组织结构

电池分部主要生产手机电池和蓄电池。按照业务流程，电池分部的生产部有三个生产车间，分别是电极车间、化成车间和装配车间，另外设备部和采购部也归属生产部管理。电池分部的组织结构如图9-7所示。电池分部总经理顾远征是主管生产出身。在他看来，采购经理的主要职责就是及时保证生产线上物料的供应，只有生产部的负责人才直接对降低整个分部生产成本负责。所以在电池分部成立时他将采购部设置在生产部之下，并认为采购部只是一个辅助部门。其实由于产品的特点，电池分部的材料成本占销售收入的比重接近50%，所以每一分采购成本的节约就等于一分利润的增加，况且采购成本的降低要比销售收入的增加相对容易得多。采购部的运作绩效直接影响生产部成本和盈利能力，可是在实际操作中，采购部遇到的问题还真不少。

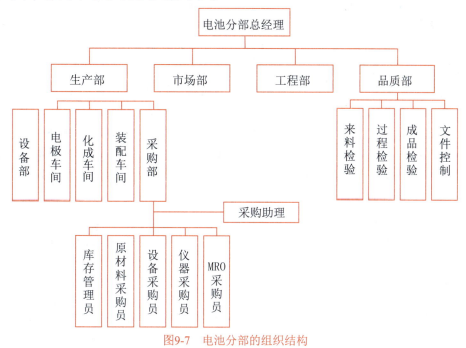

图9-7　电池分部的组织结构

采购部经理高翔能力很强，拥有十多年的生产、工程和采购方面的经验，但自从来到欣隆公司电池分部就一直有很多怨言，觉得工作不好开展。一方面，电池分部没有设专门的物流部门，所以库存管理工作也由采购部负责。仓库管理员赵阳主要进行原材料与在制品的接收和库存记录等事务性工作，一旦原料出库，就归提取原料的生产部门负责。因为有些材料直接从货车车厢运到生产车间而不通过仓库，所以生产车间也设置了专门的收货处，由生产车间计划员临时接收货物。但由于计划员和采购部缺乏直接的沟通，采购部无法及时得到采购成本和库存状况的信息反馈。另外，由于生产部总是临时改动生产计划，时常要求采购部进行计划外的紧急采购，紧急采购不仅在价格上使采购部很被动，而且最重要的是，由于没有充足的时间进行供应商的选择，产品质量也难以得到保障。采购部经理高翔当然不想这样，可他是归生产部管理的，作为下属，总不能批评上司说："你怎么总是改动计划？"况且主管生产部的副总李文军又是个独断专行的人，最容不得别人挑他的毛病。所以为了保证生产顺利进行，高翔总是将各类原料尽量多地预先采购进来，存放在仓库，以免造成缺货及紧急采购的发生。这就导致了欣隆公司的库存成本总是居高不下，库存周转率也极低。

最让高翔感到头痛的是自己的权力受到很大干涉。电池分部销售经理王钟实际上对很多产品行使着全面控制权，甚至在某种程度上超越了采购部经理高翔。王钟是个急性子，做事情总想一揽子全包，他认为自己是最了解客户信息的，所以总是自行指定采购零件的品牌和供应商，甚至在采购部下订单前就直接和供应商进行谈判。采购部经理高翔不止一次试图阻止王钟和供应商的直接接触，他认为王钟的这种做法使采购部的正常工作程序受到干扰。好几次由于王钟在没有通知采购部的情况下私自向供应商下订单，造成了涉及金额巨大的重复订单，甚至还出现过合同上的纠纷。高翔曾几次通过E-mail的形式向生产部副总李文军反映情况，但似乎没有引起李文军的重视，自然也没起到什么效果。高翔和王钟两人之间的矛盾日益激化，现在已经到了互不理睬的地步。当王钟需要采购部配合时，如特殊订单的跟催等，他总是找采购助理许明。许明是一名资深的工程师，在设备采购方面有丰富的经验，并与各类供应商都保持着良好的关系。因为许明当初进公司是王钟介绍的，并且得到王钟不少关照，所以两人关系一直不错，王钟拜托的事情他总是照办。

采购员的工作基本上是按照采购产品的类型进行分工的，分为原材料采购员、设备采购员、仪器采购员和MRO(维修及事务用品)采购员，而供应商调查、选择、评价，以及订单跟催等工作都是专人一条龙负责到底，这样的分工有利于培养采购员的专业化和采购责任的明确。对于采购助理许明对采购员具体业务的参与，有时候也让他们很为难。近年来，电池分部一直在较低的利润率下运作。原材料、在制品和产成品库存周转率都非常低，库存成本占总成本的比重越来越高，这也是产品价格居高不下的主要原因之一，加之时常发生的交货延迟也使大量订单流失。一位新的电池分部总经理即将上任，他很想改变这种状况。

【思考与讨论】

1. 通过案例中描述的情景，你认为欣隆公司在实际运作中存在哪些方面的问题？

2. 如果你是这位即将上任的电池分部总经理，你将采取什么措施来改善这些状况？说说你的理由。

课后习题

一、单选题

1. 企业注册有限责任公司的主要程序不包括(　　)。
   A. 名称核准　　　B. 入资验资　　　C. 刻章注册　　　D. 开业准备
2. 下列选项中，不属于企业法人的是(　　)。
   A. 有限责任公司　　　　　　　　B. 股份有限公司
   C. A和B　　　　　　　　　　　D. 国家机关和事业单位
3. 新企业创立的内部条件包括(　　)。
   A. 创业者具有一定的创业能力和素质
   B. 具有成为创业者的动机
   C. 已经获得某种特许权或者已经开发出能够创造市场的产品
   D. A、B、C都是
4. 有限责任公司的优势包括(　　)。
   A. 有限责任，运行稳定　　　　　B. 费用高，不能撤回资金
   C. 有限责任，费用高　　　　　　D. 运行稳定，不能撤回资金
5. 企业名称一般由四部分依次组成(　　)。
   A. 企业所在国家名称、字号(商号)、行业(或经营)特点、组织形式
   B. 企业所在地行政区划名称、字号(商号)、行业(或经营)特点、组织形式
   C. 企业所在地行政区划名称、字号(商号)、经营类别、组织形式
   D. 企业所在地行政区划名称、字号(商号)、经营类别、有限责任公司

二、多选题

1. 按照股东对公司的责任形式进行分类，公司主要包括(　　)两种形式。
   A. 有限责任公司　　　　　　　　B. 股份有限公司
   C. 个体工商户　　　　　　　　　D. 合伙制企业
2. 新创企业开办之前需要进行(　　)。
   A. 营业地点的选择
   B. 启动资金的筹集落实
   C. 办理企业登记注册手续
   D. 营业场所的装修、设备租用、招聘员工、宣传企业等
3. 选择创业公司的类型时会受到(　　)因素的影响。
   A. 所选行业　　　　　　　　　　B. 注册难度
   C. 税收政策　　　　　　　　　　D. 合作伙伴、启动资金、风险等

三、判断题

1. 企业名称一般由以下四部分依次组成：企业所在地行政区划名称、字号(商号)、行业(或经营)特点、组织形式。　　　　　　　　　　　　　　　　　　　　(　　)

2. 有限责任公司是指两个以上股东共同出资，股东以其出资额为限对公司承担责任，公司以其全部资产对公司的债务承担责任的企业法人。（　　）

3. 股份有限公司是指将公司全部资本分为等额股份，股东以其所持股份为限对公司承担责任，公司以其全部资产对公司的债务承担责任的企业法人。（　　）

4. 合伙企业是指自然人、法人和其他组织按照《中华人民共和国合伙企业法》在中国境内设立的普通合伙企业和有限合伙企业。（　　）

5. 个人独资企业是指由一个自然人投资，全部资产为投资人个人所有的营利性经济组织。（　　）

第 10 章 精益创业

知识目标

- 系统掌握精益创业方法论；
- 了解精益创业的时代背景，以及精益创业与传统创业模式的联系和区别；
- 了解精益创业的内涵、特征、主要框架和实施步骤等。

案例导入

曾经市值85亿美元的Webvan为什么会破产？

Webvan创办于1996年，是一家概念非常超前的生鲜果蔬公司，公司通过线上交易、线下运输，以及自己的仓储和分销系统，为用户配送新鲜的杂货。成立两个月之后，风险投资跟进，1997年收到第一笔风险投资。经过两年的研发，第一个仓储系统全面上线，一个月之后开始接受第一笔订单，真正跟用户第一次亲密接触。Webvan的仓储系统于1999年建成，位于美国加州旧金山市，仓储系统的建设包含了非常复杂的算法，即使放在现在，在某些方面也很先进。仓储系统建设投入了4000万美元，其中仅仅是各种线路建设就花费了500万美元。

同样在1999年，Webvan签订了一份10亿美元的合约，在全美复制仓储系统的建设。签约之后的一个月，即1999年8月首次公开募股，这家公司备受追捧，在最高点时市值达到了85亿美元。但是，这家公司最终的命运是在运行了两年之后，也就是2001年7月宣告破产。

如果把它的订单数和消耗的资金做一个对比可以发现，Webvan每接受一笔订单，消耗的资金是130美元。不仅如此，这家公司的破产不仅把自己带入深渊，最重要的是把整个产业带入了深渊。因为这家公司的惨败，导致很长一段时间所有的风险投资都不敢踏入这个行业，直到2011年才又有风险投资开始进入。这就是为什么美国生鲜行业O2O在20年前就开始了，现在却落后于中国。

这家公司在没有达到盈利平衡点之前，其业务就覆盖了33个城市，这是公司破产的一个重要原因。这个例子引发了美国风险投资界对这种传统"火箭发射式"创业思维的反思。

长期以来，"火箭发射式"创业思维在硅谷一直是主流。我们来想象火箭发射的场景，按下"发射"按钮之后会有什么结果？

第一种情况：发射成功，这是大家都希望看到的。

第二种情况：惨败，火箭在空中爆炸。

第三种情况：无声无息。

事实上，火箭发射后只有很小比例是无声无息的。但在商业实践中，却有70%以上的"发射"属于第三种情况，也就是说，按下按钮后市场没有任何回应，对于创业，这是最大的浪费。因为即使只有负面的回应，至少还可以从中获取一些经验和教训。

"火箭发射式"创业思维存在一个巨大的缺陷：整个创业过程中缺乏持续的反馈、试错和验证，而把所有的赌注都集中在按下按钮的那一刻。但是，在创业过程中，如果等到按下按钮的那一刻才看到结果，一切可能都太迟了。

这是一个"火箭发射式"创业思维的极端案例。Webvan创始人路马斯·鲍德斯(Louis Borders)在美国服务行业是一个传奇人物。鲍德斯在创办Webvan的时候，有投资人问他："在你的愿景中，Webvan是否会成为一个价值10亿美元的公司？"

鲍德斯回答："我从来就没有考虑过这是一个价值10亿美元的公司，要么就赚100亿美元，要么就一分不剩。" 2001年7月，Webvan正式进入破产程序。在这之前的两周，鲍德斯以6美分一股的价格清掉了4500万股，从中只拿回了大约270万美元。这真是一个惨痛的案例。

然而，这次失败之后，鲍德斯并没有从中吸取教训。当时有一名记者采访他："在Webvan这种灾难性的失败之后，你认为有什么经验或教训值得吸取？"鲍德斯回答说："我不认为我们做错了什么，做公司就像发射火箭一样。发射之前，你需要把可能遇到的每一件事都想清楚，你不可能在火箭升空过程中再去给它添加燃料。"鲍德斯的思维模式是非常典型的"火箭发射式"思维模式。

Webvan失败之后，鲍德斯再次创业，创办了美国最大的连锁书店(Borders)，前几年也破产了。在Borders书店破产之后，他又创办了第三家公司，同样以失败告终。

从鲍德斯失败的案例中可以看到，他的创业思维存在误区，而不仅仅是现象层面的操作失误。

"火箭发射式"创业思维的基本假设在于，所有的变量是可度量的，未来是可以预测的，因此，商业模式、用户痛点和解决方案都具有极高的确定性。与之对应，精益创业的基本假设在于，基本参数很难度量，未来不可预测，用户痛点和解决方案具有极高的不确定性，需要不断迭代并不断积累认知，从而逐步逼近真实的用户痛点和有效的解决方案。

"火箭发射式"创业和精益创业不只在方法论或具体做法上有区别，关键是在基本思维上存在很大的区别。事实上，精益创业不是一门关于假设或者计划的科学，而是关于如何在创业过程中用科学试错的方法来积累认知，如何提出假设并用科学试错的方法来验证假设的方法，这是精益创业的核心。

(资料来源：龚炎. 精益创业方法论：新创企业的成长模式[M]. 北京：机械工业出版社，2015.)

【思考与讨论】
1. Webvan失败的原因是什么？
2. "火箭发射式"创业思维的创业逻辑是什么？
3. 你通过本案例得到了哪些收获？未来创新创业实践活动中，你将如何运用精益创业的思维？

10.1 从传统创业思维到精益创业思维

10.1.1 传统的新产品导入模式

在20世纪，每个针对市场开发新产品的企业都会使用某种形式的产品导入模式，如图10-1所示。这种以产品为中心的开发模式出现于20世纪初，它所描述的开发流程见证了整个制造业的发展史。

图10-1　传统的新产品导入模式

但是企业在应用这一模式时往往忽略了一个重要前提，即这种新产品导入模式适用于那些已明确客户群体、产品特征、市场范围和竞争对手的成熟企业。在传统的计划执行模式里，首先通过商业计划产生基本的产品概念，然后导入资源、组建团队、进行产品开发和内部/外部的测试，最终产品得以发布、投放市场，并进行首次发货。

这种传统的计划执行模式的根本缺陷在于所有的认知都来得太晚。尽管在拟订商业计划时会采用一些用户调研的手段，但对象都不是真正的用户，用户一直到最后环节才会真正地参与进来。换句话说，直到产品已经开发完毕，进入测试阶段，团队才真正进入学习和认知的过程。所以，尽管计划执行模式看起来非常完美，但它往往就是新创公司走向死亡的原因。因为创业过程中最关键的不是某个产品或服务，而在于是否具有正确的认知，用户的反馈过程是否从一开始就结合在创业过程中。

在传统的新产品导入模式中，有两个隐含的假设，即用户痛点高度确定和解决方案也高度确定，而在精益创业的框架里，这两个假设根本就不存在。再完美的商业计划也经不起与客户的第一次亲密接触。

1. 概念萌芽阶段

第一个阶段是概念萌芽阶段。在该阶段，企业创始人往往会抓住灵光一现的奇思妙想，有时甚至会把它们写在一张餐巾纸上，然后将其转变成一组核心理念，以此作为实施商业计划的大纲。

接下来，要明确围绕产品出现的几个问题。例如，我的产品或服务理念是什么？我的产品特征和价值是什么？该产品能否开发？是否需要进一步的技术研究？客户群体有哪些？怎样才能发现这些群体？统计市场研究和客户评论能够推动问题评估和商业规划吗？

这个阶段还可以奠定有关产品交付的一些基本假设条件，其中包括对竞争差异、销售渠道和成本问题的讨论。绘制初次定位表可以更好地向风险投资者或企业高层介绍公司情况以及产品带来的利益。此时的商业规划应说明市场规模、竞争优势，并进行财务分析，同时在附录中提供详细的收支预测表。

Webvan很好地完成了上述工作。这家公司于1996年12月成立，不但制订了诱人的商业计划，而且创始人拥有深厚的管理背景。1997年，Webvan从美国知名风险投资家手中筹集到了1000万美元的启动资金，在随后不到两年的时间里，公司在IPO前共获得了3.93亿美元的私募投资。

2. 产品开发阶段

第二个阶段是产品开发阶段。随着公司各职能部门的建立，相关的开发活动被分配到各个团队来实施。营销部门负责确定商业计划中描述的市场规模，开始定位最初的客户。与此同时，工程部门正忙着明确产品特征和开发产品。产品开发通常会扩展为"瀑布式"的相互关联的步骤，每一个步骤都强调最小化以确定产品特征，开发流程一旦启动就永无回头之路，产品即使出了问题也不能再进行修改。"瀑布式"产品开发模型如图10-2所示。通常情况下，这一流程会持续不断地进行18~24个月，甚至更久，中间即使出现有利于企业的变化或新创意，该流程也不会中断。

图10-2 "瀑布式"产品开发模型

3. 内部测试和外部测试阶段

第三个阶段是内部测试和外部测试阶段。工程部门继续按照传统的"瀑布式"产品开发模型开发产品，以首次客户交付日期为目标安排开发进度。进入外部测试阶段，和少数外部用户一起测试产品，确保产品满足既定的设计目标。营销部门负责开发完整的营销沟通方案，建立企业网站，为销售人员提供各种支持材料，开展演示活动。公关部门负责调整定位，联系知名媒体和博客，开展品牌塑造活动。

4. 产品发布和首次客户交付阶段

第四个阶段是产品发布和首次客户交付阶段。产品投入运营后，建立销售渠道和支持营销活动需要大量资金。如果企业不具备早期资产变现能力，势必要筹集更多的资金来支持运营。首席执行官会检查产品发布活动，以及销售和营销团队的发展规模，再次向投资者募集资金。

Webvan公司于1999年6月推出了第一个地区级网店(该网店仅在外部测试1个月)，然后在两个月后申请IPO。在IPO当日，公司募集到4亿美元投资，市值达到85亿美元，甚至超过了美国三大杂货零售连锁品牌的市值总和。但谁也没想到的是，这份辉煌竟会如此短命。

10.1.2 精益创业思维

在对以往传统创业思维和"火箭发射式"创业思维反思的基础上,近年来,硅谷兴起一股精益创业(lean startup)的热潮。精益创业的概念由硅谷创业家埃里克·莱斯(Eric Rise)于2012年在其著作《精益创业》一书中提出,但其核心思想受到了史蒂夫·布兰克(Steve Blank)的《四步创业法》中"客户开发"方式的很大影响,后者也为精益创业提供了很多有益指点和精彩案例。史蒂夫·布兰克是一位连续创业者,他先后创办了8家公司,有4家公司上市。近年来,他开始推动精益创业运动,现在也在斯坦福大学和加利福尼亚大学伯克利分校任教。

精益创业的核心思想是,先在市场中投入一个极简的原型产品,然后通过不断的学习和客户反馈,对产品进行快速迭代优化,以期适应市场。其理念可以追溯到软件行业的敏捷开发模式,精益创业可以理解为敏捷开发模式的一种延续。

新创公司与大公司两者的真正区别在于商业模式是否已知,大公司有已经被验证的商业模式,而新创企业没有。大公司更多是在运营和执行层面执行已知或已经确认的商业模式,而新创公司则是探索未知的商业模式。新创公司肯定不是大公司的微缩版。

新创公司之所以失败,是因为它们混淆了探索与执行。网上杂货零售商Webvan在它的商业模式根本没有得到确认之前,就匆忙地把这个模式复制到多个城市,最终结果是没有任何一个城市能够成功。可见,很多新创公司失败的根本原因在于混淆了探索和执行,过早地去执行一个没有经过验证的商业模式。

对于新创公司来说,一个重要的方法论工具就是精益创业。精益创业的主要内容包括以下三个部分。

第一部分,基本的商业计划。要特别注意的是,在精益创业的框架里,再完美的商业计划也只是前提和假设。

第二部分,客户开发。即把客户开发和产品开发同步进行,甚至把客户开发放在产品开发之前,这是和传统的"火箭发射式"封闭开发(先产品开发再后续导入客户)模式完全相反的模式。客户开发是整个精益创业的重心,而非产品开发。在精益创业的框架里,客户居核心地位,产品根据客户的需求来开发。

第三部分,精益研发。在开发及服务的过程中,用精益研发的方式来高速迭代、科学试错,即用商业计划建立前提和假设,从一开始就把客户导入创业过程中,用高速迭代、科学试错的方式来迭代并获取认知。

10.2 精益创业的基本框架

10.2.1 精益创业的理念

一般来说,新创企业会经历四个阶段。第一、第二阶段是探索商业模式;第三阶段是放大商业模式,即此时商业模式基本确立;第四阶段是正常的运营阶段。

第一阶段是发散式的探索,不确定性极高。可能会尝试多个方向,快速转向,不停试错。第二阶段是聚焦式的探索,已经初步确立方向,有可能在两三个商业模式中选择其中之一。第三阶段是商业模式确立,进入放大阶段。第四阶段是商业模式的正常执行。

传统商学院的MBA教育,80%集中在第三、第四阶段,第一、第二阶段几乎是一片空白。所以,精益创业的重大意义在于对整个传统商学院创业教育的补充。

通常,第一、第二阶段的现金流是负的。对企业来说,在这两个阶段中,如何快速地迭代、如何在现金流燃尽之前最终确立商业模式,是新创公司能够存活的一个关键点。在硅谷创业实践中,这个点被称为sweet spot,意即"甜点"。此时,新创公司终于确立了商业模式;CEO终于可以去向董事会汇报,"我们已经找到了未来的路径";而投资人终于可以确认这个公司能够值一点钱,有一点价值了。

精益创业聚焦于前两个阶段,也就是说如何从0到1。商业模式的放大是在第三个阶段,即如何从100到110,这是传统商学院所覆盖的内容。

史蒂夫·布兰克提出基于精益创业理念的"四部创业法",该方法共分两大阶段四个步骤,如图10-3所示。

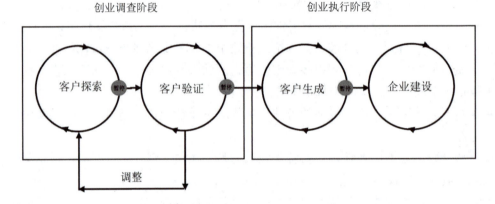

图10-3 基于精益创业理念的"四部创业法"

第一阶段:创业调查阶段。该阶段主要验证产品的价值主张和商业模型是否成立,不需要成立公司。客户探索和客户验证是精益创业的起点,通过这种方法探索客户痛点,并定义客户痛点和解决方案。

第一步,客户探索。进行客户市场细分,寻找天使客户,通过和客户访谈确定产品方向。

定义基本假设:客户痛点假设和解决方案假设。

停止推销,开始倾听:在探索阶段,倾听的技巧非常关键,观察、倾听客户,与客户访谈时,不能急于推销解决方案,在很长一段时间内应该对推出自己的解决方案保持克制。

不断探索,积累认知:不断探索和迭代,把认知逼近真实痛点。

第二步,客户验证。开发最小可行产品(minimum viable product,MVP),验证假设,如果不成功,轴转(pivot)到第一步。

验证基本假设:客户痛点假设和解决方案假设。

验证商业模式：是否可重复、可规模化。

寻找早期支持者：与天使客户之间进行大量的互动，如果没有客户就轴转到创业调查阶段的第一步。

商业模型得到验证的标志：成单，MVP有人买单。

轴转是客户开发的核心反馈机制，通过循环往复，不断获取和更新对产品与市场的认知，免除危机。轴转的关键在于快速、敏捷地把握时机。很多初创企业的失败不是因为商业模式或者产品有问题，而是因为等不到最终完成商业模式验证的那一天。所以，轴转的过程必须敏捷和快速，速度越快，对现金流的需求越小。

第二阶段：创业执行阶段。该阶段包括客户生成和企业建设两个步骤。这部分是传统商学院教育的重点内容。

第三步，客户生成。投入营销资源，开拓客户渠道。

第四步，企业建设。成立公司，建立组织架构。

精益产品的迭代过程应用于创业执行阶段：强化产品的价值主张，树立竞争门槛，拓展客户。

当产品的价值主张和商业模式尚未得到验证时，切忌投入营销资源、强行拉动用户增长，这种做法是自杀行为。只有当产品的价值主张和商业模式被验证成功以后，才能逐渐导入营销资源，导入一批测量效果进行反馈改进，如此循环迭代，总结和积累"经证实的认知"。

10.2.2 精益创业的基本原则

精益创业有五项基本原则。

(1) 客户导向原则。精益创业的核心是客户，所有的认知、迭代都是围绕客户而展开的；而"火箭发射式"创业则是自我导向，从初创公司或者创始人本身导入创业过程。

(2) 行动原则。行先于知，而不是用知来引导行，从计划导向转为行动导向。

(3) 试错原则。从完美预测转向科学试错，最小可行产品就是试错过程中非常重要的一个工具。

(4) 聚焦原则。初创企业最好首先聚焦在最关键的天使客户上。

(5) 迭代原则。从"火箭发射式"创业中的完美计划、完美执行，转换到精益创业的高速迭代，迭代和速度都是非常关键的。

精益创业从行动开始，是行动导向而非计划导向，它用科学试错的方式来获取认知，由行而知，完成学习的第一循环。同时，所收获的认知转向行动，由知而行，完成学习的第二循环。再不断地重复这个过程，最终形成认知的不断更迭与行动的不断调整。这是精益创业在思维上的一个基本模式。

10.2.3 精益创业的适用范围

精益创业来源于互联网行业，它是软件开发的一种新模式，但其背后的"客户验证"思想在大量非IT领域得到了应用。例如，美剧往往会先拍摄一部几十分钟的先导片，交代主要的人物关系、矛盾冲突、故事背景，然后邀请几十位观众参加小规模的试映会，再根据观众的反馈来决定剧情要做哪些修改，是否需要调整演员，以及是否投拍。在每一季结束时，制作方又会根据收视率和观众意见，决策是砍掉该剧还是订购新一季内容。这种周拍季播的模式，把所有的决策权交给观众，让制作方的投资及失败成本降到了最低，是一种典型的精益创业方式。

整体而言，精益创业适合客户需求变化快，但开发难度不高的领域，如软件、电影电视、金融服务等领域。在国内，大众点评网等就采用这种小步试错的方式进行开发，一些传统企业如中信银行信用卡中心，也会利用精益创业的方式进行信用卡产品及客户服务的创造和创新。

由于精益创业需要经常进行客户验证，因此并不适合客户验证成本较高或者技术难度较大的工作。若其服务客户是全体运动员，想要获得他们的频繁反馈是比较困难的。又如航天工程，客户需求是比较明确、清晰的，主要难点在于飞行器的技术实现和对接控制。

10.3 最小可行产品

10.3.1 最小可行产品的定义

精益创业的核心思想是最小可行产品。什么是最小可行产品？简单地说，就是一个产品的雏形。将它推向市场后，根据客户反馈来改进。例如，在建筑行业，建一座房子之前，必先搭一个模型，这就是最小可行产品。

在市场不确定的情况下，通过设计实验来快速检验产品或方向是否可行，如果假设得到了验证，再扩大规模进入市场；如果没有通过，那么这就是一次快速试错，应尽快调整方向。

大部分初创企业都不是按照原有计划发展的，虽然那些最终成功的企业经历了很多失败，但是它们不停地从客户那里学习，以适应并改进自己初始的想法。

汽车行业更典型，各厂商时不时地推出概念车，先看看客户的反馈。在把最小可行产品推向市场的过程中，应如何测试客户的反应呢？要注意以下三点。

(1) 尽快地将产品或概念传递给客户以获取人们的反馈。
(2) 需要了解你的目标客户在哪里，以便有效地传递信息。
(3) 传递的信息应该是真实的、不加修饰的。

案例10-1

最小可行产品验证案例

现在很多人都有不止一台计算机，这就需要解决一个同步的问题。Dropbox是一个提供同步本地文件的网络存储在线应用，支持在多台计算机、多种操作系统中自动同步，并可当作大容量的网络硬盘使用。但Dropbox创始团队最初拿着这一个创业点子去找风险投资时，遭到了风险投资的拒绝。

当时团队还拿不出一个成形的产品，风险投资者根本没有耐心听取团队的创意阐述。Dropbox团队灵机一动，做了一个三分钟的动画视频，将产品的功能特点以动画的形式演示出来，然后将视频放到网上。结果，一天之内有数万人给予了反馈，表示对这个产品充满期待。

当产品尚处于概念阶段时，Dropbox创始团队就将概念与潜在客户进行了分享。在之后的运营中，团队也不断根据客户的反馈来改进产品。如今，Dropbox已成为同类产品中的翘楚。

有一些产品在经历了最初大而全的产品设计失败后，又回归到最小可行产品，从而取得市场成功，如团购网站Groupon。虽然团购网站最风光的日子已经过去，但当年Groupon的出现，的确带起了一股团购风潮。这个网站最初名为The Point，是一个大而全的网站，创始人试图将各种具有相似想法和需求的人汇聚到一起，然后凭借群体的力量，让事情进展得更顺利。

无论你喜欢养猫养狗、喜欢旅行，还是有购买某个产品的需求，都可以在这个网站上找到志趣相投的人。但是，直到创始人将网站改为聚焦于团购的Groupon，经营才开始走入正轨。最小可行产品的定义透露了两个关键点：第一，它并不针对所有用户，只针对天使用户；第二，它并非一个庞大、复杂的功能组合，只是一个最小、最基本的功能组合。

《精益创业》的作者埃里克·莱斯反复强调以下两个观点。

(1) 最小可行产品只针对早期的天使用户，这群人对产品有更高的容忍度，能够看到产品的未来，愿意互动并一起改进产品。

(2) 在产品功能上，建议把你想象中的产品砍成两半，再砍成两半，才可能达到真正的最小功能组合。可见，最小可行产品在用户和产品上都选择了最小的切入点。

以美国最大的鞋类电商网站Zappos为例(见图10-4)，它需要验证这样一个基本假设：在传统的消费习惯中，消费者买鞋需要在鞋店里试穿，那么有没有人愿意通过网购的方式来买鞋子呢？

创始人在设计最小可行产品时，并没有去买一堆鞋子或者建立库存，而是直接在一个鞋店里拍下照片，将这些照片放到自己的网站上。如果有人在网站上买某款鞋子，他就直接到鞋店里按原价把这款鞋子买下来再寄给顾客。

虽然在这个过程中，他每卖一双鞋子，都会损失一点钱，但是这点钱和验证基本假设相比，实在微不足道。因此，Zappos的创始人用非常小的代价就验证了"用户是否愿意在网上买鞋子"这个假设。

微信1.0版也是一个非常经典的最小可行产品。当时微信针对传统运营商短信费很贵，且短信群发不容易这一痛点，推出只有免费短信和短信群发功能的1.0版。在2.0版中，微信才加入了照片分享功能。之后，微信才逐渐加入摇一摇、语音、录音及其他功能。

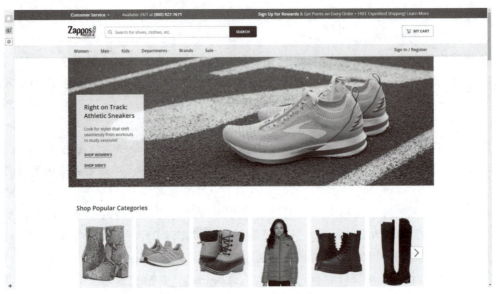

图10-4　Zappos网站页面

回溯历史,我们会发现改革开放其实也是一个伟大的最小可行产品,如此规模宏大的改革开放事实上就是从深圳的一个小岛蛇口开始的。在蛇口这里进行了用户探索和验证,继而放大商业模式,最终进行商业模式的执行。用最小可行产品验证两个关键点的过程可以分为以下三个步骤。

第一步:设计最小可行产品,即针对天使用户设计一个最小的产品集合。

第二步:将最小可行产品投入使用,进行测度与数据收集,并将数据和预设的指标进行比较。

第三步:用最快的速度获取认知,放弃一切无助于认知的功能。

对此,埃里克·莱斯提出了精益创业"开发—测量—认知"反馈循环(见图10-5),在循环中把总时间缩至最短。

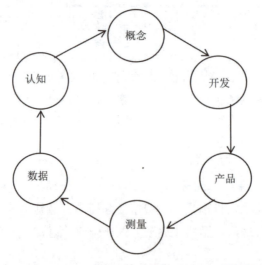

图10-5　精益创业"开发—测量—认知"反馈循环

在用最小可行产品验证基本假设的过程中，关键点之一就是速度，用最快的速度获取认知，同时放弃一切无助于认知的功能。换句话说，在用户上聚焦于天使用户，在产品功能上也聚焦于最小级别的产品功能，这是最小可行产品的核心。

10.3.2 如何验证最小可行产品

验证最小可行产品的15种方法如下所述。

1. 用户访谈

在创业过程中，没有严格的定理，只有各种不同的意见和假设。而验证各种观点是否正确的重要途径就是与真实的用户进行沟通，向用户解释你的产品能解决他们的什么需求，然后询问他们对于产品不同部分的重要性是如何排序的，最后根据收集到的信息对产品进行调整。需要注意的是，用户访谈应该着眼于发现问题和解决问题，而不是向受访者推销产品。

2. 登录页

登录页是访客或潜在用户了解产品的门户，是介绍产品特性的一次营销机会，也是在实战中验证最小可行产品的绝佳时刻，可以借此了解产品到底能不能达到市场的预期。

很多网站的登录页都只是要求用户填写电子邮箱，但是实际上登录页还可以有更多的拓展功能，例如，增加一个单独的页面来显示价目表，向访客展示可选的价格套餐。用户的点击不仅显示了他们对产品的兴趣，还展现了什么样的定价策略更能获得市场的认可。

为了达到期望的效果，登录页需要在合适的时机向消费者展现合适的内容，同时为了准确了解用户的行为，开发者还应该充分利用Google Analytics、KISSmetrics或Crazyegg等工具统计、分析用户的行为。

3. A/B测试

当你不确定如何才能有效地提升注册率和转化率时，可以尝试A/B测试。开发两版页面，然后将这个页面以随机的方式同时推送给所有浏览用户，再通过Optimizely、Unbounce或Goole Analytics等分析工具，了解用户对于不同版本的反馈（见图10-6）。

4. 投放广告

这一点可能和传统的观点相悖，但实际上，投放广告是验证市场对于产品反应的有效方法。可以通过Google等平台将广告投放给特定的人群，了解访客对于早期产品有何反馈，看看到底哪些功能最吸引他们。还可以通过网站监测工具收集点击率、转化率等数据，并与A/B测试结合起来进行分析。

但是请注意，搜索广告位的竞争非常激烈，所以，为最小可行产品投放广告的主要目的在于验证市场对产品的态度，不要一味地追求曝光，用户对于产品真实的反馈是无价的。

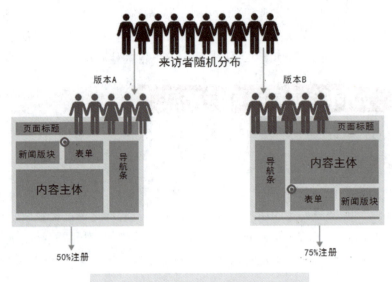

图10-6　A/B测试示意

5. 众筹

Kickstarter和Indiegogo等众筹网站为创业者测试最小可行产品提供了很好的平台，创业者可以发起众筹，然后根据人们的支持率判断人们对于产品的态度。此外，众筹还可以帮助创业者接触到对产品十分有兴趣的早期用户，他们的口口相传及持续的意见反馈对于产品的成功至关重要。

Kickstarter上已经有许多成功范例，如电子纸手表Pebble(见图10-7)和游戏主机提供商Oya，它们在产品开发出来之前就筹得了上百万美元，并且取得了巨大的反响。

图10-7　电子纸手表Pebble在Kickstarter网站众筹示意

当然，如果想在众筹网站上收到良好的效果，就需要有说服力的文字介绍、高质量的产品介绍视频及充满诱惑力的回报。

6. 产品介绍视频

如果说一张好的产品图片胜过千言万语，那么一段高质量的介绍视频的价值则不可估量。最著名的例子就是Dropbox验证最小可行产品时所发布的3分钟视频。这段视频介绍了Dropbox的各项功能，注册用户一夜之间从5000人暴增到75000人，当时的Dropbox甚至连实际的产品都还没有。

如果开发的产品解决的是一个连用户自己都没有发现的问题，则创业者很难接触到目标消费群体。Dropbox的介绍视频起到了良好的效果，假如Dropbox在介绍时只是说"无缝的文件同步软件"，那么绝对不可能达到同样的效果。视频让潜在消费者充分了解到这款产品将如何帮到他们，最终触发消费者付费的意愿。

7. 碎片化的最小可行产品

所谓碎片化的最小可行产品，是指利用现成的工具和服务来做产品的功能展示，不完全由自己开发。

在团购网站Groupon的创建早期，创始人使用了WordPress、Apple Mail和AppleScript等工具，将网站收到的订单手动生成PIF后再发给用户。自己花时间和金钱搭建各种基础设施，远不如利用现成的服务和平台，通过这种方式，开发者可以更高效地利用有限的资源。

8. SaaS和PaaS

SaaS(Software as a Service)，软件即服务；PaaS(Platform as a Service)，平台即服务。在产品开发的初期，可以利用AWS、Heroku、Chargify、Mixpanel、MailChimp、Google Forms、LiveChat、WordPress、Drupal等软件和平台(见图10-8)加快开发过程，尽快将最小可行产品推向市场。

图10-8　产品开发初期部分可利用的软件和平台

充分利用设计和开发框架也能够有效地节约时间和金钱，如Twitter Bootstrap、ZURB Foundation、Ruby on Rails、Django、Bootstrap、JS、Node.js等。这些框架或者目录提供大量的文档，能够帮助创业者迅速搭建起最小可行产品，推向市场。

此外，很多开发者所面临的浏览器兼容性、移动端界面设计、代码优化等问题也能够通过设计和开发框架轻松解决，有助于开发者集中注意力开发产品。

9. 博客

通过博客可以很容易地在目标群体中验证自己的想法，通过双向的交流可以在最小可行产品的开发过程中及时收集用户的反馈意见。此外，博客也可以作为产品的早期原型，例如，《精益创业》的作者埃里克·莱斯就是先在博客上与读者有了一定的交流，后来才开始写作。通过博客可以了解受众的观点，并刺激他们将来买书的欲望。

10. 虚构的最小可行产品

在产品的早期，除了制作视频和搭建代码框架，还可以利用虚构的最小可行产品，在产品开发出来之前人工模拟真实的产品或服务，让消费者感觉他们在体验真实的产品，但是实际上产品背后的工作都是手工完成的。

这种方法虽然规模很小，但是能够让创业者在产品设计的关键阶段与消费者保持良好的交流，了解消费者使用网站时的一手信息，更快捷地发现和解决现实交易中消费者遇到的问题。对于消费者来说，只要产品够好，谁在乎其背后是怎么运作的。Zappos最终非常成功，在2009年以12亿美元的价格被亚马逊收购。

11. 贵宾式最小可行产品

贵宾式最小可行产品和虚构的最小可行产品类似，只不过它不是一种虚构的产品，而是向特定的用户提供高度定制化的产品。

服装租赁服务商Rent the Runway在测试其商业模式时，为在校女大学生提供面对面服务，让每个人在租裙子之前能够试穿。Rent the Runway通过这种方式收集到大量顾客的真实反馈及付费的意愿(见图10-9)。

图10-9　Rent the Runway网站页面

12. 数码原型

实物模型、线框及原型可以展示产品的功能，模拟实际使用情况。数码原型(见图10-10)既可以是低保真度的框架，也可以是展示实际用户体验的截图。

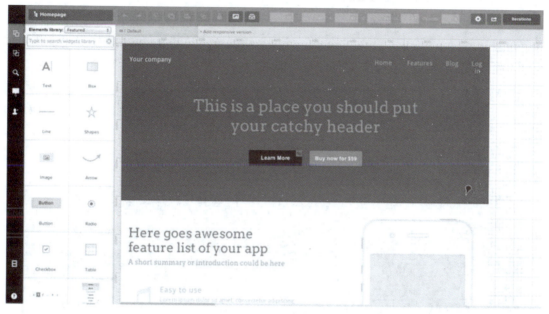

图10-10　数码原型示意

13. 纸质原型

纸质原型(见图10-11)与数码原型类似，既可以是剪贴画，也可以是在纸上手绘的框架，用来展示用户使用产品的体验。

图10-11　纸质原型示意

纸质原型的优势在于，不论是产品经理、设计师，还是投资者、最终用户，都可以利用，而且不需要太多的解释，因为它给你的就是实际产品的缩影。对于手机、椅子等实体产品的开发来说，这种方法是非常有价值的。

14. 单一功能的最小可行产品

在做最小可行产品时，专注某个单一功能会更加节约开发的时间和精力，避免用户的注意力被分散，让他们关注到产品的主要功能。

Foursquare在上线之初只是为了让用户可以在社交媒体上签到，其第一版App也仅有这一个简单的功能。Buffer最初的功能就是定时发Twitter，每个用户只能绑定一个Twitter账号。

这种限制缩小了早期用户的范围，让开发者关注更重要的问题，如测试产品是否适应市场等，而不用担心其他事情。Foursquare页面见图10-12。

图10-12　Foursquare页面

15. 预售

预售与众筹类似，可以帮助产品找到潜在客户，甚至在产品开发出来之前就吸引他们购买。

例如，Oculus Rift的一款VR设备，在开发者版本投产之前就发布了预售页面(见图10-13)。很多在Kickstarter上众筹的项目也是以预售的形式进行的。通过预售，可以了解到人们对产品的需求到底有多大，进而考虑是否还要继续展开项目。

预售所面临的挑战在于能否如约发货。没有人喜欢虚无缥缈的东西，消费者给了你信念和资金上的支持，你必须对他们负责，不能辜负了他们。

图10-13　Oculus VR设备预售页面

案例10-2

今夜酒店特价

今夜酒店特价平台的创始人任鑫，在准备上马这个项目的初期，更多地参考了国外同类产品的模式，重点面向商旅人士。任鑫在一个城市寻找到几家深度合作的酒店，建立线上支付体系，采用预付费的模式。结果，一段时间后，经营状况非常惨淡，每天的订单量掰着手指头就能数过来。一开始他们觉得方向没错，应该是执行出了问题。直到半年后，他们终于清醒过来，其实是最初的假设有问题，但是大半年的时间已经浪费了。

任鑫后来反思这一段创业经历时得出一个结论：创业公司尽全公司之力做了一款产品，最后却没人使用，这才是真正的浪费。

如果一开始他不着急投入大量人力、物力深入线下与大量的酒店谈合作，而是把艺龙、同城、淘宝等线上房源数据迁移过来，集中在一个页面上，哪怕自己掏腰包对每间房优惠100元，就可以做一个很好的实验，测试用户是否需要这样的服务。如果需要，再进一步判断哪种模式更符合消费者的使用习惯。这样可能一两个月的时间就能掌握有效信息，而且成本极低。

（资料来源：根据网络资料整理）

案例10-3

大众点评网

大众点评网的创始人张涛花了3天时间做出了大众点评网最早的一个网页。以前他羞于给别人看这张图，因为他觉得太简陋了。但是后来，他觉得这张最简陋的网页就是最小可行产品,当时他没有跟任何一家餐馆签协议,而是将旅游手册里的1000多家餐馆信息录进网站系统。他就想验证一件事:网友在一家餐馆吃完饭,是否愿意进行点评?这个认知的获得是大众点评网商业模式最重要的起点。

当然,那时候他们还是无意识地做最小可行产品,现在他们已经主动选择这样的产品策略。举个例子,大众点评网想切入餐馆订位服务,市场上有很多解决方案,如电话预订。在经过一番研究之后,他们想到一种声讯电话模式。简单地说,就是用户在手机上提交预订请求,然后用技术把文本转为语音,之后通过声讯电话服务商把用户的要求发送给相应的餐馆,餐馆可以简单地通过按"1"或者"2"来选择是否接受预订,最后大众点评网把预订结果以短信形式通知用户。

这个解决方案听起来很漂亮,但是,开发这套系统至少需要3个月时间,而且他们也不确定用户是否愿意通过这种方式来预订餐位。最小可行产品的概念再次帮了张涛的忙,他做了一个极为"感性"的试验,一开始根本不用语音转化技术和声讯电话业务,而是由后台的客服人员人工地接收信息、致电餐馆、回复用户,也就是说,只是"假装"成声讯电话的样子,最后验证这个需求和解决方案是可行的,他们才投入大量资源来开发系统。目前,这项服务已经成功在上海铺开,下一步会进入北京。

10.4 精益创业画布

精益创业画布是创业初期团队经常使用的一种梳理创业思路的实战型工具。

10.4.1 精益创业画布的基本框架

精益创业画布的基本框架如图10-14所示。

问题	解决方案	独特卖点	门槛优势	客户群体分类
最需要解决的三个问题	产品最重要的三个功能	用一句简明扼要且引人注意的话阐述为什么你的产品与众不同、值得购买	无法被对手轻易复制或者买去的竞争优势	目标客户
	关键指标		渠道	
	应该考核哪些东西		如何找到客户	
成本分析		收入分析		
争取客户所需花费 销售产品所需花费 网站架设费用 人力资源费用等		盈利模式 客户终身价值 收入 毛利		
产品		市场		

图10-14 精益创业画布的基本框架

具体来说，精益创业画布的优点如下。

1. 制作迅速

与写商业计划书需要几周甚至几个月的时间相比，只需要一个下午就能在精益创业画布上大致描述出多种不同的商业模式。

2. 内容紧凑

精益创业画布提醒你尽量做到简明扼要。你可以假想自己和投资人同乘一架电梯，而你只有30秒的时间来抓住投资人的注意力，或者假想客户点击进你的主页，而你只有8秒钟的时间来抓住他们的注意力。

3. 方便携带

把商业模式放在一页纸上便于与他人分享和讨论，这意味着它的曝光率将会更高，能够得到不断的修改，从而日趋完善。

硅谷孵化器500 Startups的创始人戴夫·麦克卢尔曾经参加过数百场创业者推介会，在这些推介会上，他总会反复提醒创业者，他们用来谈论解决方案的时间太多，介绍商业模式中其他元素的时间却少得可怜。客户并不关心你的解决方案是什么，他们只关心自己存在的问题。

创业者们总是喜欢探寻解决方案，不过，如果根本没人关心你的问题，你又何必浪费时间和精力去寻找解决方案呢？所以，创业者的任务并不只是提供最佳解决方案，而是形成一套完整的商业模式，并保证模式中的所有元素都能够相互配合。

把商业模式看成产品能够提高效率，这不但可以让商业模式变得完整，而且可以使用那些久经考验的产品开发方法来打造公司。从更高的层面来看，可以发现这些基本法则实际上来源于"分而治之"的思想，只不过是把这种思想用在了创业这件事上而已。精益画布将商业模式分割成九个相互独立的部分。

10.4.2 精益创业画布的制作步骤

精益创业画布的一般制作顺序如图10-15所示。

问题 1 最需要解决的三个问题	解决方案 4 产品最重要的三个功能	独特卖点 3 用一句简明扼要且引人注意的话阐述为什么你的产品与众不同、值得购买	门槛优势 9 无法被对手轻易复制或者买去的竞争优势	客户群体分类 2 目标客户
	关键指标 8 应该考核哪些东西		渠道 5 如何找到客户	
成本分析 7 争取客户所需花费 销售产品所需花费 网站架设费用 人力资源费用等			收入分析 6 盈利模式 客户终身价值 收入 毛利	
产品			市场	

图10-15 精益创业画布的一般制作顺序

在Ash Maurya精益创业画布的基础上,我国结合中国创业实践,进一步优化和完善了精益创业画布,如图10-16所示。

和谁合作	解决方案的主要功能	独特卖点(一句话)	用户的痛点	你要服务的人群
1. 非竞争战略联盟 2. 竞争战略联盟 3. 业务合作互补型 4. 长期供应关系型	1. 创业早期功能一定要少,一般不超过3个 2. 功能要直击用户痛点 3. 思考如何开发对应的最小可行产品	最难讲的一句话,也是最有价值的一句话,可以从以下方面入手: 1. 颠覆什么 2. 专注什么 3. 把什么做到极致	1. 如果问题被准确地描述,则问题解决了一半 2. 痛点的程度1~5 　1: 无法接受 　　↓ 　5: 稍有不爽 3. 痛点是否经过验证	1. 创业一定是从用户部分开始的 2. 要列出具体的特征,如收入、年龄、工作类型等
获得什么	**现有解决方案**			**市场规模**
1. 商业模式优化 2. 形成规模经济降低成本 3. 降低风险 4. 获取特定的资源	如果痛点存在,那一定已经有解决方案,关键是现有方案的缺点是什么?价格高不高?体验好不好?等等			用户部分决定了市场规模,规模太大落地难,规模太小无法做大,更高级的服务是为会员提供市场数据分析工具
团队介绍	**主要度量指标(1~2个)**	**项目门槛**	**你做过哪些产品探索性实验**	**天使用户的定义和渠道**
1. 创始人是否全职 2. 团队人数 3. 缺失的主要能力 4. 团队能力	1. 初创公司只能关注1~2个关键指标 2. 初创公司需要快速增长,达到5%~10%的周增长率 3. 避免装机量等虚荣指标 4. 寻找自己的增长引擎	1. 已有门槛 2. 可以建立的门槛	1. 访谈过多少人验证痛点 2. 是否愿意为痛点使用你的解决方案 3. 是否愿意花钱解决问题 4. 是否制作过最小可行产品 5. 是否已经有产品,有多少日活跃用户	1. 你如何定义天使用户 2. 你如何找到天使用户
成本分析		**时间窗**	**收入分析**	
固定成本 1. …… 2. …… 3. …… 4. ……	可变成本 1. 客户获取成本 2. …… 3. …… 4. ……	1. 整个画布对应的周期 2. 大致的计划	1. 没有收入就没有商业模式 2. 要具体到收入价格和频率 3. 要根据用户痛点来定价,而不是根据成本定价 4. 要估算客户会使用的时间,1天、1个月,还是1年 5. 早期时,定价模型要简单 6. 对于免费模式,建议从收费环节开始验证,把免费作为渠道	

解决方案侧　　　　　　　　　　　　　　　　　　　　　用户市场侧

图10-16　结合中国创业实践的精益创业画布

精益创业画布模块分解如下。

(1) 项目名称。为产品起一个比较简洁又容易记住的名字,这个很重要。要让人一看到项目名称,就想到你的产品或项目大概是什么行业,针对什么用户,产品形态是什么样的。

(2) 服务人群。创业一定要从用户细分开始,不仅要列出具体的细分项目,如收入、年龄、工作、行业等,而且要评估规模有多大。若规模太大,则无处着力;若规模太小,则定位太窄,以后企业很难做得很大,投资人也不会太感兴趣。

(3) 用户痛点。如果一个问题能被准确地描述,那么问题就解决了一半。所以,发现问题并准确描述问题,是非常重要的。同时要评估这个痛点的程度,痛点的级别不同,对产品的做法是不一样的,而且不能想当然地认为这是用户的痛点,一定要和用户交流,通过做一些小规模的实验来验证这个痛点确实存在。

(4) 解决方案。创业早期功能一定要少(一般不超过3个),因为资源有限、人力有限、能力有限,钱也有限,要将资源集中在最关键的功能上。功能要直击用户的痛点,而且要思考对应的最小可行产品,并尽早发布。发布第一款产品的时候,正常情况下创业者应该感到不好意思,因为产品用户体验很差、功能很不完善。但仍然要把核心功能尽早发布出来,让早期用户使用,获得他们的反馈。另外,要相信所有问题都已有解决方案,判断该解决方案与已有解决方案的区别:是比它更便宜,获取用户更容易,还是比它体验更好?

(5) 天使用户的定义和渠道。如果创业方向是对的,那么一定能找到一批用户,他们在产品还不完善的时候,就愿意花时间与开发者探讨产品,甚至花钱购买产品,这些人就是产品的天使用户。如果找不到天使用户,要么是方法不对,要么是创意有问题。

(6) 探索性实验。在创业开始,是否用最小可行产品为产品做过一些探索性实验,这很重要。最小可行产品的三个要素包括假设、用户和度量。针对商业模式中的一个假设,它能够交付到用户手里获得他们的一线真实反馈,并对用户反馈进行可量化的度量,然后评估假设是否成立。最小可行产品的形式有很多种,如视频、登录页、众筹、单一功能、虚拟等。

(7) 度量指标。针对产品的主要功能,要有相对应的度量指标,但要避免虚荣指标。什么是虚荣指标?如App装机量,如果肯花钱做推广,那么就会有装机量。还有就是订阅号的粉丝数也是虚荣指标,因为粉丝数不代表阅读数,只要做任意绑定式推广就能获得粉丝。要避免虚荣指标,找到反映创业公司真实状况的关键指标。

(8) 团队介绍。对于早期创业团队,创始人是不是全职很关键,创始人不是全职的话一般投资人是不考虑的。团队人数也是很重要的,有些孵化器不接受一个人的创业项目,这是为什么呢?因为如果你连一个创业伙伴都说服不了,要么是你的人品有问题,要么就是你的能力有问题。创始人要具备能把人才吸引到身边的能力,一般团队人数越多,估值也会越高。

(9) 项目门槛。项目门槛分为两类:一类是先天门槛,是指团队先天具备而别人不具备的资源;另一类是后天建立的门槛,是指在产品开发、成长中建立的资源,它可以弥补先天的不足。如独特的资源、实验室某项专利等,这些都是先天门槛,而社交产品的黏性、培养的某种使用习惯等,都是后天建立的门槛。

(10) 和谁合作。各合作者的类型是创业者需要考虑清楚的,如非竞争战略联盟、竞争战略联盟、业务合作互补型、长期供应关系型等,每种合作的方式和策略都是不一样的。尤其对于初创企业而言,一定要清楚自己需要什么,再去衡量投资人的资源对自己有什么价值。

(11) 时间窗。每个计划都有时间窗,尤其是早期项目,这个画布的计划不要超过12个月,最好是6个月。

(12) 成本结构。只有有了时间窗,成本结构和预计收入才会有的放矢。成本结构包括两个部分:固定成本和可变成本。例如,做一个网站,研发人员的成本就相当于固定成本,10个用户和20个用户不会使研发成本有明显变化,但服务器和宽带成本与用户数目就有很大关系,这就是可变成本。

(13) 预计收入。我们提倡每个创业项目开始的时候都要思考盈利模式，并且要在合适的时机去验证盈利模式。

(14) 独特卖点(一句话)。这个是最短却最难说的一句话。假设你在电梯中遇到一个投资人，你有30秒时间来说明你的项目，那么你需要在30秒内描述出独特卖点来引起他的兴趣，这样你才有机会与他进一步交流。

【复习与思考】

1. 为什么近年来精益创业方法论开始引起重视并流行起来？它和传统创业模式有哪些区别和联系？
2. 精益创业的基本框架和过程是怎样的？
3. 精益创业有哪些基本原则？
4. 最小可行产品有什么作用，该如何去验证？
5. 如何使用精益创业画布？

案例讨论

精益创业画布案例——CloudFire项目

背景：在CloudFire之前，我曾经推出过一个名为BoxCloud的文件共享程序，我们为这个程序设计了一套私有的peer-to-web(简称p2web)框架，简化了共享大型文件的流程。BoxCloud的独特卖点在于它让人可以直接分享自己计算机上的文件和文件夹，而无须上传。其他人则可以直接从浏览器中访问这些文件和文件夹，无须安装任何客户端软件。

BoxCloud主要针对商业用户，使用者有平面设计师、律师、会计及小企业主等。我希望能挖掘p2web框架在多媒体共享(如共享照片、视频和音乐)等方面的潜力，这就是做CloudFire的初衷。

非常粗略的分类：任何希望能共享海量多媒体内容的人。

较细分的潜在客户：摄像师、摄影师、多媒体消费者(我自己就是)、家长。

刚开始的时候，我希望能先主攻多媒体消费者这个群体(我把自己作为一个典型的消费者)，但我最近刚刚做了父亲，发现家长在分享照片和视频(特别是视频)的时候确实会碰到麻烦，所以我决定先为这个客户群体设计商业模式。

1. 问题和客户群体

小孩出生之后，家长拍照和摄像(尤其是摄像)的频率猛增。家长本来就睡眠不足，而现在的媒体共享解决方案又太花费时间，并且有时候非常难用。家人(尤其是老一辈)和朋友对照片、视频等多媒体内容的需求非常高，而且他们通常会希望尽快看到这些东西。

2. 独特卖点

在研究了各种替代解决方案之后，我决定把速度作为独特卖点中的"独到之处"，并把"无须上传"作为产品的宣传定位关键词。经过几次客户访谈后，我的独特卖点就发生了很大的变化。

3. 解决方案

根据我的问题列表，我简短地列出了最小可行产品需要的最重要的几个功能。

4. 渠道

我打算先找几个内联式渠道(即我的朋友和托儿所其他孩子的家长)来做访谈，然后列几个潜在的扩张渠道以备随后使用。

5. 收入和成本分析

现有备选方案的定价情况如下：Flickr Pro和SmugMug的价格为每年24～39美元；Apple MobileMe的价格是每年99美元(除了照片和视频分享，还包括很多其他服务)。研究了这些数据之后，我决定把产品初始价格定为每年49美元。

公司的收入中还包括传统打印(以及其他类似的商品)，不过我并不确定现在有多少人还愿意购买实体打印照片，所以不知道这条路是否可行(这个假设还需要进一步验证)。更重要的是，打印服务属于附属收入，要从中获利，则客户必须先认可我们的独特卖点。所以，我并没有把打印服务放到最小可行产品和初始画布里。

6. 关键指标

我把用户的行为和每种指标都联系在了一起。

7. 门槛优势

ClondFire是用私有的p2web框架来写的，这在早期能给我们带来一定的优势。不过，任何可能被山寨的东西都会被山寨。所以，我决定把我的门槛优势定位为别人难以复制的东西，这里我把它设定为社区。在此基础上，形成了最终的精益创业画布(见图10-17)。

问题	解决方案	独特卖点	门槛优势	客户群体分类
共享大量的照片、视频非常耗时，父母们没有自由的时间，而亲戚朋友很需要这些多媒体内容	随时分享，无须上传 整合iPhoto和文件夹，更好地通知系统	以最快的速度分享照片和视频 简短宣言： 无须上传即可轻松分享照片和视频	社区	父母(创建人) 家人和朋友(浏览人)
现有备用解决方案：Flickr Pro、SmugMug、Apple MobileMe和Facebook	关键指标 获取：注册 激活：创建第一个相册 留客：共享相册或者视频 口碑：邀请朋友或家人来使用 收入：在使用之后付费		渠道 朋友 托儿所 生日聚会 AdWords Facebook 口口相传	早期接纳读者： 家有婴儿的父母
成本分析			收入分析	
服务器成本：Heroku平台(目前免费) 人力成本：40小时/周×65美元/小时×4周/月≈1万美元/月			30天免费试用，之后每年49美元	

收支平衡点：2000个客户

图10-17　精益创业画布案例示意

【思考与讨论】

1. 对于CloudFire项目的精益创业画布内容，你觉得还有哪些方面可以改进？

2. 请参照CloudFire项目的精益创业画布，选择你所熟悉的一家本地创业企业画出精益创业画布，并与其他同学讨论。

课后习题

一、单选题

1. 可以通过( )途径找到客户。
   A. 沟通、访谈　　B. 预售　　　　C. 低价格试用　　D. 以上都是
2. 精益创业的原则包括( )。
   A. 最小可行产品原则　　　　　　B. 根据用户的反馈进行快速调整原则
   C. 早期用户原则　　　　　　　　D. 以上三项

二、多选题

1. 精益创业最本质的思想在于( )。
   A. 用户思维、市场导向　　　　　B. 成本意识、快速迭代
   C. 市场意识、快速发展　　　　　D. 企业意识、快速发展
2. 精益创业框架中，以客户为中心创造价值的含义包括( )和( )。
   A. 识别用户痛点　　　　　　　　B. 提供解决方案
   C. 开发渠道通路　　　　　　　　D. 研发新技术
3. 精益创业最本质的思想在于( )。
   A. 用户思维　　B. 市场导向　　C. 成本意识　　D. 快速迭代

三、判断题

1. 精益创业不再以创业者自我为中心来创业，它是一个真正聚焦于以用户为起点和中心的创业模式。（　）
2. 精益创业适合客户需求变化快，但开发难度高的领域。（　）
3. 精简式反馈是指需要把产品设计完美了再给客户。（　）
4. 精益创业是先在市场中投入一个极简的原型产品，然后通过不断的学习和有价值的用户反馈，对产品进行快速迭代优化，以期适应市场。（　）
5. 精益创业认为，未来是不可度量的，创业的路径是不可预测且充满确定性的。（　）
6. 精益创业的原则包括最小可行产品原则、根据用户的反馈进行快速调整原则、早期用户原则。（　）
7. 最小可行产品即投入最少的人力资源建造一个刚刚能够体现创新点或核心价值的产品，并立刻将其投入市场。（　）

参考文献

[1] 苏兵，兰小毅. 创业理论与实务[M]. 西安：西安交通大学出版社，2016.

[2] 李伟，张世辉. 创新创业教程[M]. 北京：清华大学出版社，2015.

[3] 张玉利，薛红志. 创业管理[M]. 北京：机械工业出版社，2016.

[4] 韦影，盛亚. 创新管埋[M]. 杭州：浙江人学出版社，2016.

[5] 陈文安. 创新工程学[M]. 上海：立信会计出版社，2000.

[6] 傅家骥. 技术创新学[M]. 北京：清华大学出版社，1998.

[7] 孙洪义. 创新创业基础[M]. 北京：机械工业出版社，2016.

[8] 斯晓夫，吴晓波，等. 创业管理理论与实践[M]. 浙江：浙江大学出版社，2016.

[9] 王惠连，赵欣华，伊嫱. 创新思维方法[M]. 北京：高等教育出版社，2004.

[10] 托马斯·沃格尔. 创新思维法：打破思维定式，生成有效创意[M]. 陶尚芸，译. 北京：电子工业出版社，2016.

[11] 卢尚工，梁成刚，高丽霞. 创新方法与创新思维[M]. 北京：化学工业出版社，2018.

[12] 李良智，查伟晨，钟运动. 创业管理学[M]. 北京：中国社会科学出版社，2007.

[13] 吴波，钱玉民. 自主创业：定位、策略与风险[M]. 北京：电子工业出版社，2006.

[14] 李时椿，常建坤. 创新与创业管理[M]. 南京：南京大学出版社，2006.

[15] 卢志丹. 创业其实并不难[M]. 上海：上海科学普及出版社，2005.

[16] 吴振阳. 创业经纬[M]. 上海：上海三联书店，2005.

[17] Ash Maurya. 精益创业实战[M]. 2版. 张玳，译. 北京：人民邮电出版社，2013.

[18] 埃里克·莱斯. 精益创业[M]. 吴彤，译. 北京：中信出版社，2012.

[19] 龚炎. 精益创业方法论：新创企业的成长模式[M]. 北京：机械工业出版社，2015.

[20] 史蒂夫·布兰克. 创业者手册[M]. 北京：机械工业出版社，2014.